江苏档案精品选编纂委员会

江苏省明清以来档案精品选

苏州卷

江苏人民出版社

《江苏省明清以来档案精品选》
编 委 会

总 目

序

谢 波

　　档案馆作为永久保管档案的基地，是人类文化传承的重要载体和思想文化创新的重要源泉。

　　编纂《江苏省明清以来档案精品选》，是全省档案系统共同开展的一项档案文化建设重点工程，是我省档案部门履行"为党管档、为国守史、为民服务"使命要求，围绕中心、服务大局的一项重要举措，根本目的是整合全省档案精品资源，集中公布江苏档案资源建设的丰硕成果，展示江苏历史、人文的丰厚底蕴，服务社会主义文化大发展大繁荣。

　　江苏物华天宝，人杰地灵，养育了一代又一代勤劳智慧、心灵手巧的人民，创造出了辉煌灿烂的物质文明和精神文明。自明清以来，江苏的综合实力在中国的省级政区中就一直居于前列。新中国成立后特别是改革开放以来，江苏各项事业高速发展，在经济、政治、社会、文化等各方面均处于全国领先位置，积累了雄厚的经济文化实力。这一领先的进程，真实地定格于档案中，保存于全省各级各类档案馆里。

　　这些档案，浩如烟海。丰富翔实的档案史料，客观记载了江苏各项事业发展演化的脉络，反映了历史发展变化的内在规律，是我们今天多角度深入了解和研究明清以来江苏政治、经济、军事、文化以及社会情况的第一手珍贵资料。特别是中国共产党成立以来形成和保存下来的大量珍贵档案，再现了江苏人民在党的领导下开展革命斗争、社会主义建设和改革开放，全面建设小康社会、建设美丽江苏的光辉历程，这是国家珍贵的文化财富、民族的宝贵遗产，是我们今天开展党史研究的宝贵资源和党史教育的重要素材。

　　前事不忘，后事之师。记载着历史真实面貌的档案资料，是续写江苏更加辉煌灿烂历史新篇章的重要参考和借鉴。编纂档案文献资料，留存社会发展的足迹，服务今天的经济社会各项事业，是我国档案界、史学界的优秀传统，是中华文明生生不息、不断进步的重要源泉。也正是这一优秀传统，使得中华文明能够随着历史的发展、社会的进步而不断充实新的内容。通过档案工作者有选择地编纂加工，使海量的档案资源更加有序化，为党和政府重大决策提供参考，为人民群众接触档案、了解档案、利用档案提供便利，是档案工作者的职责所在。正是基于这一要求，全省档案部门集中力量，对各级档案馆中的档案进行梳理，编辑出版了《江苏省明清以来档案精品选》。通过本书的编纂出版，整合全省档案精品资源，发挥规模效应，使江苏历史、人文的丰厚底蕴得到集中展示，使档案存史、资政、育人功能得到更好的发挥，同时为我们大力开展爱党、爱国、爱家乡教育提供丰富的第一手教材。这是我省档案部门围绕中心、服务大局的一项重要工作创新，也是档案部门贯彻落实党的十八大精神、服务文化强省建设的具体举措。同时，《江苏省明清以来档案精品选》的编纂出版，定能为学术界开发利用档案创造便利的条件。通过对明清以来历史档案的开发利用，探寻我省近代以来各项事业发展演化的脉络，把握历史发展变化的内在规律，为当代经济社会各项事业发展服务，为建设美丽江苏书写更加辉煌灿烂的新篇章。

2013年7月

前言

名城苏州历史源远流长、文化底蕴深厚。两千五百多年来，这里人文渊薮、溢彩流芳，留下众多珍贵的文化遗产，极大地丰富了苏州各档案馆的馆藏。苏州档案人肩负"为党管档，为国守史"的使命，不断加强档案资源建设，优化馆藏结构，收集、发掘具有浓郁地域特色的珍贵档案。迄今为止，苏州大市范围内已有市级以上珍贵档案文献53项，其中中国档案文献遗产3项、省级珍贵档案文献22项，位居全省前列。《江苏省明清以来档案精品选·苏州卷》（以下简称《苏州卷》）的问世，集中展示了苏州档案资源建设的丰硕成果，彰显出苏州档案精品的价值力和影响力。

《苏州卷》以苏州大市范围内的省级以上珍贵档案文献为基础（增加苏州市珍贵档案文献2项、其他精品档案2项），收录了明清以来的珍贵档案文献24项，年度的跨越则从明末清初到20世纪90年代，基本上反映了苏州市珍贵档案的概貌。本书既有助于人们了解珍贵档案的历史价值与现实意义，又有助于提高档案馆的地位与知名度，从而赢得社会各界对档案工作的支持与理解。从这些有限的档案文献精品中，可以管窥到苏州历史印痕与发展成就的方方面面。从充满个性特色的名人档案到充满地域特征的地方档案，从民间社团的发展历程到文化艺术的成果展示，凝聚了一代又一代苏州人民的智慧。本书有力揭示了档案这个历史文化平台厚德载物、传承文明的本质。

全书分为社团档案、企业档案、教育档案、地情档案、名人档案、书画作品、谱志资料、报刊资料等八个篇章。社团档案中最精彩的莫过于苏州商会档案，它是苏州市档案馆的镇馆之宝，也是全国八大商会中仅存两家（另一家为天津）保存完好的档案之一，其晚清部分于2002年入选首批《中国档案文献遗产名录》，民国部分于2005年入选首批《江苏省珍贵档案文献名录》。我们从中做了进一步精选，选出光绪三十一年（1905）商会第一届总协理、议董名单，商会章程，商事公段处理案清册，1949年苏州解放当日吴县县商会理监事临时紧急会议记录等，较为完整地展示了苏州商会发展的脉络。它的两个下属机构苏州市民公社、苏州商团以及苏州各同业公会档案同样内容丰富，反映了商人团体在旧中国的活动概貌、社会地位和现实作用。苏纶纺织厂、鸿生火柴厂、东吴大学等一批省级珍贵档案文献也是精彩纷呈，可让人们从中看出这些组织、单位的发展脉落，还原历史的真实，尤其对苏州早期实业振兴、教育发展等方面有更具体而清晰的认识。

吴地多英才，名人档案是苏州各级档案馆征集的重点，也成为本书的亮点之一。本书精选了光绪年间苏州府元和县知县李超琼、民国时期为"七君子"案辩护的大律师陆鸿仪和新中国核物理学的奠基人王淦昌的档案组成"名人档案"篇。其中摘选的《李超琼日记》记载了清末基层官员的生活点滴和公务情况，对研究清末的人文历史也具有重要的价值。我们从馆藏陆鸿仪档案38卷中，甄选出光绪三十二年（1907）陆鸿仪教习进士馆法政毕业文凭、1937年《沈钧儒等被诉危害民国案辩护意旨书》、1949年10月陆鸿仪被任命为最高人民法院委员的任命通知书等，以此反映他跨越清末、北洋政府、国民政府、新中国四个历史时期的人生轨迹，见证了他从传统知识分子成长为司法界精英的人生历程。王淦昌的著作、工作日记、科研笔记、证书聘书等档案、实物、照片则展示了两弹一星元勋的严谨科学态度和辉煌业绩成果。这些档案对宣传苏州底蕴深厚的人文历史、开展爱国主义教育大有裨益。

　　书画档案也是本书的一大特色，反映了吴门书画辉煌的历史。收录的明末清初吴伟业《山水字》、清代王掞《王西田相国行书》、清代娄东画派的多幅作品，以及近现代著名画家朱屺瞻画作《松梅石图》和《水仙绿石图》、宋文治国画《山川巨变》和《春到江南》，皆风格意境别致、笔墨技巧精湛，集中展现了吴门书画艺术的独特魅力。

　　除此以外，书中诸如一些清末民国地契、旧志、老报纸等档案文献也各具特色，对开展地情研究具有一定的史料价值与参考作用。尤其是晚清、民国时期百种常熟地方报纸由110种7248张常熟地方报纸组成，内容涵盖时政新闻、商贸经济、文教医卫、民生百态等，为编史修志、研究新闻史提供了翔实的依据。

　　《苏州卷》中选录的内容，只是苏州各级各类档案馆馆藏众多档案精品中的一粟。由于出版物篇幅有限，只能选择部分有典型意义的内容以飨读者。我们相信随着大档案大文化建设的推进，精品档案、特色档案必将源源不断流向各级各类档案馆。

编　者
2013年7月

凡例

一、本书体例结构，事以类从，分为社团档案、企业档案、教育档案、地情档案、名人档案、书画作品、谱志资料、报刊资料8大类，每类含1至5组（件）档案资料，共计24组（件）档案资料。

二、本书以文字摘录为主，依照原档案文体，辅以简介、图片、照片，以便对照参考。

三、本书所收录的档案资料，原文为繁体字改为简体字，竖排改为横排，同时对原文进行必要的分段、标点和加注。

四、本书所收录的档案资料，多为原文照录，其间有内容重复及与主题无关部分，则略加删节。遇有缺漏损坏或字迹不清者，以□代之。凡能辨明的错漏字，均在该文字后以〔〕标出准确字。全段删节者以…………标明，段内部分删节者以……标明。

五、本书所收录的档案资料，尤其是公文、函件、契约等，均有一定的格式，为使版面简洁、便于阅读，大多予以简化。

六、本书所收录的档案资料，标题均为编者根据责任者、内容、文件类型等拟定，时间均改为或注明公历，用阿拉伯数字标示。

目录
Contents

教育档案
Archives on Education

地情档案
Archives on Local Information

名人档案
Archives of Celebrities

书画作品
Calligraphy and Painting

縣金

省商會聯合會公函　中華民國二十六年六月二十四日發　號

聯字第　號

事由：為此轉知照全國商聯會定每年十一月一日為全國商人節及指代電內開查飭遵由

縣鎮商會公鑒　案准中華民國全國商會聯合會組字第五六三號並指代電內開查

縣暨全國商人節前於五年前經本會籌備會議時由貴州省商會聯合會提

縣送全國商人節一案在卷

經上年十一月一日本會成立大會決議通過定每年十一月一日為全國商人節在卷

並經本會呈請社會部明令公佈參後准社會部二十六年二月一日京組六字第二六一四五號指令內開呈悉所請商人節一節可

本會呈請社會部明令公佈參後因應與陸定每年十一月一日為全國商人節

會有動舉行毋庸政府明令公佈等因奉此除分電外相應電達即希查照為荷江蘇會

應書達轉電照辦電所屬知縣暨縣各分電

願會聯合會理事長陸小波及理印

中華民國二十六年七月十六日收到

中華民國二十六年　月　日收到

苏州商会档案

保管单位：苏州市档案馆

内容及评价：

　　苏州商会成立于清光绪三十一年（1905），初名苏州商务总会，1916年改组为苏州总商会，1931年再改为吴县县商会，是与北京、天津、上海、南京、武汉、广州、重庆齐名的八大商会之一，目前只有苏州、天津两地商会的原始档案保存完好。苏州商会档案形成时间为1905年至1949年，卷帙浩繁，共计3326卷，涉及组织沿革、发展工商业、商事劳资纠纷、社会公共事业、财政税捐、政治军事活动等苏州商会在自身运作以及参与各种社会活动中所形成的各类档案资料，是研究中国近代经济史、社会史的重要史料，有助于了解这一时期苏州城市社会的真实情况以及历史演进的轨迹。苏州商会档案晚清部分于2002年入选首批《中国档案文献遗产名录》，民国部分于2005年入选首批《江苏省珍贵档案文献名录》。《苏州商会档案丛编》（1~6辑）已由华中师范大学出版社公开出版。

尤先甲（1843~1922），字鼎孚，同仁和绸缎局店东，苏州商
会发起人之一，苏州商务总会第一、二、三、五届总理。

蔡廷恩（1852~1918），诚泰源记茶行经理，苏州总商会第一、二届会长。

施筠清（1886~1934），号魁和，纱锻庄业同业公会主席，吴县县商会第一、二届主席委员。

宣统二年（1910）二月，苏州商务总会购
买的南洋第一次劝业会股票。

宣统三年（1911）六月，王济美瑞记酒号入会
凭照。

苏州总商会同仁合影

宣统三年（1911），苏省商品陈列所成立合影。

江蘇省吳縣總工會　函

事由	擬辦	決定	辦法	備考

文別　字第　號　　26年6月10日　時到

附　文號　2458

為公園蕭特義士紀念碑殘毀不完，擬在原建築殘項下催工修復由

190

江蘇省吳縣總工會公函第　號

查本會第三次理事會議，施常務理事之兢提議：「吳飛行家蕭特義士於一二八時，在本縣第八區周店地方殉難，當時由本縣工會等函請地方治安會及各公法團共同發起，在殉難地點建立華表，公園北郊建立紀念碑，現是項碑石，己四去其三，殘毀不完，不獨有礙觀瞻，且失紀念義士之初意。查上項建築完竣之時，尚有縣致交由縣商會保管，似應就項餘欵，催工修復，以彰美德而題義魂，當經決議：『八吳縣商會催工修復久重扶輪，社請予賛同』紀錄在卷，陳夕孟外，相應條業孟達，即希

查照永理見復為荷！

此致

吳縣縣商會。

常務理事夏學鈞

沈長庚

魏（署名）

中華民國　　年　　月　　日

1937年6月9日，吴县总工会为请雇工修复萧特义士纪念残碑致吴县县商会函。

全文：

吴县总工会为请雇工修复萧特义士纪念残碑致吴县县商会函

1937年6月9日

查本会第三次理事会议施常务理事之范提议：美飞行家萧特义士于一·二八时，在本县第八区商店地方殉难，当时由米业工会等函请地方治安会及各公法团共同发起，在殉难地点建立华表，公园北部建立纪念碑。现是项碑石已四去其三，残毁不完。不独有碍观瞻，且失纪念义士之初意。查上项建筑完竣之时，尚有余款交由县商会保管，似应以该项余款，雇工修复，以彰英德而慰义魂。当经决议：一、函县商会雇工修复之；二、函扶轮社请予赞同。记录在卷。除分函外，相应录案函达，即希查照办理见复为荷。此致吴县县商会

常务理事　沈长庆　夏学钧　施之范

萧特（肖特）（1904~1932），牺牲于中国战场的第一位美籍飞行员。1932年淞沪抗战期间，因寡不敌众，被日军击落于吴县车坊。吴县县商会等曾在苏州公园内建立萧特义士纪念碑。

吴县县商会大门

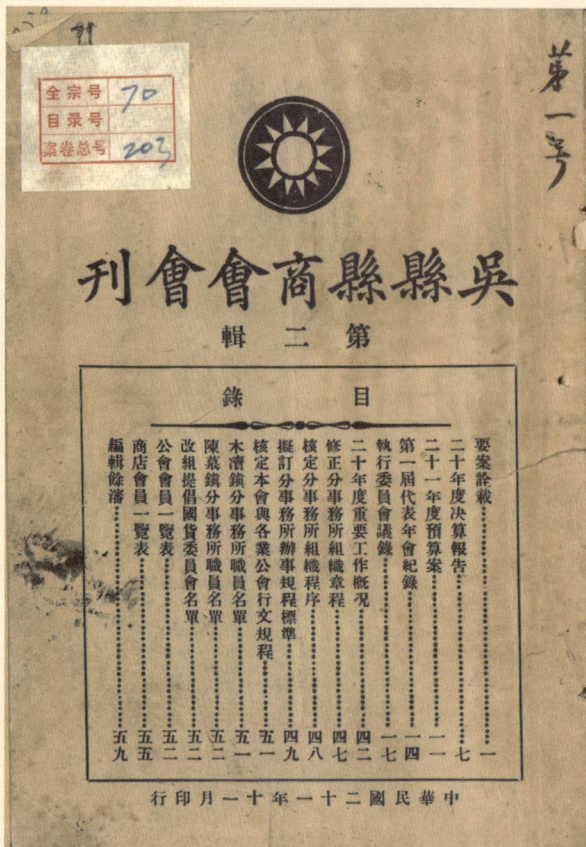

1932年11月，吴县县商会会刊。

1946年10月，吴县县商会复员一周年纪念合影，摄于虎丘塔影桥畔。

1946年11月，吴县县商会欢迎台湾商业代表莅苏纪念留影。

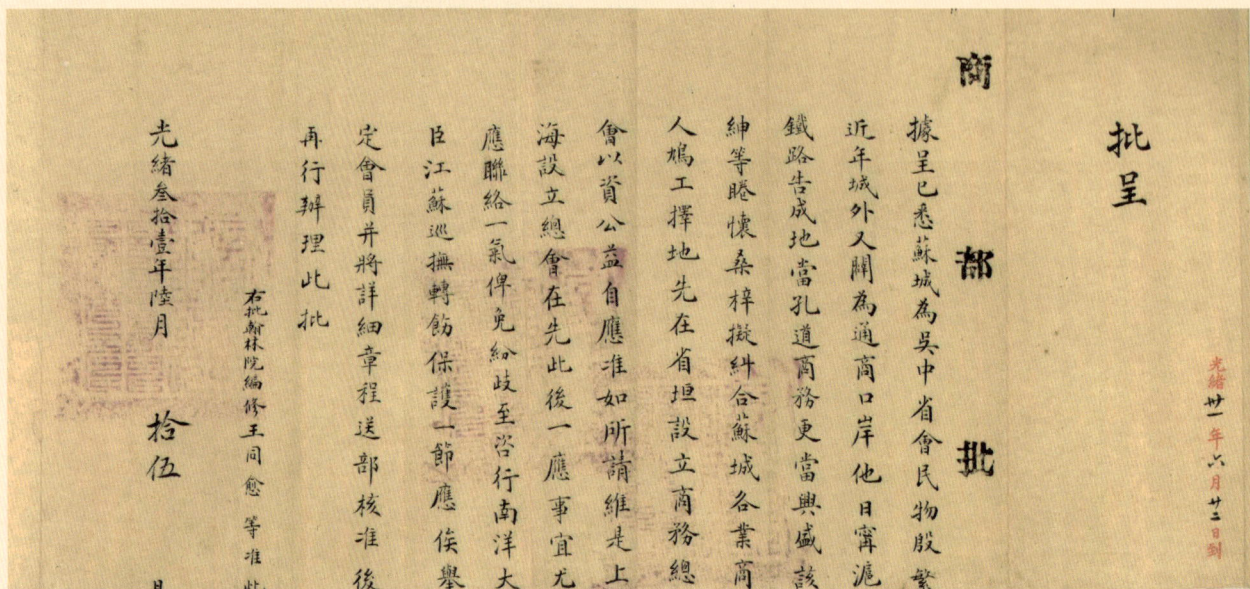

光绪三十一年六月十五日（1905年7月17日），商部为设立苏州商务总会致王同愈等批。

全文：

商部为设立苏州商务总会致王同愈等批

光绪三十一年六月十五日（1905年7月17日）

商部批。

据呈已悉。苏城为吴中省会，民物殷繁，近年城外又辟为通商口岸，他日宁沪铁路告成，地当孔道，商务更当兴盛。该绅等眷怀桑梓，拟纠合苏城各业商人，鸠工择地，先在省垣设立商务总会，以资公益，自应准如所请。惟是上海设立总会在先，此后一应事宜，尤应联络一气，俾免纷歧。至咨行南洋大臣、江苏巡抚转饬保护一节，应俟举定会员并将详细章程送部核准后，再行办理。此批。右①批翰林院编修王同愈等。准此。

---

① 原文为竖排版，故称"右"，现改为横排版，为尊重档案内容原貌，文字未作改动。后同。

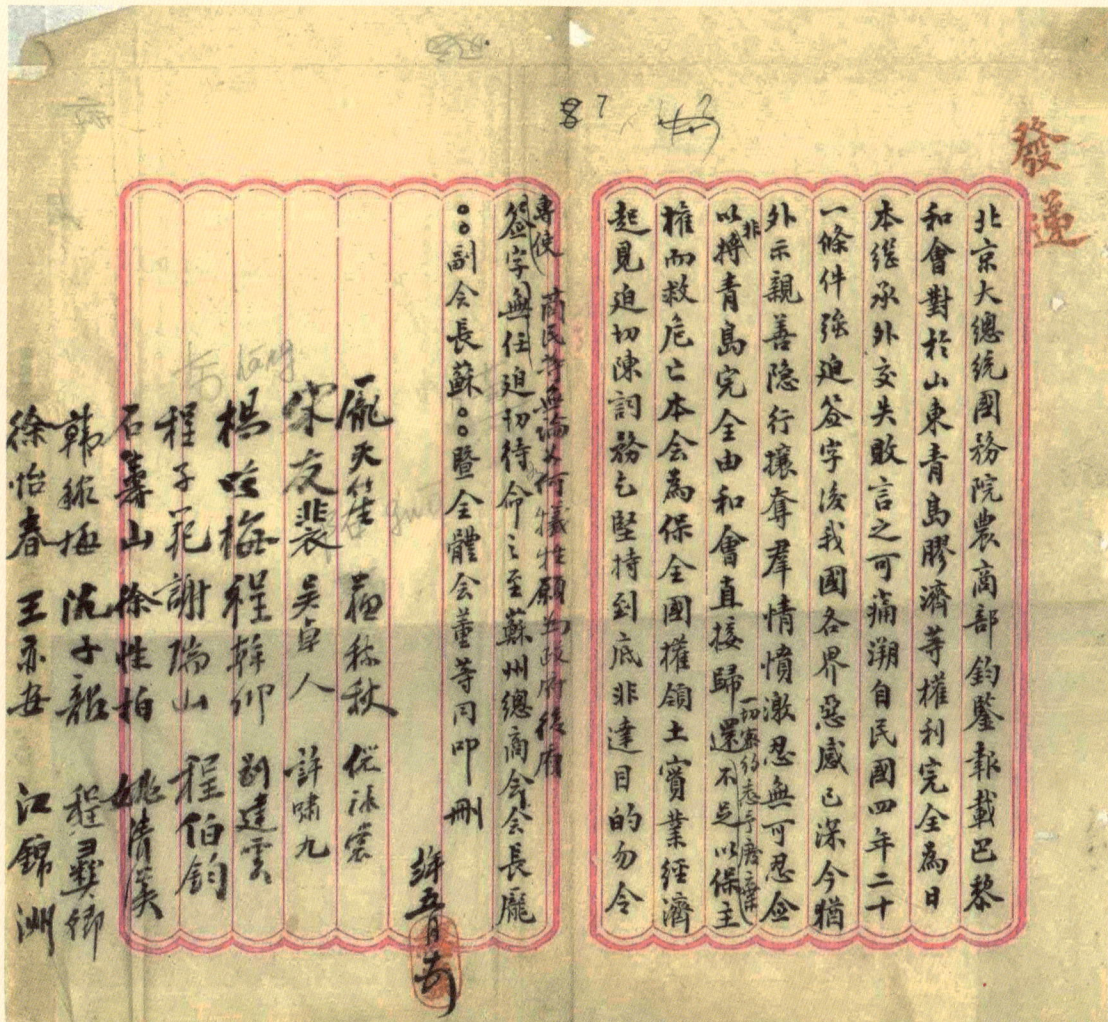

1919年5月15日，苏州总商会为反对在巴黎和约上签字致北洋政府电稿。

全文：

苏州总商会为反对在巴黎和约上签字致北洋政府电稿
1919年5月15日

　　北京大总统、国务院、农商部钧鉴：报载巴黎和会对于山东青岛、胶济等权利完全为日本继承，外交失败，言之可痛。溯自民国四年"二十一条件"强迫签字后，我国各界恶感已深，今尤外示亲善，隐行攘夺，群情愤激，忍无可忍。金以非将青岛完全由和会直接归还，一切密约悉予废弃，不足以保主权而救危亡。本会为保全国权领土、实业经济起见，迫切陈词，务乞坚持到底，非达目的，勿令专使签字。商民等无论如何牺牲，愿为政府后盾。无任迫切待命之至。苏州总商会会长庞○○、副会长苏○○ [①] 暨全体会董等同叩。删。

————————————————————

① 即庞天笙、苏稼秋。

1947年2月24日，江苏省商联会为转知每年十一月一日为全国商人节致各地商会代电。

全文：

江苏省商联会为转知每年十一月一日为全国商人节致各地商会代电

1947年2月24日

各市、县、镇商会公鉴：案准中华民国商会联合会组字第五六三号丑皓代电内开：查关于规定全国商人节一案，前于上年本会扩大筹备会议由贵州省商会联合会提议，复经上年十一月一日本会成立大会决议照案通过，定每年十一月一日为全国商人节在卷。嗣经本会呈请社会部三十六年二月一日京组六字第二二一四五号指令略开，以我国各行会各自有其纪念日，在社会上通行已久，关于请定商人节一节，可由本会自动举行，毋庸政府明令公布。等因。奉此，除定每年十一月一日为全国商人节及分电外，相应电达查照，转电所属知照。等由。准此，除分电外，相应电达，即希查照为荷。江苏全省商会联合会理事长陆小波。丑迥印。

全文：

苏州商务总会第一届总协理、议董名单

光绪三十一年（1905）九月

总、协理　由议董公举

尤先甲（鼎孚）　倪思九（锡畴）

会计议董　由会员公举

吴理杲（似村）　庞秉铨（少如）

议董　由会员公举

潘祖谦（济之）　　张履谦（月阶）　　彭福孙（颂田）　　叶荣（少斋）

潘廷枞（璧臣）　　洪毓麟（少圃）①　　王立鳌（驾六）　　徐俊元（乾斋）

陆曜彩（啸松）　　杭祖良（筱轩）　　李文模（灿若）　　蔡增镂（寿卿）

商部准予札委苏州商务总会总、协理

光绪三十一年十月初五日（1905年11月1日）

　　为札饬事。前据苏州绅士翰林院编修王同愈等呈请于苏州省城设立商务总会，当经批示，俟举定会员并将详细章程送部再行核办。兹复据该绅士等呈称：遵即会齐各业代表六十四人，照章依格投票，并请驻苏议员陆道树藩到会监视，以昭郑重。兹公举得侍读衔内阁中书尤先甲为总理，三品封职选用知府倪思九为协理。该两员公正明通，商情素洽，经理会务，当可裕如。拟恳加札委任，以重责成。并公同拟定暂时试办详细章程八十条，缮呈鉴核。请即颁给苏州商务总会关防一颗，以资信守。等情前来。查苏州为吴中省会，民物繁庑，商业素盛，近年辟埠通商，复为沪宁路线所经，商货流通，益臻繁富，自宜遵照部章设立商务总会，以维商业。本部核阅所拟会章，条理秩然，其工业入会诸端尤为因地制宜，办法、组织颇为完备，自应照准。该员等既经各业代表照章公举，经理会务，商情素洽，当能胜任愉快，应并准予札委，以重专责。除批示该绅士等遵照外，为此札饬。饬到，该总、协理仰即遵照，将一切应办事宜照章悉心经理，认真筹办，俾会务日臻起色。是为切要。此札。

---

① 洪毓麟，一作洪玉麟。

苏州商务总会为苏城光复致王赓伯等函稿

辛亥年九月中旬（1911年11月上旬）[1]

顷接手函，敬悉。苏城已于本月十五日午刻城内外一律悬挂白旗，市面照常贸易，安静如常。贵乡亦应悬挂白旗照常开市，切勿惊惶。商团领枪一事，须请阁下亲自来城接洽，以便由本会介绍，请贵商团代表迳赴督练公所具领。此复。即请公安。

苏州商务总会为依法修改章程致农商部禀（附章程）

1916年2月19日

苏州商务总会总理吴理杲、协理蔡廷恩等禀为依法修改章程，陈请鉴核示遵事。窃职会于上年七月应行改选之期，曾经议董公议谨遵批令暂缓改组，并于购定会所房屋陈请立案禀内声明在案。嗣奉申令公布商会法九章四十六条，职会遵即邀集议董悉心研究，参酌习惯，依法修改，拟定暂行章程都凡十一章三十三条，先行呈请钧鉴。俟奉核准，当即重行选举，继续办理。

再，职会于前清光绪三十一年曾经商部颁给关防一颗，辛亥光复暂刊钤记应用，一俟奉颁关防到会，即将旧领关防缴部验销，以昭郑重。除将章程录请江苏巡按使察核外，理合禀请钧部批示祗遵，实为公便。谨禀。

附：苏州总商会章程

第一章　名称

第一条　苏州为工商业总汇大埠，以原有商务总会依法改组，仍定名为苏州总商会。

第二章　职务

第二条　本总会应任职务如左：

（一）　筹议工商业改良事项；

（二）　关于工商业事项，答复中央行政长官或地方行政长官之调查或咨询；

（三）　调查工商业之状况及统计；

（四）　受工商业者之委托，调查工商业事项，或证明其商品之产地及价格；

（五）　因赛会得征集工商物品；

（六）　因关系人之请求，调处工商业者之争议。

第三章　职员

第三条　本总会职员名额规定如左：

（一）　会长一员；

---

[1] 原文无时间，此系推定时间。

（二）　副会长一员；

（三）　会董五十员；

（四）　特别会董无定额，以会董全数十分之二为限。

第四条　前项所列各职员外，酌设办事员，由本总会遴选，分别延订。办事员额及俸给，量事之繁简，由会董公同议定。

第四章　会员

第五条　凡在苏州商埠范围内本国国籍之男子，具有左列资格之一，经众认可，得为本总会会员。

（一）　公司本店或支店之职员，为公司之经理人者；

（二）　各业所举之董事，为各业之经理人者；

（三）　自己独立经营工商业，或为工商业之经理人者。

第六条　凡入会会员须年纳会费。

第七条　凡入会会员均须遵守本总会会章。

第五章　选举

第八条　本总会在会各会员除左列各项外，年满三十岁以上者得被选举为会董，其年满二十一岁以上者，均有选举会董之权。

（一）　褫夺公权尚未复权者；

（二）　受破产之宣告确定后尚未撤销者；

（三）　有精神病者。

第九条　会董由会员公选，会长、副会长由会董互选，特别会董无被选举权。

第十条　选举用记名投票法，由选举人躬自行之。

第十一条　选举以得票多数为当选。

第十二条　每选举时，一选举人有一选举权。

第十三条　凡工商业之学术、技艺富有经验者，经本总会会员公众推举，延请为特别会董。

第十四条　会长、副会长、会董、特别会董举定后，由本总会列册禀请最高行政长官转报农商部查核备案。

第六章　任期

第十五条　会长、副会长、会董、特别会董均以两年为任期。

第十六条　会长因事解职，以副会长推补；副会长因事出缺，即行互选；会董缺额至三分之一，应即补选。

第十七条　补选各员其任期，均以补足前任未满之期为限。

第十八条　会长、副会长任期满后，若再被选，均得连任，但以一期为限。

第十九条　会董任期满后，连举得连任；特别会董经本总会之推举，亦得连任。

第七章　责任

第二十条　商店、行号、公司、工厂遵章入会，一律平等，本总会均应尽保护之责。

第二十一条　关于工商业之兴利除弊，经众决议，随时执行。

第二十二条　关于工商业之法规之制定、修改、废止及与工商业有利害关系之事项，得陈述其意见于中央行政长官或地方行政长官。

第二十三条　凡与各埠商业有连带关系者，随时随事与全国商会联合会或各总商会、商会互相接洽办理。

第八章　会议

第二十四条　本总会年会每年一次，由会长定期举行。

第二十五条　本总会议事每星期一次。

第二十六条　特别会经会董三分之一以上之提议，由会长召集之。

第二十七条　议事时以会长为主席，会长有事故以副会长为主席，副会长有事故于会董内公推临时主席。

第二十八条　议事取决多数可否，同数取决于主席。

第二十九条　会议时议事细则由会董公同另定，分别执行。

第九章　会计

第三十条　本总会经费之收入、支出，按年清结，由会董内公举查账员复核署名，当众宣布，并编辑报告刊布之。

第十章　会所

第三十一条　本总会价买苏州阊门内西百花巷民房为事务所。

第十一章　附则

第三十二条　本章程奉农商部核准施行。

第三十三条　本章程如有应行修改之处，须经会董三分之二以上议决修正，禀请核准施行。

商事公断处受理案卷清册

1914年7月1日—1919年5月29日

计开：

一件　惟勤公所诉沈茂顺欠善会款案。三年八月十八日受理，十月十四日断结。被告如数偿还。销案。

一件　吴县移委钱经铭诉庞少如欠款案（又原卷一宗、会卷两宗）。四年一月八日受理，三月二十日断结。被告前在商会自认本人名下欠款如数偿还。销案。

一件　吴县移仁大布店股、店东程昭清、范采章等互诉案。四年十月二十一日受理，五年一月八日查核账目，碍难指实弊窦，和解调劝。复县销案。

一件　庆大绸缎庄股东章念庭诉亏账纠葛案。五年三月三日受理，三月二十八日断结。核明账目，断由股东顾醴记应找款项偿还章、潘两股东。销案。

一件　吴县移陆干卿诉周浩正等侵吞公积金案。五年四月十七日受理，五月十八日断结。被告如数分认偿还。复县销案。

以上五起，均以断结销案。

一件　吴县移委丁长兴鸡鸭行诉俞凤来等欠款，奉批查账案。五年一月八日受理，十三日查明被告等欠款属实。移复吴县核办。

一件　蒋万顺诉萃成锻庄货款纠葛案。五年一月十日受理，三月十二日两次评议。被告不遵公断，双方自行依法起诉。录案移县核办。

以上两起，移归吴县公署讯办。

一件　顾菊畦诉陈趾生欠款案。三年九月二十五日受理，被告屡传未到，照章撤销。

一件　殷念萱诉颐泰庄追偿存款案。三年十二月十二日受理，原告自请撤销。

一件　吴县移王仁卿诉张雪梅欠款案。五年五月二十九日受理，六月二十七日原、被自行和解，声请复县撤销。

一件　吴县移林泗海等诉赖益富欠款案。五年四月十八日受理，建烟业董和解，原告声请复县撤案。

以上四起，均已撤销。

一件　泰兴商会移朱鑫等诉追怡泰猪行王廷根欠款案。四年十一月五日受理，五年一月十日以劝导断，不遵。移复泰会却下。

以上一起，公断无效却下。

一件　仁昌裕等诉同盛和酱园亏欠案（分订五本，又会卷一宗，散函账略两束）。三年七月一日本会移交受理，断由被告各东按股认偿，分别清交。未结。

一件　保大等庄诉张太隆米店张顺之欠款案（又会卷一宗）。三年八月二十五受理，四年五月四日断。由被告折偿，延不清缴。五年三月二十日移县执行，未结。是年十一月交款派讫。复县销案。

一件　靖江商会移乔国连诉德顺兴等猪行欠款案（附折一扣）。四年四月二十九日受理，迭经议断，原、被人证不齐。未结。

一件　吴县移高颂清诉郑幼山欠款（附簿册一本）。五年五月二十九日受理评议，调集原案全卷核断，未结。是年八月十七日复县。

一件　沐泰山股东诉经理冯文卿案。五年六月二十三日受理，派员调处。未结。

以上五起未结，共计案卷十六件。

一件　益森洋货号诉王道生盘顶美利制店欠款案。五年九月五日受理，九日撤销。

一件　丹阳县商会移朱朝魁诉郁木林欠牛款案。五年十月二十日受理，十一月六日和解。

一件　增懋寿记诉丁春荣欠款案。五年三月受理，六年一月十九日移地厅。

一件　袁定山诉郁木林捎交货款案。五年十一月十八日受理，六年十月十六日自行依法起诉。录案移县。

一件　武进商会移高琢吾请追戴仗佑欠款案。五年十二月六日受理，六年九月十八日自行调停和解。销案。

一件　吴县移顾世绥抗诉孙蓉生欠款纠葛案。六年二月十日受理，三月十五日查复。

一件　高等厅移朱仰庵与范照观上诉清算账目案。六年三月十八日受理，八月十五日查复。

一件　吴县移吴木林诉徐根生欠款核算查账案。六年三月十五日受理，二十八日查复。

一件　吴县移王瑞生诉孙俊英吞款清算账目案。六年四月十三日受理，二十三日查复。

一件　钱江、吴兴会馆诉染坊霸持追加染价案。六年十二月五日受理，八日断结。绸业应补染价，悉数充入京、奉、直水灾义赈。完案。

以上十起均已结案。

一件　恒兴祥荤油行诉追老陆稿欠款案。五年十二月十七日受理，六年二月十三日议劝，允遵，未据声复履行。销案。

一件　福泰源颜料行诉同源染坊欠款案。六年二月十三日受理，被告未到。

一件　浙宁会馆诉公和行措缴捐款案。六年四月五日受理，十七日议断。未结。

一件　桐乡商会移谷裕兴绸庄诉启泰杨旭庄欠款案。六年九月九日受理，被告屡传未到。

以上四起未结。

一件　高等厅移陈文奎与蒋菊存清算账目案（新案）。七年二月十四日收受，俟高厅定期派员会同核算。

一件　吴县移委王源隆诉赵义和图吞定泽案。七年八月十二日受理，九月二十四日因开议时两造情词各执，查明真相后，原告情虚避匿，无从处理。复县核销。

一件　高审厅委查陈文奎与蒋菊存货款纠葛案。七年八月二十六日受理，十一月十九日复查。

一件　吴县移委查景运诉万泰号商款纠葛案。七年十月三十日受理，十一月二十五日断结复县。

一件　泰兴商会移委猪业册商汤殿元等诉追瑞兴利欠款案。八年三月十六日受理，五月一日原告申请息销。

一件　吴县委查陈君玉诉陆允才无帖私收案。八年三月二十二日受理，四月三日复查。

一件　大丰永诉纬利转运公司骗取缎货案。八年四月二日受理，查系纬利公司收送货物，手续未尽完备，致有他人发生冒骗情事，具函商会议定商店与转运公司收送货物善后方法。完案。

一件　王振铨等诉德大义记药号拆股纠葛案。八年四月二十五受理，五月二十九日由周吉安声请和息。

吴县知事公署为转督军、省长、苏常道道尹饬令严办罢工机匠致苏州总商会函

1920年8月6日

径启者：案奉苏常道尹训令内开，本年七月五日奉督军、省长训令内开，据上海中华国货维持会、江浙丝绸机织联合会、云锦公所函称：迩日迭据苏商各缎业纷纷报告，近年米珠薪桂，以致各工匠要求增加工资，一例罢工，当经缎业公所等立即公议体恤机户，先允津贴目下每机按月给钱九百文，以后又改每尺加工资二文，又借给开工费，以冀迅速开工，免至蔓延，并禀告官厅出示布告开工。岂知各机匠

绝不尊奉长官命令，仍然停工，成群结队，加之流氓无赖附和其间，于夏历本月初七日，聚众闹至皮市街王义丰缎庄，滋扰打斗毁屋，目无纪法，虽有巡警弹压，然毫不畏惧，甚至互殴，各有损伤。于初八、初九等日，该机匠先在城内焚烧该庄缎机，继又到乡陆墓、唯亭等处毁机，计共焚去二十余机，损失甚巨，迄今仍未开工。等情。

伏查聚众罢工，本为法律所不许，苏州机匠此番迭次要求增加工资，缎业一再忍痛，允许照加，在绸缎之对待机户亦谓仁至义尽，不应聚众恃蛮，焚毁机只，其凶悍横行实为历来所未有。如此敢不畏法，若不严刑惩办，不但缎业方面均怀寒心，行将瓦解，即实业前途亦属可危。为此急迫禀告钧长，伏恳迅赐饬苏州地方长官勒令解散，督率开工，一面严查为首主使焚机人犯，从严惩办，以儆将来而惩凶暴。无任迫切呼吁之至。等情。据此，除批示外，合行令仰该道尹饬县将主使焚机人犯严查逮办。等因。奉此，并先据该会等函电前情，合行令仰该知事即便遵照将主使焚机人犯严查逮办。此令。等因。奉此，除严密查拿主使焚机人犯究办外，合亟函达，即希查照为荷。此致苏州总商会

孙传芳、陈陶遗为征集赴费城赛会物品通电上海、苏州、南通总商会

1926年1月14日

上海、苏州、南通总商会鉴：此次美国费城百五十周独立万国展览会，欧洲加入者至少有十四国。会场较巴黎展览会约大五万丈方，共计占地约两千亩。开会时以一九二六年六月一日起，至一九二六年十二月一日止。造观宏大，罗致周详。此间，驻宁领事屡来敦劝参加。传芳、陶遗以吾苏与浙、闽、皖、赣五省同属南东重镇、神州奥区，物产丰盛，焜耀四裔，自应协襄伟举，藉扬国华。现拟于三月二十日前由各省征集齐备，于四月十日在南京先开展览会一次，审查完竣，即日起运。惟程期过迫，博采为难，与其并蓄而兼收，不如取精而守约。凡属各地方之特种出产，工艺界之改良精品，征求标的，首在两端。万国观瞻，关系至重，务请迅即筹备，精选物品，如期运送，以资比较。至所需经费，亦拟五省分认，闽、皖、浙、赣各筹两万元，苏筹四万元，共合筹十二万元。期在悉归实用，不稍虚糜，谅彼此均有同情也。临电神驰，立盼见复。

孙传芳　陈陶遗

各省商会联合大会对内宣言

1927年12月26日

本会召集以来，各商会推举代表列席者已达一百四十余人，所属区域为粤、桂、闽、赣、湘、鄂、皖、江、浙、豫等省，所讨论议决案件除关于狭义的商业范围以外，（一）决议自动修改商会法，组织各省商会联合会总事务所于上海，设各省分事务所于各省政府所在地，其目标执行此次大会议决各案，

努力奋进，藉收身臂指使之效；（二）决议吁请国民政府组设中国经济会议，集合各省农业、工业、商业、金融、交通各团体代表开会于上海，其目标在联合农工与商及普通消费者共聚一堂，解决社会经济中之土地、资本、生产、消费、劳力、贸易多方生活纷争问题，而为将来国民会议关于经济一部分建设筹备会议各张本。第一案，关于商会本身问题，为谋实现此次大会议决各案起见，故有此永久团结之组织。第二案，涉于全般社会经济问题，其草拟的组织大纲虽孳息于德国临时经济议会之组织，惟我国经济现况既受帝国主义之侵凌，又苦共产思潮波及，与德国当日革命时情势相同，而其各方之经济组织则远不及德国。如何由各方产生真实之代表，如何谋农村经济与都市经济之调和，如何谋经济学理与经济事实之参证，如何消弭劳资纠纷，如何谋物价平衡使社会一般经济状况不感不断之痛苦，吾人似宜群策群力，斟酌国情，有具体方案之表现，将来即以中国经济会议形式出之。《总理北上宣言》主张召集国民会议，其所列组织之团体，一现代实业团体，二商会，六公会，七农会，而其最后之结论则曰：国民之命运在于国民之自决。《总理北上宣言》为国民十三年十一月十日，迄今已阅三年矣。兹会之实现复如天际皎月，可望而不可即者，何哉？毋亦以吾民尚未了解总理所谓国民命运在于国民自决一语，乏互助之精神，无团结之实力，对于国民会议之提倡虽知其善，而苦难得实行之办法欤！幸去岁国民革命军，秉总理之遗旨，由粤兴师北伐以来，不数月间，奄有长江南北及黄河以南，使吾人相见于青天白日旗帜之下。此次本会召集开会于上海，凡隶属于国民政府管辖区域，各省代表到会者已达十一省。关于所议决各案甚欲斟酌，当定一种完善方案，俾能推行全国以尽利，以表示真正民意之所在，以造成一新中国。其有因政局限制、交通阻滞、侨商海外未及通知，此次未推代表列席本会者，万勿置身范围之外，不来加入合作；又勿误认旧式军阀，尚有作恶实力，畏葸不敢言之。又恐行之多阻，特掬诚正告曰：凡称军阀，最后命运仍视国民有判决力与否，能为人民谋福利者，固拥戴之；不能为人民谋福利者，银行不为垫款，商会不筹军费，则虽威风凛凛之军阀，将自保首领以遁，亦云幸矣。全国商会赶速联合起来，全国农工与普通消费者赶速与商会联合起来！谨此宣言，诸为公鉴。

吴介生为参加木渎分事务所年会情形致吴县县商会执委会报告

1933年9月25日

为报告事。窃奉委指导本会木渎分事务所成立纪念年会等由，遵于九月十九日驰抵木渎先施调查。至二十日上午十时正式参加该分所会员年会大会，共会员代表一百四十三人，计出席一百零八人。由区公所惠区长、公安局丁局长监督，会同介生及该分所刘代主席维持，由刘主席开会行礼如仪。除一切经过径由该分所呈报备核，毋庸多赘外，谨将介生调查及当时会场情形感觉所得，略陈梗概，即祈鉴核，以备参考。查该分所预算仅将会费一项收入，向属不敷。本年度更形拮据，于开源节流之下，极力弥补，以会费收入相抵，不敷甚巨。丁兹商业凋零，万难再筹把注。兹查有光福商店多户，照章得设分事务所，但因会员数目过少，经济力量不及组设，虽经呈请鉴核并入木渎分事务所，以资便利，奉批碍难照准在案。现在前项商户群情□□，以为遇事径投县会，非惟于时间、经济均有不合，即交通方面亦时感困难。商人以营业为本位，断难兼顾远道出席会议。木、光相距咫尺，遇事召集开会，于地理、经济、时间均得方便，而木渎商户亦多数赞同欢迎。介生默察情势，以为商人组织团体为谋自身之福利，即有牺牲，亦宜忍爱，但事实困难，亦不得不略予变通。爰以援照望亭参加浒关成案，准许光福商店暂行加入木渎分事务所，俾资便利。一俟光福商业稍盛，仍应饬令另行组织光福分事务所，以符定制。应候该分所商民具呈到会，再行核议外，仅将管见所及，据实报告，聊供采择。是否可行，仍乞钧会提付公决。不胜舟感待命之至。谨呈吴县县商会执行委员会公鉴。

执行委员吴介生谨启

吴县县商会沿革概要

1941年①

甲、商务总会成立时期　本会发始于逊清光绪三十一年，由邑绅潘济之、尤鼎孚、张月阶、王胜之、吴卓臣、彭颂田等召集各业商董，发起筹备。禀奉江苏巡抚，咨部奏准设立。票选议董十六人，成立苏州商务总会，并选定尤鼎孚为第一任总理，倪锡畴为协理，禀奉商部加札委充。嗣后，每两年改选一次。所有总协理、议董均连举得连任。

乙、商务总会维持时期　辛亥政变，民国肇造。原有商部加札委充总、协理各员，关系封建色彩，而鼎革伊始，各项规章尚未订定公布，在新旧递嬗之际，一时殊难应付。经议董会决定，废止原有组织，取消总协理、议董等组织，临时由各业商董票选常务董事八人，共同负责处理商务。一面联合各地商会，向南京政府请愿，明定商会法令，以资遵守。此为商务总会维持时期之大概情形。

丙、商务总会过渡时期　所有上述商务董事维持情形，迟延半载。经全国商会联合会议决，定由各地商会将原定会章酌加修正，径行改选。所有处理会务职员，仍定为总协理、议董等名称。选定吴似村为总理，蔡伯侯为协理，呈部备案。

丁、苏州总商会时期　民三，国事奠定，商会章程亦已奉令公布。本会以地处省会旧治，更以通商口岸关系，设立苏州总商会，额定会长、副会长各一员，会董五十员。旋于五年五月依法改组成立，选定蔡伯侯为会长，庞天笙为副会长，仍每两年改选一次。依照奉颁章程之规定，各职员连选得连任，但以一次为限。

戊、苏州总商会飘摇时期　民十六时代，国府奠定东南。当时政体丕变，于是有依照商会法组织商民协会之举动，其规章、计划确系法良意美，乃以办理者之处理未善，渐归消歇。旋奉各地商会恢复组织之令，本会亦于民十七年遵令改组，所有职员名称以适应环境起见，改为委员制，选定庞天笙、季筱松、程幹卿三员为主席。

己、吴县县商会时期　民十九年，商会法暨工商同业公会法均奉令公布，各同业公会陆续奉令组织成立，所有本会名称已不适合。乃于是年十二月间召集会员代表大会，依法改组，选举施筠清为本会改组后第一任主席。

庚、县商会之整理及变更时期　民二十六年秋，时值非常。本会各员星散，会务完全停顿。迨事变归来，商店咸未复业，公会负责无人，本会情形亦等瓦解。二十七年二月，奉前苏州自治委员会农工商

---

① 原文无时间，此系推定时间。

处明令，指定原委员佘文卿等组织整理委员会，先行着手整理。同年五月，复由农工商处奉令转饬改组苏州总商会，仍指定佘文卿等为筹备委员。终以环境关系，经长时间之筹备迄难组织成立。二十八年十月，复奉吴县县公署之令，饬为仍依旧商会法之规定，改组吴县县商会，仍以原任委员佘文卿为筹备委员。即于是年十一月，将苏州总商会筹备会名义撤销，即时成立吴县县商会筹备委员会，嗣奉江苏省社运分会派员驻会指导。举凡章则之规定、经费之筹措、会员之人选，经各同业公会之代表充分考量，于七月二十日召开会员大会，完成组织，选定潘子起等十五人为本会理事，季筱松等七人为本会监事，并互选潘子起为主席。所有本会三十余年以来之历史，大概约如上述。

吴县县商会简略报告

1947年①

名称：吴县县商会　所在地：苏城西百花巷二十七号

整理时期：民国三十四年十一月一日至民国三十五年六月十四日

成立期：民国三十五年六月十五日

理事长：张寿鹏　常务监事：范君博

沿革：本会创设于前清光绪中叶，称苏州商务总会（苏州总商会），以地方著名商人为董事，办理商业，改进事务。民国二十年一月十五日改组为吴县县商会，票选施魁和为执行委员会主席。民国二十四年十二月十日改选程幹卿为执行委员会主席。二十六年秋，抗战军兴，会务停顿。胜利后，奉前吴县县长逯剑华令委刘赓华、范君博、张寿鹏、陆季皋、刘孚卿、卢燕廷、徐瀚澄、潘明卿等八人为整理委员，从事整理，至三十五年六月十五日正式成立。

会务概要：三十五年六月十五日本会召开正式成立大会，票选理事十五人、监事五人，通过会章议案，于七月十六日举行宣誓就职典礼。内部分总务、财务、交际、调查、设计等五股，每股设主任一人、副主任二人，由各理事分别担任。理事会、监事会均按期召开，以资促进会务。又分别附设税则研究会、商务考察会、业规审核会、商业调查会、国货生产会，各设委员十人，分组研讨。

经济概略：当三十五年六月本会成立时，公会单位为八十四个，商店会员为二十一家。按月共计权数为二百〇一权，每权收会费国币五千元。其后物价步涨，收支不能相抵，于九月重编预算，改订为每权一万元，按月收入四百万元。无奈物价继续增高，至本年一月份收支相距过大，无法平衡，遂于二月份起重订新预算，改为每权二万元，按月收支九百余万元（参考预算书）。

计划述要：（一）筹组商事考察团，尽于本年度秋季实地考察，以各省、各部及南洋各埠为临时择定。（二）联络无锡、镇江，谋取对外贸易之发展。（三）协同政府，确切抑平物价，维护民生。（四）健全公会机构，推进公会业务，加强工作效能。

---

① 据内容推定，为1947年上半年。

吴县县商会理监事临时紧急会议记录

1949年4月27日

日期　四月二十七日下午三时

地点　韩家巷十号

主席　戎法琴

出席者　戎法琴、张淳德、黄柱天、陈君玉、姚士镇、陶叔南、方维坤、朱日新、刘恂介、朱汝鹏、曹子衡、唐士英、孔翔生、张寿鹏、徐瀚澄、范君博（邵代）、朱宏湧

报告事项

一、人民解放军于今晨到达本县，本会应领导各业公会办理各项事务，照常工作。

二、今日人民安全保障策进会开会，由人民解放军八十五师政治部代表出席指示，略谓：本军到达后人民已得解放，所有工厂、商店应照常开工、营业，学校应照常上课，一切交易统应公平买卖。所有解放军购办日用物品，希望有关各业组织合作社，以便集中交易。在未组织以前，解放军向商店购物，其交易价格暂参照无锡比例，约价如下：

（一）人民券四百元或华中券四万元暂作袁头银元一枚；

（二）日用品价格暂定人民券如下：鲜肉每斤人民券六十六元，菜每斤人民券三元半，盐每斤人民券四元，油每斤人民券一百元，猪油同；

（三）金圆券暂仍照常通用，所有比例暂不规定。

三、解放军需各业主要商店名单，已由本会将重要公会理事长名单抄送查阅。

讨论事项

一、本会自四月二十七日起，为办理欢迎及慰劳解放军事务纷繁，原有人员不敷分配，拟请全体理监事加紧工作，并分配事务，请讨论案。

议决：甲、戎法琴、朱宏湧、陶叔南参加人民安全保障策进会工作；

　　　乙、朱宏湧、孔翔生、唐士英、徐瀚澄、黄柱天、张志明负责主持工商自卫队事务；

　　　丙、刘恂介、方维坤、朱汝鹏主持本会一切事务；

　　　丁、姚士镇、方维坤、张淳德、朱日新、陈君玉、张志明主持人民安全保障策进会事务组办公；

　　　戊、曹子衡、邵伟成、徐仁焕、范君博协助人民安全保障策进会事务组办公。

二、人民安全保障策进会比来需用浩繁，本会同为单位之一，自应分担，应如何筹措，请讨论案。

议决：提请各业理事长会议议定，并于四月二十八日召集之（并请准时到会办公）。

议毕散会。

戎法琴

苏州各同业公会档案

保管单位： 苏州市档案馆

内容及评价：

苏州各同业公会档案共涉及丝织业、粮食业、银钱业、典当业等46个同业公会，包含了苏州近现代工商业的大多数行业，其系统性、完整性全国稀有。该组档案起止时间为1771年至1949年，共计1131卷，内容十分丰富，每个同业公会从组织章程到会员名册，从登记注册到行业调查乃至公会会员的生产经营情况都很齐全，全面反映了苏州各行业的发展历史和苏州民族工商业发展的曲折过程，是研究地方经济史、社会史的宝贵资料，对当前同业公会建设、民营经济发展都具有借鉴意义。苏州各同业公会档案于2007年入选第二批《江苏省珍贵档案文献名录》。

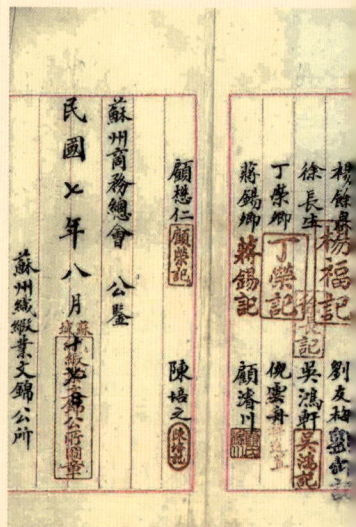

光绪三十二年（1906）九月，典当业宝源牌号加入苏州商务总会凭照。

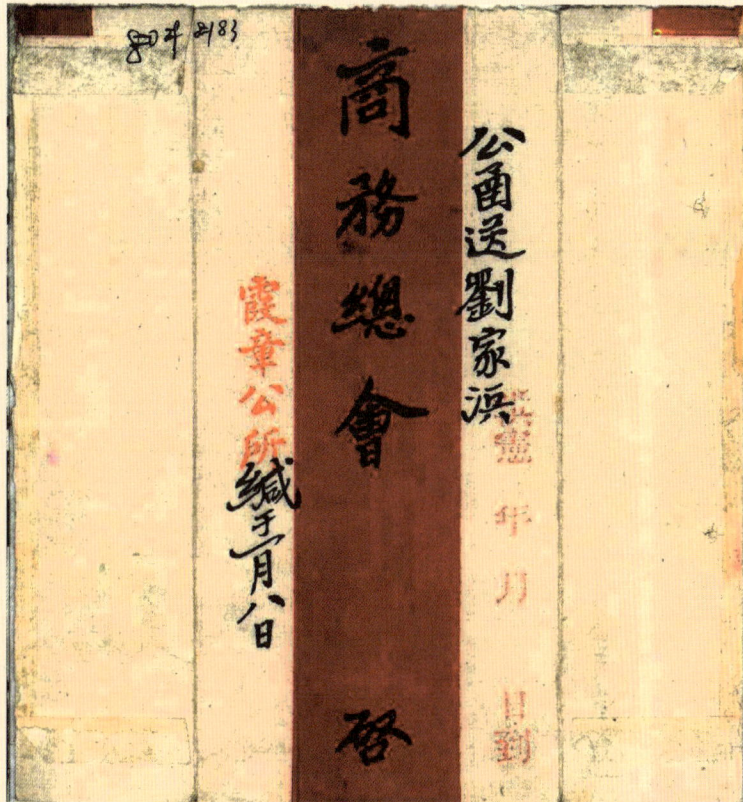

1916年1月，纱缎机业霞章公所信封。

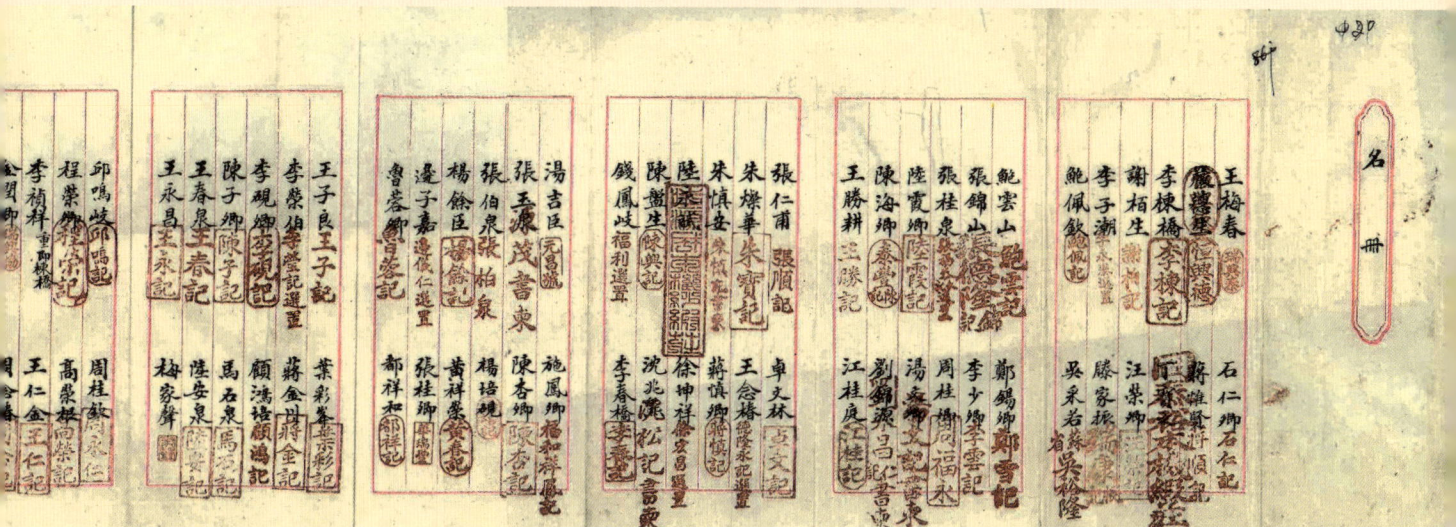

1918年8月，苏州织缎业文锦公所会员名册。

贝理泰（1866~1958），上海商业储蓄银行苏州分行经理，曾任吴县银行业同业公会理事长，苏州总商会第四、五届会长。

戎法琴（1878~1952），戎镒昌皮件经理，曾任吴县皮革制品业同业公会理事长、吴县县商会第五届理事长。

1946年1月，吴县营造厂业同业公会理监事就职合影纪念。

1946年5月，吴县豆腐业同业公会成立大会合影。

1948年3月，吴县华洋杂货商业同业公会第二届全体理监事合影。

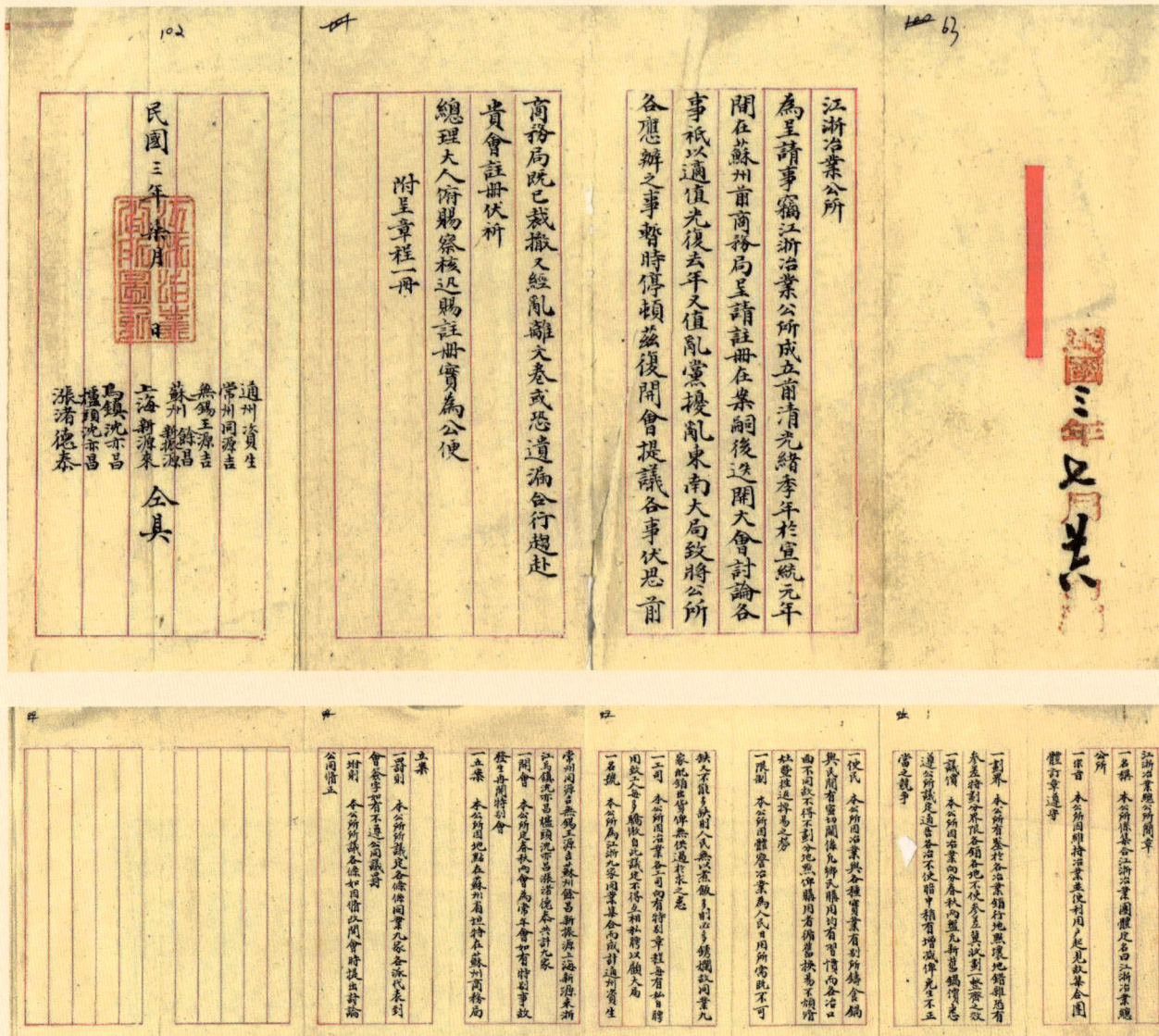

1914年7月，江浙冶业公所为呈请注册致苏州商务总会函。

全文：

江浙冶业公所为呈请注册致苏州商务总会函（附简章）

1914年7月26日①

　　江浙冶业公所为呈请事。窃江浙冶业公所成立前清光绪季年，于宣统元年间在苏州前商务局呈请注册在案，嗣后迭开大会讨论各事，只以适值光复，去年又值乱党扰乱东南大局，致将公所各应办之事，暂时停顿。兹复开会提议各事，伏思前商务局既已裁撤，又经乱离，文卷或恐遗漏。合行趋赴贵会注

---

① 此系商会收文日期。

册，伏祈总理大人俯赐察核，迅赐注册。实为公便。

附章程一册。

通州资生，常州同源吉，无锡王源吉，苏州馀昌、新振源，上海新源来，乌镇沈亦昌，炉头沈亦昌，涨渚德泰 同具

附：江浙冶业总公所简章

一、名称　本公所系集合江浙冶业团体，定名为江浙冶业总公所。

一、宗旨　本公所因维持冶业并便利用户起见，故集合团体，订章遵守。

一、划界　本公所有鉴于各冶业销行地点壤地错杂，恐有参差，特别划分界限，各销各地，不使参差，冀收划一整齐之效。

一、议价　本公所因冶业向分春、秋两盘，凡新旧锅价，悉遵公所议定通告，各冶不使暗中稍有增减，俾免生不正当之竞争。

一、便民　本公所因冶业与各种实业有别，所铸食锅与民间有密切关系，凡乡民购用，均有习惯，而各冶口面不同，故不得不划分地点，俾购用者循旧换易，不烦修灶暨往返掉易之劳。

一、限制　本公所因体察冶业为人民日用所需，既不可缺又不能多，缺则人民无以煮饭，多则必多锈烂，故同业九家配销出货，俾无供过于求之患。

一、工司　本公所因冶业各工司向有特别章程，每有私自聘用，致工人每多骄傲，自此议定不得互相私聘，以顾大局。

一、名号　本公所为江浙九家同业集合而成，计通州资生，常州同源吉，无锡王源吉，苏州馀昌、新振源，上海新源来，浙江乌镇沈亦昌，炉头沈亦昌，涨渚德泰，共计九家。

一、开会　本公所定春、秋两会为常年会，如有特别事故发生，再开特别会。

一、立案　本公所因地点在苏州省垣，特在苏州商务局立案。

一、罚则　本公所所议定各条系同业九家各派代表到会签字，如有不遵，公同议罚。

一、附则　本公所所议各条如有修改，开会时提出讨论，公同修正。

民國七年十一月八日 [印]

會長
副會長諸先生 公鑒
議董

代表

蘇州織緞業文錦公所
嚴鴻魁
王慶壽
李楨祥 [印]

蘇州商務總會

一 本章程如有未盡事宜或應行增損修改
之處須經大會公同議決仍送請
蘇州總商會核轉備案

蘇州總商會舊查轉請主管官廳核准備案
之日施行

一 本公所章程依照
農商部修正工商同業公會規則第三條呈經

一 凡同業雇工幫織其織工價目均援照雲錦
公所各緞莊一律不得私自增減

公同集議分別屬詞
破壞商業公益經三分以上之報告查明屬實者應

一 本公所章程依照
……

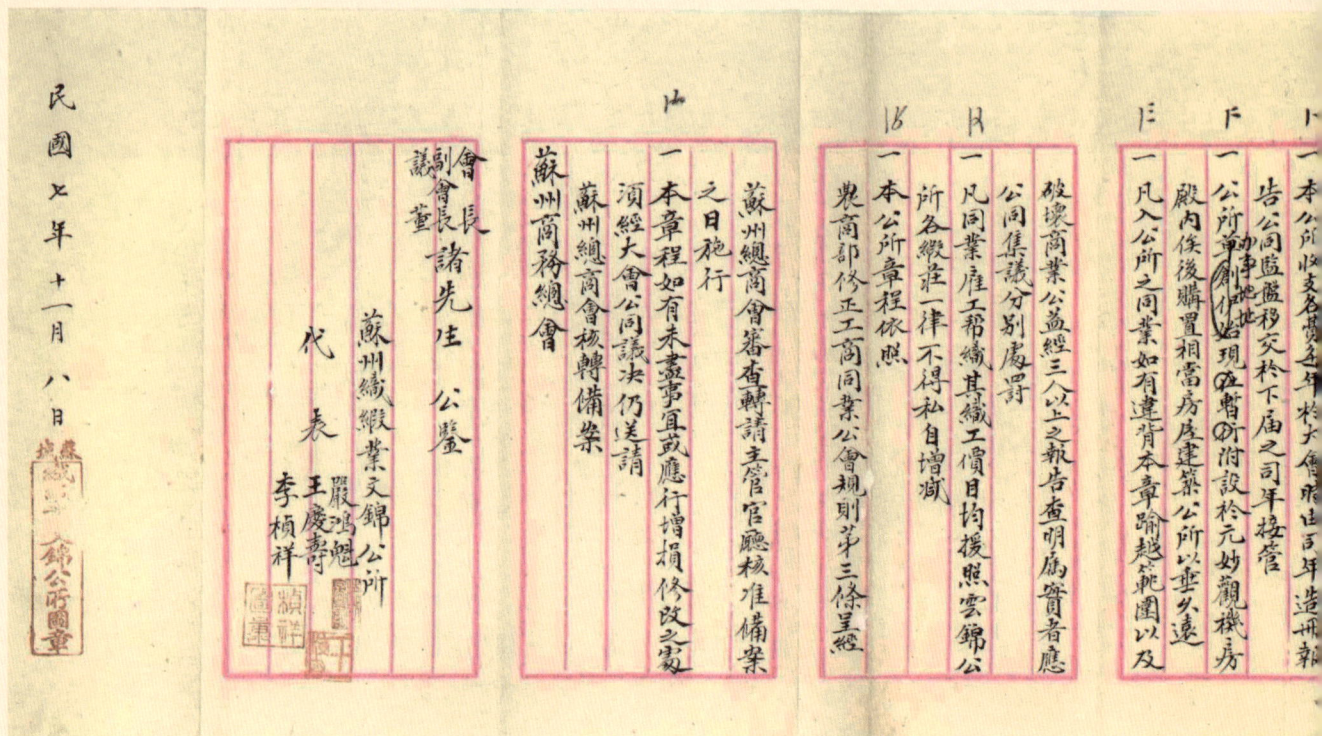

1918年11月8日，苏城现卖机业缎商文锦公所章程。

全文：

苏城现卖机业缎商文锦公所章程

1918年11月8日

一、本公所系苏州商埠城厢内外现卖机户缎商同业集合设立，定名曰文锦公所。

一、现卖机业之种类范围，以购办丝经自织各种花素纱缎，或雇工帮织或兼织各缎庄之定货者为限，依照农商部《修正工商同业公会规则》第二条，将同业牌号、姓名呈由苏州总商会认定之。

一、公所之设立以研究实业原料、改良制造货品、维持同业公益、兼办各种善举为宗旨。

一、凡同业自应加入公所，须遵守章程，不背前项宗旨。如不愿入者，亦不强迫。

一、公所经费均由同业自行认助，不向业外劝募。

一、公所职员设干事一人、副干事二人、司年一人、司月一人。

一、干事、副干事均二年一任，由本公所同业投票公举之；司年、司月由同业抽签，按年、按月分别轮充，签定之后，不得推诿。

一、干事有代表公所全体之权，副干事有辅助干事处理本公所应办各项事务之权，司年有保管公所银钱、稽核收支账目之责，司月有经理收入、支出经费之责。

一、上列职员均尽义务，概不支取薪水。

一、公所常会每月旧历朔、望二次，大会每年一次。如有特别事件，得开临时会，公同议决之。

一、本公所收支各费，每年于大会时，由司年造册报告，公同监盘，移交于下届之司年接管。

蘇城現賣機業緞綢文錦公所章程

一本公所係蘇州商埠城廂內外現賣機戶緞綢同業集合設立定名曰文錦公所

一現賣機業之種類範圍以購辦絲經自織各種花素紗緞夾庭之幫織或黃織各緞莊之定貨者為限依凖

農商部修正工商同業公會規則第二條將同業牌號姓名呈山蘇州總商會認定之

一公所之設立以研究實業原料改良製造貨品維持同業公益勸辦各項善舉為宗旨

一凡同業自應加入公所須遵守章程不背前項宗旨

一公所職員設幹事一（副幹事二）司年一（副年一）司月一（副月八）之司年司月由同業柚籤按年按月分別輪充

一幹事副幹事有輔助幹事處理本公所應辦各項事務之權

一公所經費均由同業自行認助不間業外勸募定之後不得推諉

旨如不顧入者亦不強迫

一幹事有代表本公所全體之權副幹事有輔助幹事處理本公所應辦各項事務之權公所銀錢稽核收支眼目之責司月有經理收入支出總費之責

一、公所办事地址现暂附设于元妙观机房殿内，俟后购置相当房屋，建筑公所，以垂永远。

一、凡入公所之同业，如有违背本章、逾越范围以及破坏商业公益，经三人以上之报告，查明属实者，应公同集议，分别处罚。

一、凡同业雇工帮织，其织工价目均援照云锦公所各缎庄，不得私自增减。

一、本公所章程依照农商部《修正工商同业公会规则》第三条，呈经苏州总商会审查，转请主管官厅核准备案之日施行。

一、本章程如有未尽事宜，或应行增损修改之处，须经大会公同议决，仍送请苏州总商会核转备案。

苏州总商会会长、副会长、议董诸先生公鉴。

苏州织缎业文锦公所代表严鸿魁、王庆寿、李桢祥

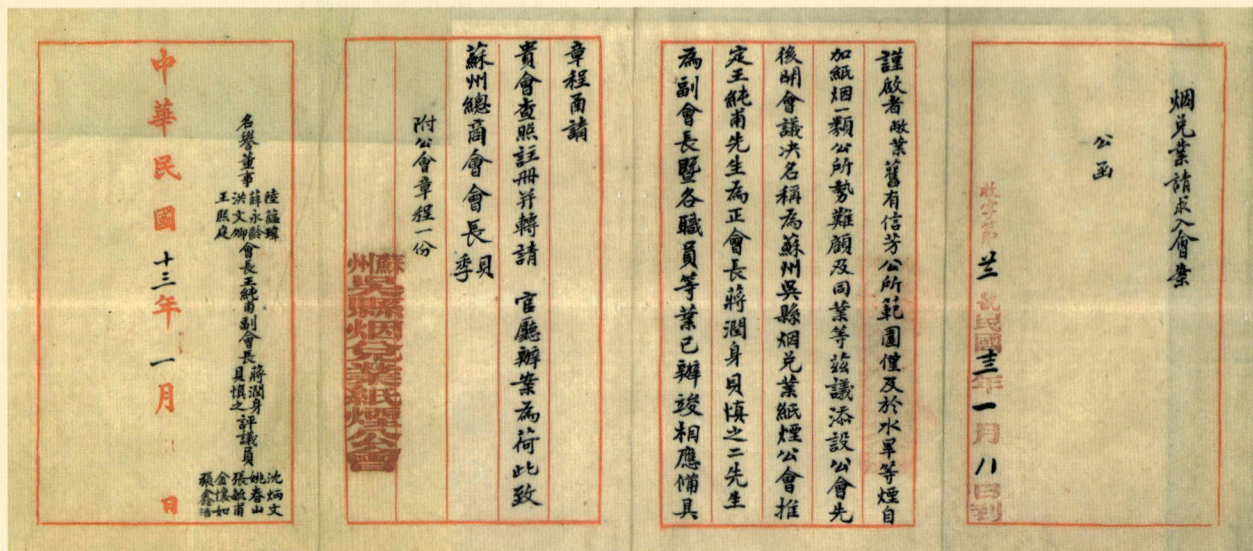

1924年1月，吴县烟兑业纸烟公会为成立公会注册备案致苏州总商会函。

全文：

吴县烟兑业纸烟公会为成立公会注册备案致苏州总商会函

1924年1月8日[1]

　　谨启者。敝业旧有信芳公所，范围仅及于水、旱等烟。自加纸烟一类，公所势难顾及。同业等兹议添设公会，先后开会议决名称为苏州吴县烟兑业纸烟公会，推定王纯甫先生为正会长，蒋润身、贝慎之二先生为副会长，暨各职员等，业已办竣。相应备具章程，函请贵会查照注册，并转请官厅办案为荷。此致苏州总商会会长贝、季

　　附公会章程一份。[2]

　　苏州吴县烟兑业纸烟公会

　　名誉董事陆蕴玮、薛永龄、洪文卿、王熙庭，会长王纯甫，副会长蒋润身、贝慎之，评议员沈炳文、姚春山、张毓甫、金怀如、张鑫浩

---

① 此系商会收文日期。
② 未抄录。

全文:

纱缎业公立初等实业学堂章程

光绪三十一年十二月（1906年1月）

今将纱缎业公立初等实业学堂简章谨呈钧鉴，伏祈核示。

一、定名　本校为纱缎同业组织而成，故名纱缎业公立初等实业学堂。

二、宗旨　注重普通各科学，以期童年皆具营业之知能及有谋生之计虑。

三、学额　专收业中十六岁以内之子弟，暂定学额六十名，依程度为本科、预科两级，均定四年卒业。

四、程度　本科按照奏定初等实业学堂章程，预科按照奏定初等小学章程，酌量学级、学龄，量为变通办理。

五、学费　概不收取学费，惟月收膳宿洋三元，学生一律寄宿。

六、经济　开办常年等费，悉由同业担任，不假外求。

七、职员　内设校长一人，国文教员二人，各科学及英文教员四人，监学一人，庶务一人。

八、校地　暂设苏城西白塔子巷。

科目表

本科：修身、读经、国文、算术、历史、地理、格致、体操、图画、音乐、英文、手工、簿记。

预科：修身、讲读、国文、算术、历史、地理、格致、体操、唱歌。

堑震公所续订之章程

宣统二年（1910）

一、同业倡立公所、办理此举为保持同行公益起见，众相允洽，公举总董并选举协董，分配司年、司月，司年一年一轮，司月每次两人，每月一轮，并于协董中担任庶务与调查事件，以分权限而专责成。此乃名誉董事，各尽义务也。

一、公所办事者公举总董一人，总理公所应行一切事宜，维持同行各种公益，同人悦服，为最重要之机关。因事情繁杂，独力难支，故选举协董十六人辅同办事，分配司年四人、司月十二人，挨次轮值，管理公所收支款目，承值庶务、调查各事，联络同行理事，公平每月收支，一月一结，到两月交替时，由接手司月之董稽核，每年岁暮年终由次年司年会同司月之董复核，以征信录。

一、公所自本年六月成立，提议煤炭每担贰文之公所捐自七月朔日一律起捐。此项捐款除开支公所常年经费外，如有余款存庄生息。倘公所遇有添造屋宇、兴办善举及特别事项，可临时汇集同人从妥会议。

一、同业名称号家者，指向自运长路之货自卖并批发同行，时值估价，不取用钱，不接客货而言。但其中名别者，如元隆、洽兴、福兴三家，皆领牙帖，其名行，专以代客卖买，收取行用，向来同业之习惯，非今所倡议也。

一、同业交入公所之洋，如各业一经捐助，本无发还之理，此节同人集议至再，成效难收。我业虽有一百七十余家，其资本稍长、生意稍优者不满三十家，其余皆系小本经营，无力捐助，因此变通办法，所交公所之洋，作为入行公积，日后同业之中如欲改图别业，所交公积仍可照数向公所领回。此系公众决议，各愿遵行，以昭大信。

一、同业交入公所公积之洋，数目不能一律者，因资本有多寡、生意有大小，公同酌议分作五等：一、自运长路之货批发同行及领牙帖者，均交公积洋伍拾元；二、自运长路之货，不做同行批发者，交公积洋叁拾元；三、向同行批货，销售资本在贰仟元之则者，交公积洋贰拾元；四、向同行批货，销售资本在壹仟元左右者，交公积洋拾元；五、向同行批货，销售资本在佰元者，交公积洋伍元。酌分等数，以定区别。

一、公所每月定十二日、二十七日开常会两次，评定售货价目，填单分送各店，以归划一，不致紊乱。如遇特别事情，则开临时会，须先一日传单咨照，方免稽误。

一、同业随时发生各事难以预测，如有应议事件，随时爰集同人公同议决，刊单布告，以广周知。

堃震公所同人公启

苏州银行公会章程

1924年7月

第一章　总　则

第一条　本公会以在苏州之各银行组织之，定名苏州银行公会。

第二条　本公会之宗旨如左：

一、联合入会各银行，研究业务并经济事项；

二、互相臂助，促进同业之发达；

三、矫正营业上弊害；

四、筹设支票交换所及征信所；

五、受财政部或地方长官委托，办理银行公共事项。

第三条　本公会会所暂设苏州西中市贻德里。

第二章　会员之资格

第四条　凡设在苏州之银行总、分行合左列资格者，得加入本公会。

一、实收资本总额在二十万元以上者；

二、注册设立已满二年以上者。

第五条　本公会之会员即以入会各银行之重要职员到会代表，一行只限一人。凡银行入会时，应即将代表人姓名报告本会，登记于会员簿。

第六条　凡入会各银行得举出董事、监察人或经理、副经理及其他重要行员为本公会评议员，但一行以二人为限。评议员得出席会员会，但有评议权而无表决权。

第七条 本公会成立以后，凡在苏州之银行具有第四条所定资格欲入本公会者，须有会员二员以上之介绍，并须将最近一年之经营报告连同入会愿书送请本公会董事部审查。入会愿书应载明左列各项，并须经介绍人及该银行代表人署名盖章。

一、行名；

二、资本金总额；

三、已收资本总额；

四、总、分行详细地址；

五、注册年月日；

六、开始营业年月日；

七、董事及监察人之姓名；

八、银行代表人之姓名；

九、总、分行所在地有无银行公会及已否入会。

第八条 凡有左列之一者，不得为本公会会员之代表人。

一、曾受破产宣告，尚未撤销者；

二、犯刑律徒罪以上之罪，尚未判决无罪者；

三、褫夺公权，尚未复权者；

四、非中华民国国籍者。

第九条 依第七条之规定入会时，董事部须将其入会愿书加以意见书，提交会员会议，由会员以无记名投票法决其可否，惟须有全体会员三分之二以上同意时，始得入会。

第十条 银行入会之手续经会员会议通过后，董事部即将会议允诺情形及第四十一条所规定应交入会费、经常费等事通知入会会员。该会员接到前项通知后，当于一星期内照交各费。如不依规定期限交纳，其入会请求及本公会之允诺均作无效。

第十一条 会员交纳入会费后，董事部须将其入会愿书内所载各事项暨入会年月日等登记于会员簿，由本公会以董事长署名盖章之正式公函通知之，确定其为会员。

第十二条 会员簿内登记之事项如有变更时，会员须于一星期内函告本公会更改之。董事部接到此项函告，应即将会员簿照改，但于既更改未登载以前，该会员不得以其变更事故对抗本公会。

第十三条 入会银行如有左列事项时，即失会员之资格。

一、请求退会；

二、受破产宣告；

三、与他团体合并，或迁往他埠，或自行解散；

四、被本公会因事故令其退会。

第十四条 银行请求退会，须具退会愿书。

第十五条 会员有左列之一者，由董事部报告于会员会，经会员三分之二以上之议决，得令其退会。

一、会员于本公会通告限定期内不交入会费及经常费时；

二、会员有不正当之行为及有妨害本公会名誉时；

三、会员为银行业所不应为之事，经本公会劝告无效时。

第十六条 会员丧失资格后，董事部将其事由及年月日登记于会员簿，以备查考。

第十七条　会员丧失资格后，即失去应享本公会一切权力。

第十八条　凡执行会员职务之个人，有不正当行为及有妨害本公会名誉时，由董事部按照第十五条之规定，令其退会，并一面函告该代表之银行改派代表人。

第三章　职员

第十九条　本公会设董事五人至七人，由会员公选之。

第二十条　全体董事组织董事部，设董事长一人，由董事互选之。

第二十一条　董事与董事长均以二年为一任，期满改选，仍得连任。

第二十二条　董事于任期内有缺额时，会员会补选之；董事长于任期内有缺额时，由其余董事中另选之。

第二十三条　本公会对外事务以董事长为代表。

第二十四条　董事长有事故时，由董事长委托其他董事代理职务。

第二十五条　董事会议每月一次，以第一星期三日行之。

第二十六条　本公会重要事务须经会员会议决，由董事部执行之，但会中常务得由董事部单独行之。

第二十七条　本公会董事间如发生意见冲突时，其关系董事应暂退避，其缺额由会员中选一临时董事补充之。

第二十八条　董事部如有事项咨询评议员时，得随时征询各评议员之意见。

第二十九条　本公会设办事员二员，由董事部延用，承董事部之命办理文牍、庶务、会计等事。

第四章　会员会

第三十条　本公会会员会议分常会、临时会两种：

一、常会于每年一月及七月由董事部召集之；

二、临时会董事部认为必要时，得召集之，如有全体会员三分之一以上将会议目的通告董事部要求开临时会议时，董事部亦得召集之。

第三十一条　召集常会时，须于七日前将会议事项通知各会员，但临时会不在此限。

第三十二条　会员如有提议事件，应于开会期前十日开具议案送交董事部，惟所提议案须有会员二人以上之连署。

第三十三条　会员会须有全体会员过半数出席，方可开议。

第三十四条　会员会主席以董事长充之。如董事长有事故时，由出席会员中公推一人为主席。

第三十五条　会员会之议决权每员一权。

第三十六条　会员事项如与会员本身有关系时，该会员无表决权。

第三十七条　会员会之决议以出席会员过半数决之。主席除以会员资格有议决权外，如会员议决可否同数时，主席有裁决权。

第三十八条　会员会议决事件须记载于议事录，由主席签名后，保存于本公会。各会员得向本公会索阅议事录及各项案卷簿，但不得携出会所。

第五章　会计及报告

第三十九条　本公会每年六月底及十二月底各结账一次。

第四十条　董事部于召集常会之十日前，须编制各项文件如左：

一、财产目录；

二、会务报告书;

三、半年收支预算及决算等件。

前项文件俟开会时提出于常会会议,俟通过后保存于本公会。

第六章 经费

第四十一条 凡本公会会员及续经本公会承认入会之会员,均有担负本公会经费之义务。

第四十二条 前条担任经费分入会费及经常费二种:

一、入会费每员银元五百元,于入会时交纳;

二、经常费由董事部编制预算交会员会通过后,按照预算数目由会员分任之,按月一交,如不照交,查照第十五条第一目办理。

第四十三条 预算案通过后始入会之会员,应自取得会员资格之月起,其按月经费迟至月终必须照交。

第四十四条 本公会会员已交之费不得索还。

第七章 附则

第四十五条 本公会定章如有必须变更之处,须开全体会员会,得全体会员三分之一以上之提议,经四分之三以上之可决修改之。

第四十六条 本公会依会员会之议决欲行解散时,须经全体会员五分之四以上之同意,方为有效。

第四十七条 本公会得附设银行俱乐部,其规则另订之。

第四十八条 本章程所未及规定者,悉遵照部颁银行公会章程办理。

第四十九条 本公会办事细则由董事部订定之。

第五十条 本章程呈奉财政部核准后实行。

<h2 style="text-align:center">吴县丝线业商号兵灾损失登记表</h2>
1938年

牌号	地址	损失数	劫余	衣服、生财损失
德昌慎	阊门外吊桥	丝线二千五百元 洋货一千八百元	三十元	六百元
同德	阊门外吊桥	丝线四千元 洋货三千二百元	二十元	五百元
祥康	临顿路	丝线一千五百元 洋货五千五百元	二百五十元	五百元
泰源义	东中市	丝线三千五百元 洋货三百五十元	无	二百元
祥丰义	接驾桥	丝线二千五百元 洋货一千二百元	无	五百元

续表

牌号	地址	损失数	劫余	衣服、生财损失
正丰巨	胥门由斯桥	丝线二千四百元 洋货一千二百元	无	六百二十元
永丰	来远桥	丝线二千四百元 洋货六百五十元	无	五百元
成康	临顿路	丝线三千八百元 洋货三千四百元	四百元	三百元
大康	临顿路	丝线一千五百元 洋货二千元	四百五十元	一百五十元
义康	养育巷	丝线二千六百元 洋货二千四百元	无	无
性泰	阊门下塘	丝线一千二百元	无	无
马敦和	祥符寺巷	丝线二千五百元	无	无
咏通义	阊外大街	丝线四千五百五十元 洋货一千五百元	无	无
源昌	养育巷	丝线一千二百元 洋货七百元	无	无
时新昌	观前街	丝线二千五百元 洋货九千八百元	无	无
德丰祥	观东	丝线一千一百元 洋货五百十元	无	无
永盛	葑门横街	丝线一千六百元 洋货六百八十元	无	无
慎昌	阊门外上塘	丝线三千五百元 洋货六百八十元	无	无
同春永	山塘桥堍	丝线三千七百元 洋货五百元	无	无
陈永昌	东中市	丝线三千七百二十元	四十元	无
义昌	阊门外上塘	丝线三千元 洋货三千五百元	二十五元	无
祥生	山塘星桥	丝线一千二百元 洋货五百五十元	无	无
德源祥	观前正山门	丝线二千四百元 洋货一万六千三百元	无	无
源源祥	观东	丝线二千八百元 洋货一万七千四百元	无	无
成信协	养育巷	丝线三千二百元 洋货一千三百元	无	无
万康	养育巷	丝线七千五百五十元 洋货二千六百元	无	无
顺丰兴	东中市	丝线三千元 洋货一千元	无	无

牌号	地址	损失数	劫余	衣服、生财损失
咏俭丰	阊门越城	丝线六千八百二十元 洋货九千四百元	八十元	无
德康	宫巷口	丝线二千四百元 洋货一千五百二十六元	无	无
源康嘉	宫巷口	丝线一千五百元 洋货三千元	无	无
德牲	观前街	丝线二千二百十四元 洋货三千五百二十元	无	无
德康恒	宫巷口	丝线二千六百三十元 洋货一千二百二十元	无	无
万源	上塘街	丝线五千八百元 洋货二千二百元	无	一千元
以上三十三户，总共损失二〇一七六〇元。				

吴县壅业同业公会为被要求加入日本人组织之苏州公众卫生舍致吴县县商会函

1942年8月26日

查苏城壅业粪段各业户均执有契据凭证，得产者凭契据向官厅投税，与其他田地、房屋等之不动产无异；营业者按月缴纳捐税，又与房捐、田赋之性质相同。执业之契据自清朝初年以迄于今，已具久远之年代。民国三年、民国十七年，并经吴县政府验契在案。所有执有壅业产权之各业户，遵照本国法令组织壅业同业公会，协助卫生工作，保障同业权利。自民国二年成立迄今，亦届三十年之久，一部分会员加入贵会，尚在成立团体之前。各会员历年遵奉政令经营壅业，幸能相安无事。讵料八月十三日下午四时，突有侨寓城内王洗马巷三十九号之友邦人士田中恭造、户部幸雄等两人，来会询问本会之组织情形及办事经过。据称，现拟投资十万元，设立苏州公众卫生舍，办理采集尿粪及一般卫生业指导事宜，嘱令派员前往接洽。等语。越二日，田中等又至本会，限主席吴荣夫于七时至八时，至其寓所接洽。当时恐系友邦机关所派，不得不遵时前往。据称，卫生舍成立，则壅业公会应即取消，全城居户粪便由卫生舍管理，云云，并强制缮写赞同志愿书。当以本会为合法组织之人民团体，各业户执业产权攸关，未便轻率从命，经以婉言拒谢。至十八日，又来要求缮写志愿书，声色俱厉，竟谓：如不遵照，将带往宪兵队，等云。本会迭遭迫促，骇惑莫名。姑不论所谓卫生舍者，曾否经由中日官厅许可，性质业务真相若何，如果因防疫期间内，为注重公众卫生起见，厉行消毒防疫事宜，则自有中日主管官厅颁发命令，指令办理，本会无不敬谨遵从，乐愿协助。惟恐藉防疫之美名，而另有侵夺产权之作用，殊感惴惴不安。本会以事势迫促，为声明同业固有产权，并避免言语不通引起纠纷起见，业经分别呈请查照，随时协助。至纫公谊。此致吴县县商会主席潘

吴县壅业同业公会主席 吴荣夫

吴县木器业同业公会为送本业业规致吴县县商会函（附业规、协定）

1947年3月3日

径启者：查本业业规经于上年二月呈奉吴县县政府华社字第一七八三号指令准予备查在案。兹于本年二月二十八日，贵会业规审核委员会议以本业业规尚有研究之处，即席决议将第六、七两条加以补充，并记录在卷。本会会员佥以业规送审已经一年，于时间上、环境上不无检讨地步，爰于三月二日召开全体会员大会，予以提出修正通过，相应将修正业规缮就二份，备函送达，即希贵会以一份转呈吴县县政府备案，以正手续。再，本会前于民国二十四年四月四日在置器业同业公会名义时代，与髹漆业同业公会同意签订协定（当时摄有照片），双方遵守。兹已时逾十稔，诚恐日久既生，为防止以后纠纷而资参照起见，爰将原协定照片二份一并函送，并希查照，转呈为荷。此致吴县县商会理事长张

计函送修正业规二份，协定照片二份。

附一：吴县木器商业同业公会营业业规（民国三十六年三月二日修正）

第一条 本会为谋同业之共同福利订定本业规。

第二条 本业规定名为吴县木器商业同业公会营业业规。

第三条 凡在吴县行政区域内经营木器商业，均应声请入会，经审查合格，给予会员证，方得营业。

第四条 本会会员得自雇漆工匠制造木器及盆桶，非会员不得经营同样业务。

第五条 本会会员除自制木器外，得收买旧木器，但遇有左列情形之一者不得收买。

（一） 收买货物时，须确认卖方有处分此物之权限，方可接买。如认为来历不明、涉有窃盗嫌疑者，不得收买，并须立即报告该管警署或就近岗警。

（二） 凡持同货物到店兜售或已逾营业时间者，不得收买。

第六条 非会员不得制造木器或收买旧木器。如有发现，应先劝导。倘再不服从，得报告当地警察机关，加以制止。但受主顾之委托雇工代料者，不在此限。

第七条 盆桶一项向由木器业盆桶店制造，其他各业不得兼制出售，妨害营业。但受主顾之委托雇工代料者，不在此限。惟绝对不得自漆出售。

第八条 凡本会会员雇用工人，应凭职业工会会员证，方得雇用。职业工会之会员亦不得在非本会会员店受雇。否则，一经查出，本会会员店永不雇用。

第九条 职业工会之会员一经雇用，须工账清楚，方得再受雇用于另一会员店。如工账未清，应通知其他会员店拒绝雇用。

第十条 各会员店中可收学徒。如学徒尚未满师，任何人不得转荐他店工作。倘经发觉，则原收学徒店方之得失，向介绍人追偿。

第十一条 会员之学徒满师后自行开店营业，须距离业师本店十家以外，方准营业，以示尊师。但其他同业会员开店，不在此限。

第十二条 各会员应遵守业规。如有故违或欠缴会费者，得由本会予以警告或除名处分。

第十三条 凡违反或破坏本业规者，按其情节轻重，分别处罚，或呈请主管官署依法办理。

第十四条 本业规经会员大会通过。如有未尽善处，得随时召开大会提出修正之。

第十五条 本业规自呈奉吴县县政府核准后施行之。

附二：

髹漆业同业公会、置器业同业公会同意签订协定如下：

（一）髹漆业外作工作仍按照旧例，以面对招牌、房屋、寿材、漆器（指盘盒）等为范围。盆桶如受主顾之委托，得例外作之，但绝对不得自漆出售。

（二）置器业集德公所内作之工作仍按照旧例，以盆桶、嫁妆、木器等为范围。

（三）外作例外工作名目不得在招牌上写出悬挂，更不得有承漆、包漆或专漆嫁妆、盆桶字样。如有以上情事，限三日内概行除去内作招牌，仍沿用旧章，嫁妆、盆桶不得加上朱漆或金漆字样。

（四）外作店内之存货悉行登报，限于三个月内，一律出清。届时未出清之货，应转请内作承漆，再行出售，以出清为止。

（五）内作已带外作所做之工作，限三日内结束。如不能结束，应将余工交由外作续做。

（六）协定签订后，双方应绝对遵守。如有侵占工作，其一方因被占工作所受之损失，由对方赔偿之。

（七）本协定自呈准县政府备案后施行。

髹漆业同业公会代表：包孝一、顾云荪

置器业同业公会代表：华一峰、瞿蓉柏

二十四年四月四号

全国钱商业同业公会联合会筹备经过报告

1947年10月16日

抗战胜利还都南京而后，政府励精图治，以复兴经济建设为先着。施政方案既定，各工商机构亟作健全之组织，以谋发展生产事业，安定民生，于是全国商会联合会、银行业公会联合会、保险业公会联合会、轮船业公会联合会等，先后奉命成立，显呈勃兴之气象。顾我钱业之发轫还在前清乾嘉年间，忝具百数十年之历史，且分布区域亦较银行业为广，其营业以信用为主，深入民间，开农村经济建设之先河，惟因各地同业圈于环境之不同，平昔各自为政，绝少联络。然而，处今之世，经济情形变幻莫测，凡吾同业亦应全国融通，团结一致，上以协助政府推行国策，下以检讨责任共臻繁荣。上海市钱商业同业公会有鉴于斯，爰于去年十一月间，分函征得南京、杭州、天津、北平、汉口、重庆、宁波等七地公会同意，共同发起筹组联合会。于本年三月呈奉社会部核准组织后，在社会部组织指导员指导之下，于十月二十六日召开第一次筹备会议，成立筹备处，公推秦润卿先生为筹备主任，沈日新、王绎斋两先生副之，主持一切，历来经召开筹备会议共计四次。于章程草案拟定后，经分送各公会征询意见，大致均表赞同。同时，开始征求会员，以求同业之遍布全国。征求难免遗漏，用于办理之始，电请各省社会处，并函请中央银行稽核处协助调查各地同业公会组织情形，以便依据。惟是辗转调查，颇费时日，荏茆五月，计先后入会会员为□□单位、代表□□人，包括二十一省市。筹备至此告一段落。于本日在首都召开成立大会，济济多士，欢聚一堂，戮力同心，共图发展，会看金融园地以荣开灿烂之花。至筹备期内一切事宜，由上海、南京两公会兼助，费用虽较撙节，事务容有不周。即如现在对于各位之招待，事前准备草率，诸多简慢，是其明证。谨将经过始末，撮要报告如上，敬祈原鉴。

吴县丝织业产业工会、工业同业公会公订工资津贴协约

1948年4月4日

兹因物价上涨不已，而米价与一般物价指数并不一律，致本业过去以米价涨落为工资津贴之升降标准办法，殊欠妥善。虽经县政府参照上海市政府生活指数逐月颁布本县生活指数，惟以本县向无各种津贴及配售日用品等种种办法，又以工资底薪及待遇等较诸他埠间有差别关系，故仍未能遵改。爰经双方长时间之研讨，业已获洽议，兹将议定办法分订于次：

一、 过去以米价涨落为工资津贴之升降办法，于三十七年二月底废止。三月份起，概以各厂、庄原有底薪，按上海市政府每月公布之工人生活指数计算。

二、 本县向无配售日用品及例假津贴等种种办法，暨工资底薪及待遇等较他埠间有差别原因，故为调节计，于结算工资时，再按上述指数加给百分之五十，以作调节津贴。

三、 前项工资及津贴，于每月底结算一次，但每月十五日厂方应将各该工友本月份上半月应得工资底薪，按上月份生活指数约付工资，至月底结账时算清之。

四、 按照前项办法结付之工津，如与他埠丝织工资比较差别过巨，以致影响业务生存或工友生计时，得经劳资双方之同意，将底薪酌予调整。

五、 本县各厂承造丝织产销联营公司之绸货，其办法得由劳资双方同意议订，不受本协约各条文之限制。

六、 本协约于三十七年三月一日起生效，但各厂、庄原有习例悉仍其旧。

七、 国定纪念日应予休假，并由厂方给予织工每人底薪八角、帮机准备工每人底薪四角，其他各组依照向例办理，并按第二条、第三条生活指数结付。设厂方并不休假者，工友应照常工作，但厂方仍应按照上述规定加给工津。

八、 本协约由同业公会、产业工会代表劳资双方同意签订，双方均须遵守，不得违反。

九、 本协约一式三份，除以一份呈报吴县县政府备案外，双方各执一份存照。

中华民国三十七年四月四日

吴县丝织业产业工会代表：汪荣生、朱锡卿、钱金宝、艾义明、刘荣华、王锦福、陈锡寅、王全生
吴县丝织工业同业公会代表：陈锡翔、陶叔南、陈吟桂、唐志鹏、徐福庆、韩梅钦、高吉甫、陈绶生

苏州商团档案

保管单位：苏州市档案馆

内容及评价：

苏州商团的前身是清光绪三十二年（1906）成立的苏商体育会，1912年改名为苏州商团公会，1922年再改为苏州商团团本部，是以商人和商店店员为主体组成的维护地方治安、保护商人利益的准军事团体，鼎盛时期拥有城乡支部45个，成为江浙一带组织最为庞大、持续时间最长的地方武装组织，1936年2月奉令取消。苏州商团档案形成于1906年至1936年，档案数量众多，共计175卷，涉及商团的组织沿革、训练奖惩、主要活动、军需收支，以及与其他组织、团体的来往文函等各个方面，其系统性、完整性全国少有，成为研究近现代商人团体，乃至近现代政治史、经济史、社会史不可多得的珍贵史料。苏州商团档案于2005年入选首批《江苏省珍贵档案文献名录》。《苏州商团档案汇编》被列入"国家清史编纂委员会文献丛刊"，并于2008年1月由巴蜀书社公开出版。

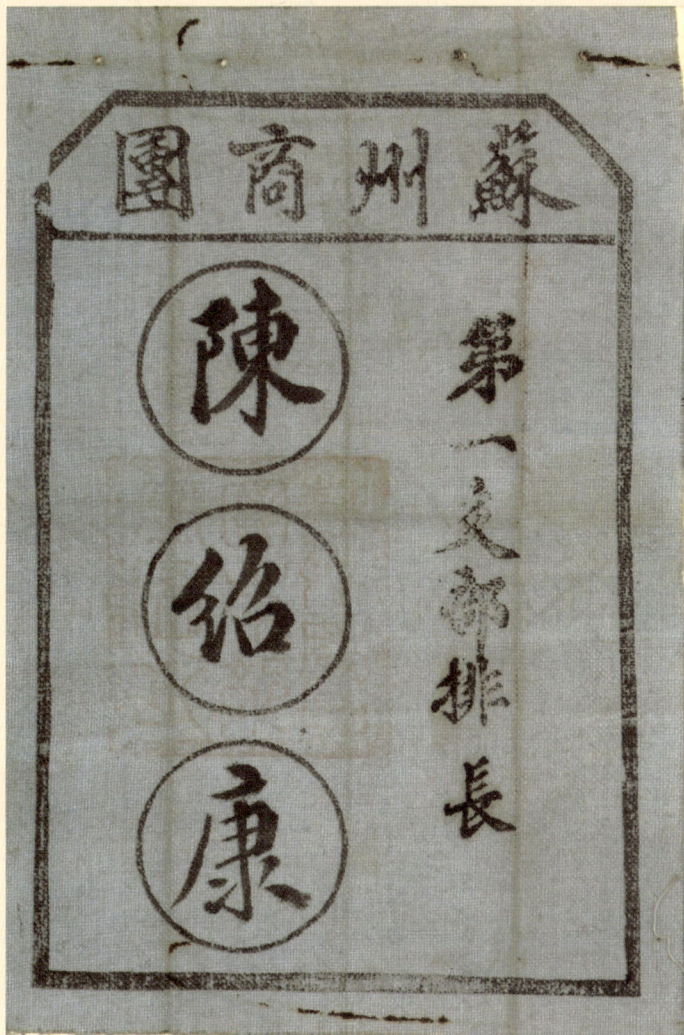

苏州商团第一支部佩带标志

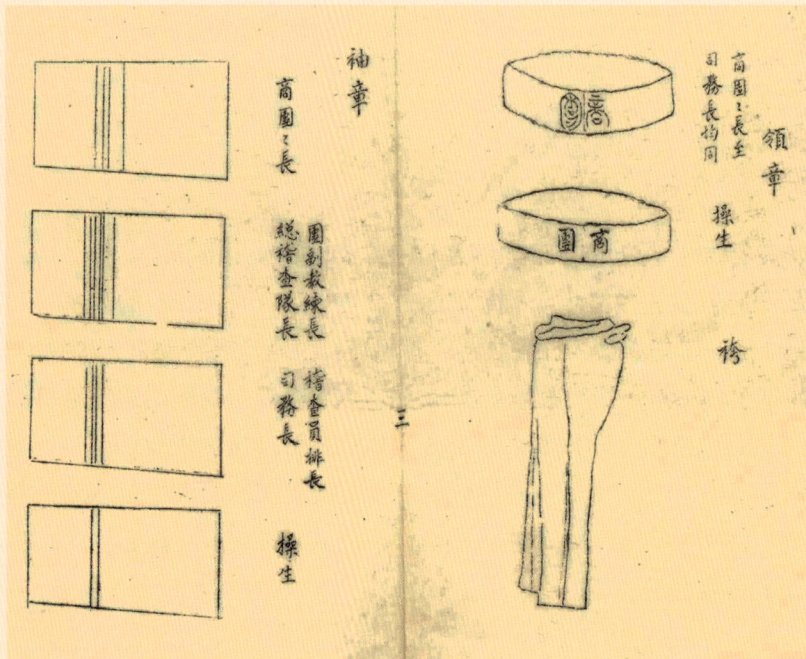

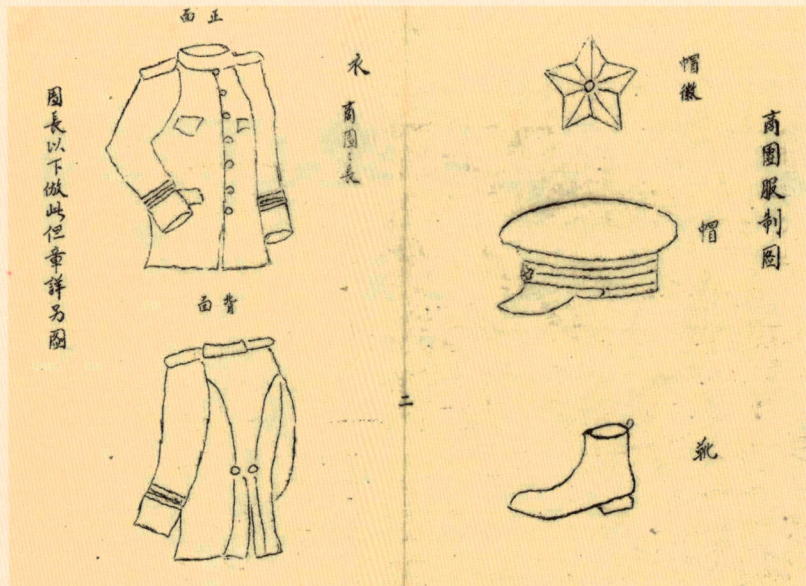

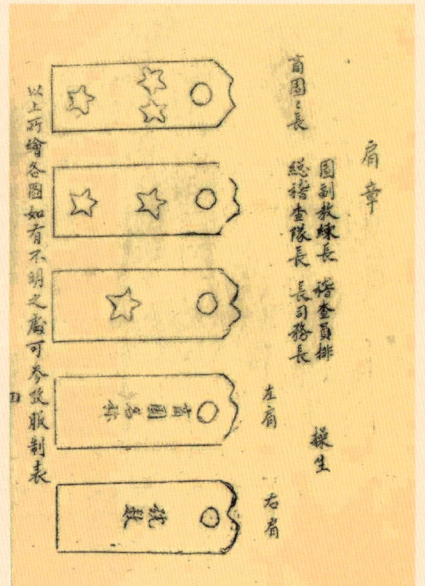

苏州商团服制图

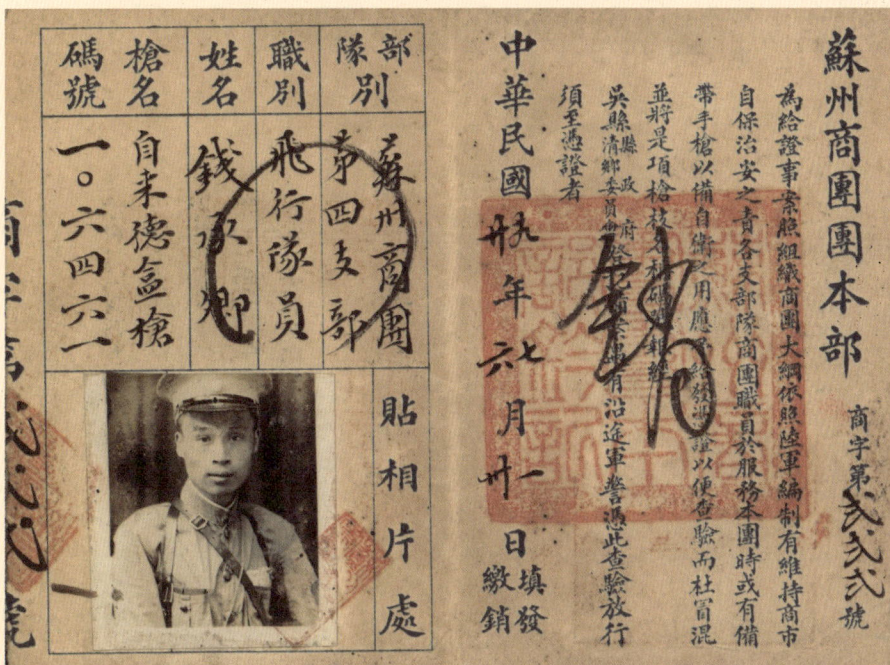

1930年7月，苏州商团团本部颁发的持枪凭证。

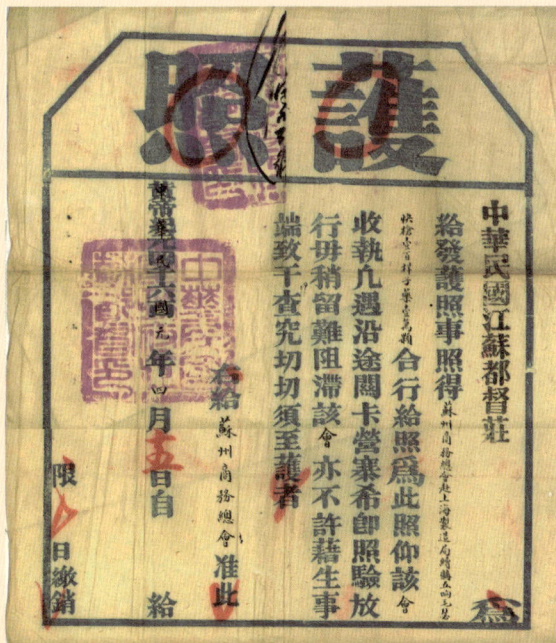

1912年4月，江苏都督庄蕴宽发赴沪购买手枪护照。

1932年11月，苏州商团团本部开启城门凭证。

1922年3月，苏州商团改组成立纪念合影。

1929年10月，苏州商团纪念碑林落成合影。

1934年8月，苏州商团飞行队出防检查。

苏州商团军事演习

蘇商體育會章程

（一）定名　本會係商界同人以及有志保衛商業者組織而成名為蘇商體育會

（二）宗旨　海禾體育刀嬌柔駒以振起國民尚武之精神而結成商界完全之團體意望入會者研究衛生

（三）學課　本會先聘高省課以柔秋體操俟三月後規做上海成法再添器械體操及久種兵式體操先此期大成

（四）資格　會友入會失在會計員家報名

　　仁和莊　忱康莊　　　　　
　　　　　祝源莊　枕恆莊　院涂裕　狀恆當　鎮殷昆源

　　出其介紹書注於年歲姓氏職業住址交付本會會注

　　冊由會存驗以合本會所定之資格而取其保證書方能

　　入會既入會後不得無因告退資格以下

　　（甲）其有熱心有志保商者

　　（乙）年歲目十六歲至四十五歲者

　　（丙）品行端正不染嗜好者

　　（丁）年力富強身無殘疾者

（伍）會員　本會庭設會長一人副會長一人體操教員若干人隨時勝定議事員四人招待員四人駐滬辦事員二人書記員二人會計員二人庶務員二八由全體會員公共選舉分任會中諸務以上各員入择其有年高擧助品志在提倡者雖不入择志准入會祇任衆論的推本會當奉以監察矣

之代其特捐鉅欵者推居名業贊成員嬪以特別之佩準（特別捐欵章程另議）

（六）分班　俟練有三個月後視其程度之高下由本會會同教習商酌的編定

（七）權限

　　（甲）會長與理全會事務

　　（乙）副會長贊助會長協理全會事務設會長因公不到有代理會長之權

　　（丙）教員有任理全班事務之權

　　（丁）議事員有提議庶事之權

　　（戊）招待員內中及送精通兩語者一人專司接待外賓

　　（己）駐滬辦事員調查上海華商體操會辦法隨時報告及置辦各種操具等事

　　（庚）書記員專司筆札文件及一切記載星期報告

　　（辛）會計員管理一切收支欵目按月報告

　　（壬）庶務員辦理會中一切雜務

　　（癸）監察員有監察會端內外及一切闡導勸成全會之權

（八）選舉　本會職員由會員投票公舉占多數者任之一年一舉連任名譽贊成員有評議會事之權子者得連任

（九）章服　會友應用择名等額除教員概由存會代備廉給一律繳價外舉者連任

㈩规则
甲 一心志　除体育体商之外不涉共闻他事
乙 重公德　互相敬爱保全名誉
丙 端仪制　凡身服承佳道管长及军界学界别队者
均宜站立敬礼齐端齐严肃不得恣意玩嬉矣
丁 定期约　会员如有正事不能共操必须具告假
以上诸条会员有互相监视之责俾有效缓会务有由

㈨会所甲　办集所　婚偿云钟公所
乙 体场　婚偿祥翁寺内空址
㈧操时　本会会员久有实业恐未能日夜二操现定每日操演一

㈦应住费甲　常会费每月洋壹元
乙 特别会费由热心之人特别捐助作为建筑端建廊
备物之用

㈥应罚款甲　非赴操赴会身穿操衣在市肆游行者罚洋两元
乙 服操衣入妓院烟室娟端书楼者罚洋二十元
丙 服操衣入戏园艺场茶坊酒肆者罚洋十元
丁 操友吸食洋烟一任纠察游宾议罚
忠附列　此条由定简章试办如有窒碍随时修政以期尽善尽美

苏商体育会缮写章程　光绪三十三年十月

㈠对班操员概免缴费作为选举权及被选举权倘有愿改缴费
者仍可允此应章一律办理
㈠报名入会者除具志愿书外兑须股实商号用具株记以担任所
操负恪守规则及本议罚之条
㈠入会者至少以一年为度不得半途中止如平日有事请假亦不得
过一星期如不得已有假至一星期外者则须照例加倍罚缴以杜效尤
㈠入会之不缴费者如有无故中辍该此缴费例加倍罚缴以杜效尤
㈠对班完善举默退者免罚
㈠影班不诸操者先由值日排长据日教演俟纯熟后俾除

自钟时刻别表於後
正月　八钟至九钟
十月　八钟至八钟
二月　七钟半至八钟半
九月　七钟半至八钟半
三月　七钟至八钟
八月　七钟至八钟
四月　六钟半至七钟半
七月　六钟半至七钟半
五月　六钟至七钟
六月　六钟至七钟
十一月　八钟至九钟
十二月　八钟半至九钟半

㈢假期　凡遇
万寿端午中秋星期均休息一天每假自十二月起至次年正月二十日止暑
似小暑假起至大暑暑日

光绪三十二年（1906）七月，苏商体育会章程。

全文：

苏商体育会章程

光绪三十二年（1906）七月

一、定名：本会系商界同人以及有志保护商业者组织而成，名为苏商体育会。

二、宗旨：讲求体育，力娇〔矫〕柔弱，以振起国民尚武之精神，而结成商界完全之团体，并望入会者研究卫生。

三、学课：本会现聘教习，课以柔软体操。俟三月后，规仿上海成法，再添器械体操及各种兵式操法，以期大成。

四、资格：会友入会先在会计员处报名。仁和庄、顺康庄、倪源源、裕源庄、杭恒富、铁瓶巷姚。出具介绍书，注明年岁、籍贯、职业、住址，交付本人赴会注册，由会所验明，合本会所定之资格者，取具保证书，方能入会。既入会后，不得无因告退。资格如下：

甲、具有热心，有志保商者；

乙、年岁自十六岁至四十五岁者；

丙、品行端正，不染嗜好者；

丁、年力富强，无残疾者。

五、会员：本会应设会长一人，副会长一人，体操教员若干人；随时聘定议事员四人，招待员四人，驻沪办事员二人，书记员二人，会计员二人，庶务员二人。由全体会员公共选举，分任会中诸务。以上各员入操与否，听其自便。具有年高德劭，而志在提倡者，虽不入操，亦准入会；既经众论所推，本会当奉以监察员之职。其特捐巨款者，推为名誉赞成员，赠以特别之佩章（特别捐款章程另议）。

六、分班：俟练习三个月后，视其程度之高下，由本会会同教习商酌编定。

七、权限：

甲、会长总理全会事务；

乙、副会长赞助会长协助全会事务，设会长因公不到，有代理会长之权；

丙、教员有经理全班事务之权；

丁、议事员有提议各事之权；

戊、招待员内中应设精通西语者一人，专司接待外宾；

己、驻沪办事员调查上海华商体操会办法，随时报告及置办各种操具等事；

庚、书记员专司笔札文件及一切记载，星期报告；

辛、会计员管理一切收支款目，按月报告；

壬、庶务员办理会中一切杂务；

癸、监察员有监察会场内外一切、开导劝戒全会之权；

子、名誉赞成员有评议会事之权。

八、选举：本会职员由会员投票公举，占多数者任之，一年一举，连举者连任。

九、军服：会友应用操衣等类，除教习外，概由本会代备发给，一律缴价。

十、规则：

甲、一心志，除体育、保商之外，不得与闻他事；

乙、重公德，互相敬爱，保全名誉；

丙、端仪制，如身服操衣，途遇官长及军界、学界列队者，均宜站立敬礼，会场、会所均宜整齐严肃，不得怠玩嘻笑；

丁、定期约，如有正事不能与操，必须具函告假。

以上诸条，各会员有互相监督之责，倘实有败坏会务者，由全体会员议决出会。

十一、会所：

甲、齐集所，暂借云锦公所；

乙、操场，暂借祥符寺内空地。

十二、操时：本会会员各有实业，恐未能日应二操，现定每日操演一句钟，时刻列表于后：

正、十月，八钟至九钟；

二、九月，七钟半至八钟半；

三、八月，七钟至八钟；

四、七月，六钟半至七钟半；

五月，六钟至七钟；

十一、十二月，八钟半至九钟半。

十三、假期：凡遇万寿、端午、中秋、星期，均休息一天；年假，自十二月起，至次年正月二十日止；暑假，小暑日起，至处暑日。

十四、经费：

甲、常会费，每月洋一元；

乙、特别会费，由热心之人特别捐助，作为购地、筑场、建屋、备物之用。

十五、罚款：

甲、非赴操赴会，身穿操衣，在市肆游行者，罚洋两元；

乙、服操衣入妓院、烟室、赌场、书楼者，罚洋二十元；

丙、服操衣入戏院、艺场、茶坊、酒肆者，罚洋十元；

丁、操友吸食洋烟，一经纠察得实，议罚。

十六、附则：此系暂定简单试办，如有窒碍，随时修改，以期尽善尽美。

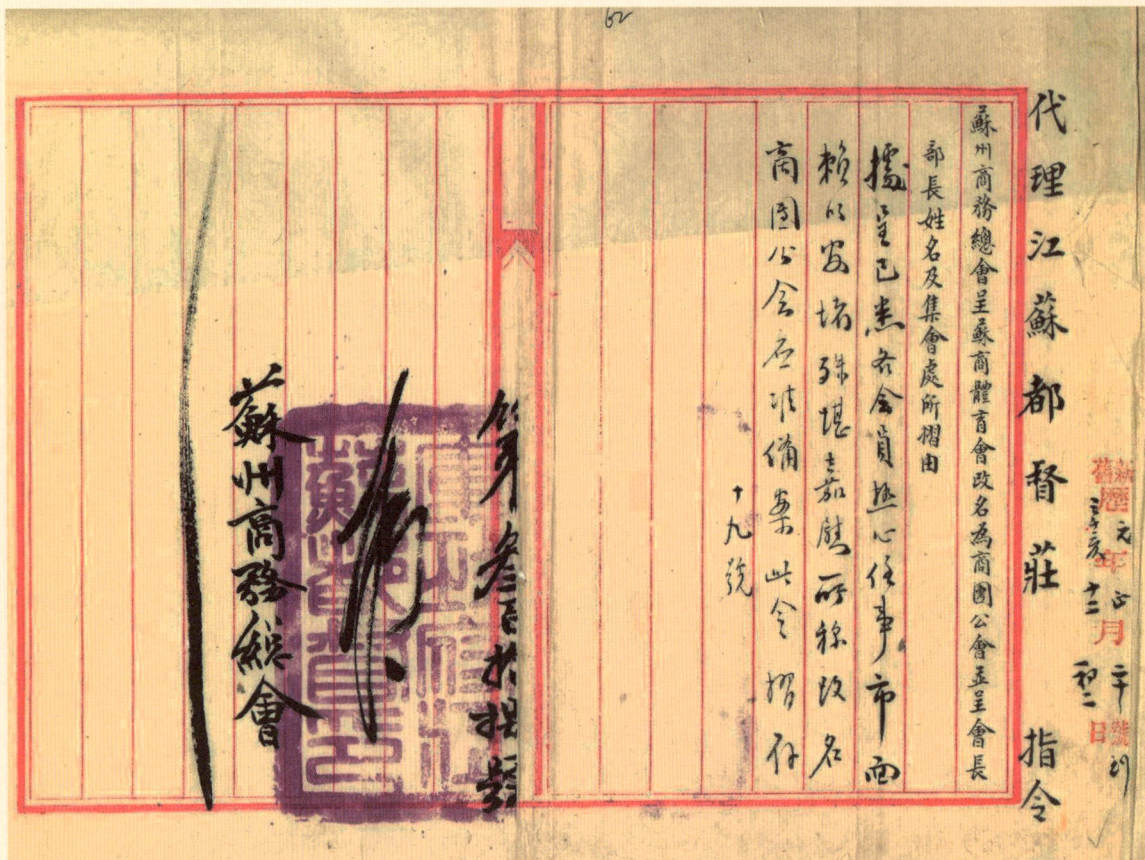

1912年1月19日，代理江苏都督庄蕴宽为苏商体育会改名商团公会准予备案致苏州商务总会指令。

全文：

代理江苏都督庄蕴宽为苏商体育会改名商团公会准予备案致苏州商务总会指令

1912年1月19日

代理江苏都督庄①指令。

苏州商务总会呈苏商体育会改名为商团公会，并呈会长、部长姓名及集会处所折由。

据呈已悉。各会员热心任事，市面赖以安堵，殊堪嘉慰。所称改名商团公会，应准备案。此令。

折存。

---

① 即庄蕴宽。

商團組織大綱　中華民國六年三月中華全國商會聯合
會呈經內務陸軍農商三部批准

第一條　商會得依地方情形組織商團

第二條　商團輔助軍警維持市面秩序登亂匪

第三條　組織商團時愿由商會：長擬具章程及練生名額在
　　　　呈省長核准辦理並由省長令咨內務陸軍農商各部備
　　　　案外冀報明各該處軍事長官存案備查

第四條　商團之職員如左　檢查員其定額
　　　　商團：長　一員
　　　　商團總練查一員

第五條　商團：副　一員
　　　　商團教練長一員

第六條　商團隊長排長司務長（均照陸軍編制）
　　　　右列第三項之教練長由商會：長會同商團：長聘請陸軍
　　　　出身確具有軍事學識者充任之惟此項人員愿振由該
　　　　管地方長官呈請省長轉咨陸軍部核准備案

第七條　商團之在隊操生得照陸軍步兵編制之

第八條　商團由商會：董愁愿其他各職員由商團：長商
　　　　承商會：長遴選相當人員由商會：長委任用之

第九條　商團愁受各該地方長官之監察

第十條　商會：長有指揮監督商團籌畫經費
　　　　前圖之董監察商團籌畫經費

第十一條　商圍之槍械平時按照圍額人數請由該管地方長官
　　　　　呈請省長咨由內務...陸軍兩部轉咨陸軍部核准繳價
　　　　　給領設圍臨時育緊急事定美生必須添置時得由商會
　　　　　：長呈明詳細情形滿實酌請添領以資保衛
　　　　　商圍兩有槍械愁呈明地方長官愔即詳晄並於每年
　　　　　：終將槍械文種類敷目及添置年月詳細列表振由地
　　　　　方長官呈請省長分咨內務陸軍農商各部及該處軍
　　　　　事長官以備考核

第十二條　商圍之在隊操生以年滿十六歲以上三十五歲以下品
　　　　　行使正確有商店職業者為限

第十三條　商圍在隊操生之操防勤務學術課程由圍長定之
　　　　　：終將槍械生以三學期為畢業由商會：長咨與文浣

第十四條　商圍在隊操生以年月詳細列表由圍長定之
　　　　　呈振省長備案

第十五條　商圍之經費由商會：董监選四人輪流管理之

第十六條　工業繁威之處得設正工商圍本大綱適用之

第十七條　本大綱自批准公布日施行

1917年3月，商团组织大纲。

全文：

商团组织大纲

1917年3月

第一条　商会得依地方情形组织商团。

第二条　商团辅助军警，维持市面，弹压乱匪。

第三条　组织商团时，应由商会会长拟具章程及操生名额、在队规则、课程表、商团名称、职员表，请由各该地方官转呈省长核准办理，并由省长分咨内务、陆军、农商各部备案外，兼报明各该处军事长官存案备查。

第四条　商团之职员如左：

商团团长一员；

商团团副一员；

商团教练长一员；

商团总稽查一员，稽查员无定额；

商团庶务员一员；

商团书记一员；

商团队长、排长、司务长（均照陆军编制）。

右列第三项之教练长，由商会会长会同商团团长，聘请陆军出身、确具有军事学识者充任之。惟此项人员，应报由该管地方长官呈请省长转咨陆军部核准备案。

第五条　商团之在队操生，得照陆军步兵编制之。

第六条　团长由商会会董投票选举。其他各职员由团长商承商会会长，遴选相当人员，由商会会长任用之。

第七条　总稽查、稽查员由商会会董、会员中选任之。

第八条　商团应受各该地方长官之监察。

第九条　商会会长有指挥、监督商团之权。

第十条　商会会董监察商团，筹划经费。

第十一条　商团之枪械，平时按照团额人数，请由该管地方长官呈请省长咨由内务、农商两部转咨陆军部核准，缴价给领。设因临时有紧急事实发生必须添置时，得由商会会长呈明详细情形，备价酌请添领，以资保卫。商团所有枪械，应呈明地方长官烙印编号，并于每年年终，将枪械之种类、数目及添置年月，详细列表，报由地方长官呈请省长分咨内务、陆军、农商各部及各该处军事长官，以备考核。

第十二条　商团之在队操生，以年满十六岁以上、三十五岁以下、品行纯正、确有商店职业者为限。

第十三条　商团在队操生之操防、勤务、学术课程，由团长定之。

第十四条　商团在队操生，以三学期为毕业，由商会会长给与文凭，呈报省长备案。

第十五条　商团之经费，由商会会董互选四人轮流管理之。

第十六条　工业繁盛之处，得设立工商团，本大纲适用之。

第十七条　本大纲自批准公布日施行。

全文:

苏商体育会第一届正、副会长暨职员名单

光绪三十二年（1906）

会　　长：洪玉麟

副会长：倪开鼎

议事员：彭颂田、蒋季和、尤鼎孚、杭筱轩

招待员：李君磬、叶扶霄、姚清溪、程秉之

驻沪办事员：金琴生、朱彦卿、张茂卿、鲍云生

书记员：汤耕馀、王康民

会计员：郑雨亭、张以忠

庶务员：董子范、邹柏如、李澄远、陈仲英、顾云生、邹椿如、朱砚如、邹载伯

教练长：魏廷晖

教　　员：张栽之、李清臣、赵智然

苏州商团公会章程

1912年6月

商团为人民自卫之第一方法，已为识者所公认，无待称述。吾苏自军兴以来，宵小窃发，变故迭乘，而卒皆无事。虽有司措置得宜使然，而我商团奋勇争先，保持秩序，不遗余力，亦与有劳焉。近则支部日渐扩张，地方治安当宜进步。且商团为民兵之先声，强国原素要基乎斯，不亦盛哉！虽然支部林立，而必求统一之方，以神其作用。旧日虽以公会为其表率，顾章制不详，效果未能大著。用特邀集各部商定公会统一章程，略仿联邦国之政体，而又趋重统一主义，以为将来实行统一之备，与上海商团公会纯粹联邦主义者略异其旨趣焉。条例附后：

第一章　组织

第一节　本会以商团五十人以上之部分组织，不及五十人者，以不及格论。

第二节　各部有未加入本会者，须得本会之承认，方准加入。

第二章　会员

第一节　凡加入本会之部分，应报告其部员全额，经本会审查登录后，即认为本会会员。

第二节　凡本会会员有直接、间接选举及被选举权。

第三节　非各部部员有在各该部地段捐认常费、特费，或直接捐助本会者，得本会审查登记，即认为本会名誉会员，亦有本章第二节之权利。

第三章　正、副会长

第一节　正会长一人。

甲、总理一切会务；

乙、代表全体会员；

丙、统率各部操员；

丁、命令各部部员出队、出防、戒严等事；

戊、有照章召集、解散、停止、延长评议会之权利，惟解散后须下期一号召集，且以一次为限，第二次召集之后，宗旨仍旧不合，会长应自解职；

己、有评议会同意，认为最要之事件，得召集临时全体大会会议一切。

第二节　副会长二人。

甲、办理全会事务；

乙、有副署正会长之公文及会同出令之权；

丙、正会长因事不能到会时，有代理正会长完全之权。

第三节　正、副会长以一年为任期，得连举连任。

第四章　机关

第一节　本会分评议部、职员部、惩劝会议、司令部四大部。

第五章　评议

第一节　评议部员无定额。

甲、各部正、副部长；

乙、各部员每五十人选举一人；

丙、本会名誉会员每十人内推举一人；

丁、依乙、丙资格，每过半数加举一人，以次类推。

第二节　每两月之第一号开议一次，以四日为期；平时如有会长命令召集，或正、副议长或议员五人以上之请求，得开临时会议。

第三节　评议部权限：

甲、筹议全会事务；

乙、预算决算经费；

丙、议决会长交议及会员条陈；

丁、团体加入问题；

戊、有质问弹劾会长及部长及各职员之权；

己、有自订议事规则及选举正、副会长之权。

第四节　会长申明理由，交评议部复议已议决事件，以两次为限。如评议部复议，仍以为可行，会长须依行之。

第五节　正、副会长辞退时，评议部须邀集全体部员公举之。

第六节　评议部议员除各部长进退视本部选举外，其余每年改选半数。

第六章　职员

第一节　会计长筹划扩充经济，综理财政出入。

第二节　书记长掌理文牍，记录议案，主管会员名册，并司报告会员之事。

第三节　调查员及庶务员承会长命令，调查各事务，并承临时招待、差遣等事。

第四节　职员悉由会长委任，会长能酌量经济及事务之多寡，随时增减职员，并不以此为限，以图事实上之便利。

第七章　惩劝会议

第一节　本会议以会长三人、议长二人共同组织之。

第二节

甲、调停各部冲突及断其是非；

乙、处理会员不规则之惩戒；

丙、鼓励会员之出力；

丁、会员因公受伤或竟殒身，得酌量情形，优议抚恤。

第八章　司令

第一节　总司令长一人，承会长指令，命令各部会员出队、出防、会操，并指挥本部部员等事务。

第二节　司令部纠察员额无定，以二十至三十为度，以本会会员最有军事智识及富于道德者任之。

第三节　司令员、纠察员权限：

甲、承会长、司令长命令，调度各部员；

乙、平时纠察各部员之行为及各部操练之勤惰优劣，有权纠正及顾问，并报告会长。

第四节　司令员由司令总长考选，由会长委任。

第五节　本部平时得添派侦探若干人，调查一切事项，临时更得多派侦探，以定谋略，惟均以本会会员为限。

第九章　本会与各部关系

第一节　本会经济足备本会经费外，如有余款，得会长与评议会同意，准可量情贴助各部。

第二节　本会经济不能周转时，各部有量力协助之义务。

第三节　军械、操衣等件，凡自本会拨助各部者，交付之后，如有损失等事，该部长应负责任。

第四节　会员有不满于会长者，有全体三分之一以上同意，得呈请评议部弹劾。

第五节　部员有不满于部长者，得该部三分之一以上之同意，亦呈请评议部处理，同时该部长应避嫌离评议席。

第六节　各部得制定各项章程，惟不得与本会章程相抵触，及不能违背评议通过之条件。

第七节　各部部长平时有命令各该部防守梭巡完全之权，倘本会急要命令时，应照本会命令办理，以资统一。

第八节　出防戒严命令，惟本会有之，各部无命令不能自由行动，以昭慎重。万一各该部于所在地忽受匪盗惊扰不及通告者，得从权由各该部长命令，尽力抵御防守，惟事后须请本会认可。

第十章　本会职任

第一节　本会专任保护本地人民财产，维持地方秩序，并不与闻国家军事。

第二节　在本地范围内，如有都督府及高级行政长官檄令辅助出防等事，亦当竭尽义务。

第十一章　修改章程

第一节　因时势之必要，或由会长提议修改，或由评议会多数之提议，或由全体会员三分之一请求，均得申明理由，提议修改。

第二节　修改事先由评议部议决应修改之条件，再开全体大会议决之。

苏州商团公会暨各部一览表

1913年

会、部别	会、部长	副会、部长	会、部总司令	事务所
公会	沈惺叔	邹椿如、苏稼秋	魏旭东	祥符寺巷
一部	苏稼秋	陈菊生、高秋槎	程平若	阊门外南阳里
二部	孙咏雩	徐怡春、施炳卿	张鸿翔	元妙观方丈内
三部	朱辅成	潘济之、张杏生	朱玉振	学士街财帛司堂
四部	宋友裴	石寿山、李殿春	庞鹤龄	天库前火神庙
五部	刘正康	季筱松、江瑞书	程平若	胥门外胥台乡庙
六部	程耦卿	许品南、沈少亭	庞鹤龄、王东郊	宋仙洲巷猛将堂
七部	顾怡圃	刘正康、许啸九	程平若	阊门马路苏州旅馆
八部	程笏庭	张石铭、江晋之	钱屏伯、吴福祥	珠明寺
九部	陆仲英	吴荫玉、张荫玉	朱作舟、朱大本	狮林寺巷
十部	殷礼云	吴万备、庞文枢	乐涵梅、潘志蕃、刘佩芷	葑门外横街
十一部	吴哲卿	薛半耕、苏俊甫	张海珊、孙懋卿	齐门外
唯亭部	朱鼎元	钱肇贞	王薇卿	唯亭镇
外跨塘	陈镕勋	陈嘉乐	张希曾	外跨塘
香山部	顾庆初	喻人杰、徐仲甫	陈尚德	香山乡
蠡墅部	王宗保	王昌、徐贞元	郁士雄、周杰夫	蠡墅镇
望亭部	刘元勋	刘镛彬、包家桢	周志新、李继贤	南望亭
木渎部	严良灿	蔡树庆		木渎镇
相城部	姚文潞	姚元模	崔树棠	相城镇
洞庭前山	朱文豹	万祥铎	袁杰	洞庭前山

说明:本表系癸丑年(1913)临时司令处各乡附入之时现任职员,城内各部先后成立,已届两载,所有部长、司令,均有任满更调。

苏商体育会成立缘起

1916年9月

苏商体育会自光绪三十二年丙午秋,由商务总会发起集款创办,公举洪君玉麟、倪君开鼎为正、副会长,拟定章程,呈请商部、督抚院备案。筹集开办经费两千九百余元,额定操员一百四十人,暂借祥符寺巷云锦公所为事务所,以实业学堂之操场为操场,聘定柔软体操教员三人,是时操员踊跃已逾定额,及至柔软体操毕,而出会者踵接。丁未,敦请韶阳魏廷晖旭东先生教练兵式体操;呈准贵阳陈夔龙中丞拨领枪枝,由军械局拨发摩提尼枪四十二枝。戊申,呈准陈启泰中丞缴价领子,随同武职校考月课,实习打靶。嗣后按期练习,计垂四载,而中靶成绩灿然可观。至宣统三年夏秋之间,乃有各支部之既起。九月间,苏州光复,本会各员昼夜梭巡,保卫秩序,地方赖以安谧。事竣,始由商务总会呈请都督府备案,将苏商体育会名义改为商团公会,以符名实。惟历届退伍,致在会者人数较少,而又绌于经费,幸赖商务总会拨款维持，正、副会长设法筹垫，以迄于今。栋华于斯会服务较久，且亦职责之一分子。回首前尘，倏已十载。谨将本会所历各事，从简记录，以留鸿爪为十周之纪念云尔。吴县刘栋华[1]识。

苏州总商会为改组商团并拟章程请核准致江苏省长公署呈稿（附章程草案）

1922年2月13日

呈省长一件，报明改组商团，拟章程请核准由。

为遵照部颁大纲，组织苏州商团，录折拟具章程，呈祈核准示遵事。

窃商会于十年四月二日，准江苏实业厅公函内开，案奉省长训令，准陆军、内务、农商部咨开，云云，办理情形见复为荷。等因。附商团大纲并表图二本到会。

奉准此，伏查苏州商团，系以前清奉部立案之苏商体育会，改定名称为苏州商团公会，于民国元年由商会呈准程前都督立案。苏垣为通商省埠，城厢内外，幅员辽阔，时经变革，风鹤频惊，商民自保治安，分段添组支部，各乡繁盛市镇，亦多次第组设，均以该公会为总会之枢。民国六年，全国商会联合会议订商团组织大纲，呈部核准施行。当以该商团公会本由商会呈准立案，办理数年，略有成绩，未遽轻易变更。准奉前因，遵将大纲表图转致查照去后，旋据该公会声称：部定大纲办法组织商团权限，悉属商会范围。苏州原有商团，虽由商会呈准立案，惟另设公会机关，究似嫌于骈赘，即职员名称、编制，亦与大纲未符。征询各支部商团意见，佥以应依大纲办法，即请商会改组，藉符部令而策进行。等情前来。爰经公同商榷，一再筹议，依照地方情形，悉心妥拟章程，并照章由商会会董分次投票选举，举定邹宗淇为团长，姚铣为团副，并总稽查等各职员，一面由商团公会先将经手事务，分别清理，现已结束。定于本年三月二十六日实行改组苏州商团，附设团本部于苏州总商会，原有之商团公会，即于同日撤销。嗣后，苏州商团事宜，当由会长等会同商团团长妥为协商办理，随时报明请示遵行。一切公文函牍，盖用商会关防，期昭郑重而资信守。除商团办事细则另在公议妥定，各队操生名额、课程以及职员名称各表，应俟各该支部依次改组就绪，分别造册呈报外，所有改组苏州商团、成立日期各缘由理合依照部颁组织大纲第三条，先将拟具章程缮录清折，呈祈钧署鉴核，示准祗遵，并乞分咨陆军、内务、农商部备案施行。实为公便。谨呈江苏省长公署

计呈章程清折四份。

苏州总商会会长庞、副会长苏

附：苏州总商会拟定苏州商团章程草案

计开

第一章　名称

第一条　本团由苏州总商会遵照民国六年部颁商团组织大纲，依地方情形，就苏州商埠原有商团改组

---

[1] 刘栋华，字佩芷，吴县人。苏商体育会首批会员，曾任商团第十支部副司令，基本队队长，商团第二、三、四届驻所干事员。

之，定名苏州商团。

第二章 宗旨

第二条 本团以辅助军警自保治安，养成军国民资格，维持商场秩序为宗旨。

第三章 编制

第三条 本团附设团本部于总商会，以团本部操生为基本队，城厢内外各区，依此分设支队，即称为苏州商团某区第几队。

第四条 本团在队操生，仿照陆军步兵编制之，暂定名额如左：团本部基本队操生正额　人，各区支队每队操生正额　人至　人。

第四章 职员

第五条 本团依照部颁大纲，应设职员如左：商团团长一员，商团团副一员，商团教练长一员，教练员每队一员，商团总稽查员一员，稽查员无定额；商团支队各设团董一员，副董一员，商团书记员一员，商团庶务员一员；商团基本队及支队各设队长一员，司务长一员，每队操生以二十人为一排，各设排长一员。以上各员，除庶务、书记外，均为名誉职，不支薪水，惟教练长、教练员得酌给相当之公费。

第五章 选举及任期

第六条 本团团长、团副，由总商会会董分次投票选举之，总稽查由总商会会董中投票互选之。

第七条 本团稽查员由总商会会长于现任商会会董中推举之。

第八条 本团各区支队之团董、副董，由各该区队职员中投票选举之，举定后报明团长，转由总商会会长核准，一并汇呈备案。

第九条 本团教练长及书记员、庶务员，由团长商承商会会长，遴选合格及相当人员分别聘请任用之；教练员由团长及团董遴选合格人员，经教练长之同意，会同商会会长聘用之。

第十条 本团各队队长、司务长，由各该队操生中自行互举，经教练长加具考语，请由团长会同商会会长任用之；排长由在队操生之各排中推举之。

第十一条 本团团长、团副、总稽查、稽查员及各支队团董、副董，均以二年为任期，任满改选，再被选者得连任，但以一次为限。

第六章 职务及权限

第十二条 团长代表本团总理全团事务，商承总商会会长，有指挥督率之权；团副辅佐团长协理全团事务，遇团长有事故时，得代行其职权。

第十三条 教练长总掌全团司令，督率教练员训练操防，商承团长有征调校阅之权。

第十四条 各支队团董总理本区全队团务，有指挥监督之权；副董辅佐团董协理本队团务，遇团董有事故时，得代行其职权。

第十五条 本团对于地方军警长官，遇有咨议或协商时，由总商会会长会同团长应尽献替及辅助之义务。

第十六条 总商会会长对于本团有指挥监督之权，商会会董均有监察本团之权。

第七章 经费

第十七条 本团团本部经费，由总商会会董分任筹集，如遇预算不敷，得由总商会酌量补助之。

第十八条 本团经费，由总商会会董中互选四人轮流管理之。

第十九条 本团分队经费，由各队团董就各该区域内之商店自行劝募筹集之。

第八章　操生

第二十条　本团在队操生，以年满十六岁以上、三十五岁以下，品行纯正，确有商店职业者为限，入团时须亲填志愿书，由殷实商店盖章保证。

第九章　操术学期

第二十一条　本团在队操生之操防、勤务、学术课程，由团长、教练长会同教练员，按照陆军操术编定之。

第二十二条　本团在队操生，以三学期为毕业，经教练长考验后，由总商会会长会同团长及团董给予文凭，呈报备案。

第十章　附则

第二十三条　本章程未尽事宜，悉遵部颁现行大纲办理，其办事细则另定之。

第二十四条　吴县境内市乡繁盛之镇区，得依地方情形由各该市乡董事组设商团，应照大纲第三条报经总商会会长汇核，转呈备案。

第二十五条　苏州商埠各商工厂，得照大纲第十六条，由各该厂设立工商团，报经总商会会长核转，呈请备案。

第二十六条　本章程由总商会呈省咨部核准备案之日施行。

苏州商团团本部职员表

1922年10月

团长：邹宗淇

团副：姚铣

教练长：魏廷晖

教练员：张镛声

总稽查：杭锡纶

稽查员：苏绍柄、黄美泰、李宗灏、庞中行、杨福泰、董作岩、吴理昌、陆是福、沈德琪、李元兆、邹登鳌、章恩植

庶务员：顾世奎

书记员：王宗保

苏州商团各队操生名额数量

1922年10月

基本队定额一百二十六人，现额四十二人；第一支队现额一百二十六人；第二支队现额一百二十六

人；第三支队现额一百二十六人；第四支队现额一百二十六人；第五支队现额四十二人；第六支队现额四十二人；第七支队现额四十二人；第八支队现额七十二人；第九支队现额一百十八人；第十支队现额四十二人；第十一支队现额四十二人；第十二支队现额四十二人；唯亭支队现额三十人；外跨塘支队现额二十四人；湘城支队现额二十四人；黄埭支队现额二十四人；南望亭支队现额二十四人；蠡墅支队现额二十四人；香山支队现额二十四人。

苏州商团概况：成立年月及沿革情形

1932年①

苏州商团系以前清光绪三十二年苏州商界所组织呈部核准立案之苏商体育会改组。民国元年，呈请江苏都督程改苏商体育会为苏州商团公会，购置枪械，城乡各区先后组设商团支部。民国十一年，依照部颁商团组织大纲，由苏州总商会依法改组，呈奉江苏督、省两长核准备案，定名为苏州商团团本部。

主管人员姓名及履历：商团团长季厚柏，苏州商团第二届毕业，现任吴县县商会监察委员；商团团副施魁和，苏州商团第二届毕业，现任吴县县商会主席委员；商团教练长赵锦堂，前江苏陆军第二十二混成协马队随营学堂毕业，历充苏军第二师连、排长等职，现充吴县警察大队第四中队长。

部队编制：吴县境内城乡各区共有商团支部三十二处，计城区十七处，乡区十五处，均隶属苏州商团团本部。各支部团员名额多寡不等，其标准以区域之大小、商市之繁盛与否为定，多者两分队，少者一分队。所有团员，均系商店店员志愿充当，纯粹义务性质。如遇防务紧急，原有团员不敷调遣时，或有临时雇用团丁。

经费来源及募集方法：商团经常费素无固定的款，除团本部由吴县县商会每年补助洋九百六十元外，其他城乡各区支部经常费，由各该区域内之商店、居户捐助，如有不敷，则由各该支部主任人自行筹垫。

训练情形及各科课程：商团训练课程分操场、讲堂两种，每星期定三次。团员列操人数，每因业务关系，平均约占十分之六七。其各科课程分列于下：步兵操典摘要、射击教范、野外要务令、各兵动性能、军队内务摘要、陆军礼节、国术、三民主义问答、建国大纲。

经历情形：辛亥苏城光复，当地陆军悉数开赴前敌，会攻金陵，苏垣城防空虚，宵小乘机思逞，地方治安岌岌可危，当由商团、警察协同维持，卒获安全。民国十三年秋，江浙战争，苏垣地当冲要，接近战区，风声鹤唳，一夕数惊。其时所有警察，大半编队护路，所遗守望岗位，由商团派员填补，并另编游巡队，登陴守卫，昼夜无间，历时两月之久，始行撤防。事平后，经江苏省长郑，以商团维持地方出力，分别等次给奖有案。望年春，奉直之战，溃兵入境骚扰，市廛震惊，全城键闭者数日，当由驻军、警察、商团合组联防大队，分驻城外各要隘，竭力镇慑，遣送出境，地方秩序，赖以维持。民国十六年，国军到达，商团即追随革命工作，协助驻军追剿，连击金墅、望亭、荡口等镇湖匪。嗣后，

---

① 原文无时间，此系推定时间。

奉蒋总司令铣电出防，组织军警团联组稽查处，抽编巡查队，严防反动份子，继又协同军警，分批遣送伤兵。此次沪变事起，即编组临时游巡队四队，分驻城厢内外，昼夜巡防，巩固后方防务，历时两月有余，迨停战协定，始告撤防。余如历来办理冬防及临时出防等事。

苏州商团工作大事记要

1930年12月—1933年7月

十九年十二月十日下午四时，大帮湖匪洗劫浒关乡通安桥镇，该镇商团教练朱作舟集队抵御，以众寡不敌，中弹殒命。事后，经本会[1]会同团本部呈请省、县政府严缉凶盗，给区褒扬，并开会追悼。

二十年七月，团本部添置枪械，编设车巡组，设班长一员，队士十名，每日分班出外巡逻，以安闾阎。

二十一年一月，暴日侵沪，战事扩大，影响苏地治安，通令城乡各支部商团全体出动，并参加吴县地方治安会，努力工作。嗣以十九〔路〕军退守昆山，防务严重，原有团员不敷支派，经紧急会议议决，添编商团临时游巡三队，分驻城乡内外，协同军警分任巡逻及稽查车站轮埠、保护行旅等事。历时两月，共支开办、给养各费，计银四千四百余元，此项经费，系由吴县地方治安会拨助。

二十二年七月，添购服装、皮件，组织商团特务队。所有队员，系由第二、六、九、十四支部申送入队。遇有紧急事故，即可随时出发。在冬防期间，驻守团部，分班出巡；平时由教练长另定规则、课程，按期训练。

商团军乐队组织虽久，无如屡办屡辍，其原因以团员对于本人业务关系，不能按期到队上课，以致时告停顿。现拟设法恢复，正在计划中。

商团纪念碑林，前经各支部捐资赞助，建筑竣事。惟东首所余空地，尚须盖造房屋，只以所剩经费不多，迟未举办。现已加推委员八人，分任筹募，计划进行。

---

[1] 此处指吴县县商会。

苏州市民公社档案

保管单位： 苏州市档案馆

内容及评价：

苏州市民公社最早产生于清宣统元年（1909），大体以一条或数条街巷为行政区划，从观前大街开始，见于记载的陆续有30个，包括了苏州整个城区及部分郊区。1921年，各市民公社联合成立"苏州市民公社联合会"进行统一协调、管理。1928年，市民公社因"为外邑所未有"，被迫撤销。苏州市民公社具有基层自治性质，其参与者主要为工商业人士，与商会、商团、救火会联系密切。苏州市民公社档案形成于1909年至1928年，涉及组织沿革、经费收支、主要活动（市政、卫生、消防、治安、慈善、税赋、政治等），以及与其他组织、团体的来往文函，共计11卷200多件，内容较为丰富。苏州市民公社的存续变迁及其档案的留存在全国都是非常罕见的，对于研究基层自治、商人组织、苏州地方史等都具有独特的价值。苏州市民公社档案于2010年入选第三批《中国档案文献遗产名录》。《苏州市民公社档案资料选编》于2011年12月由文汇出版社公开出版。

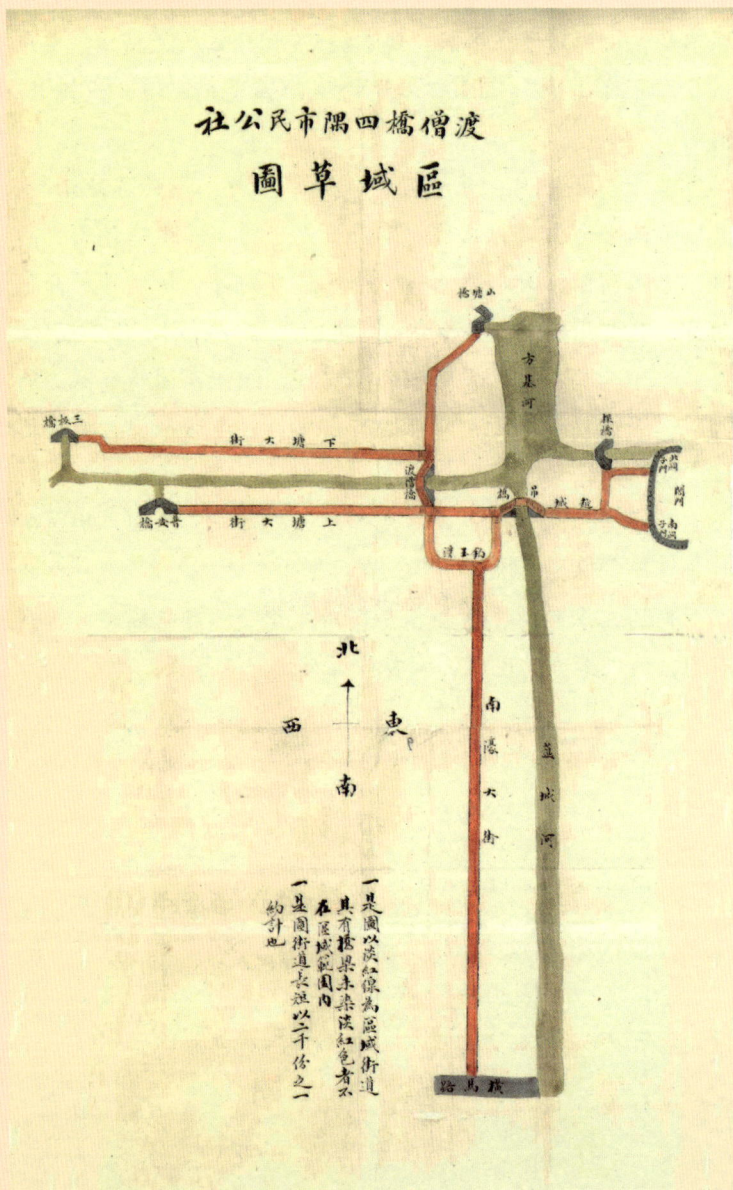

宣统二年（1910）六月，渡僧桥四隅市民公社区域草图。

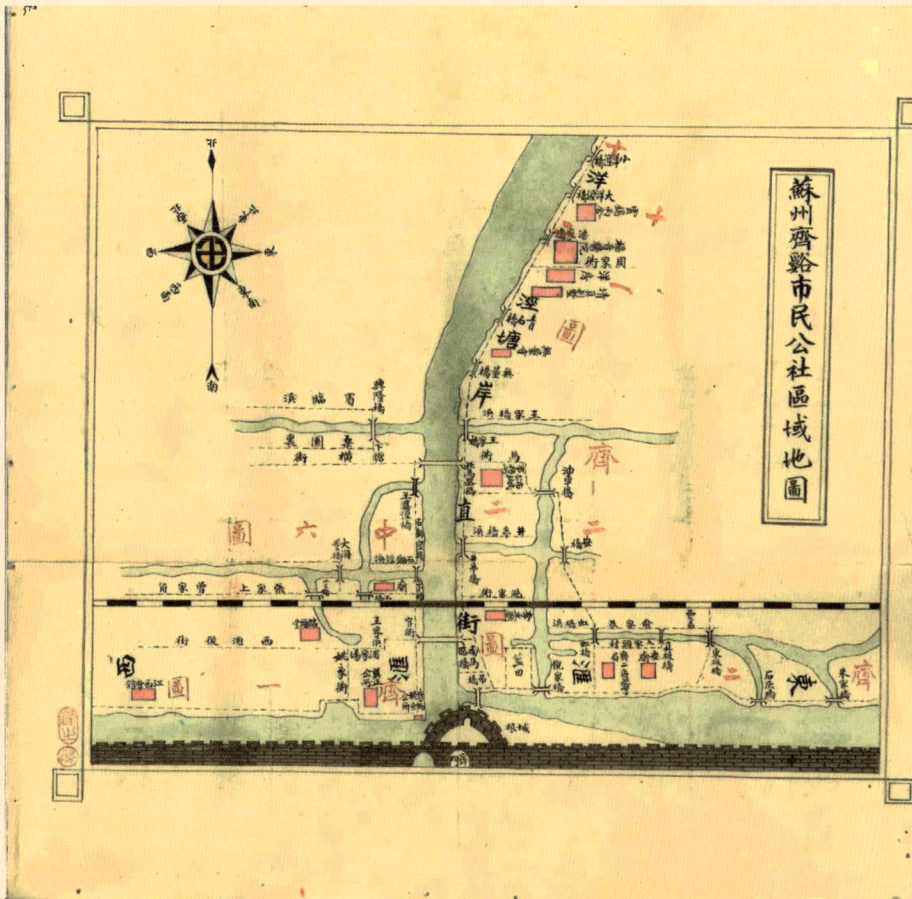

1912年9月，齐溪市民公社区域地图。

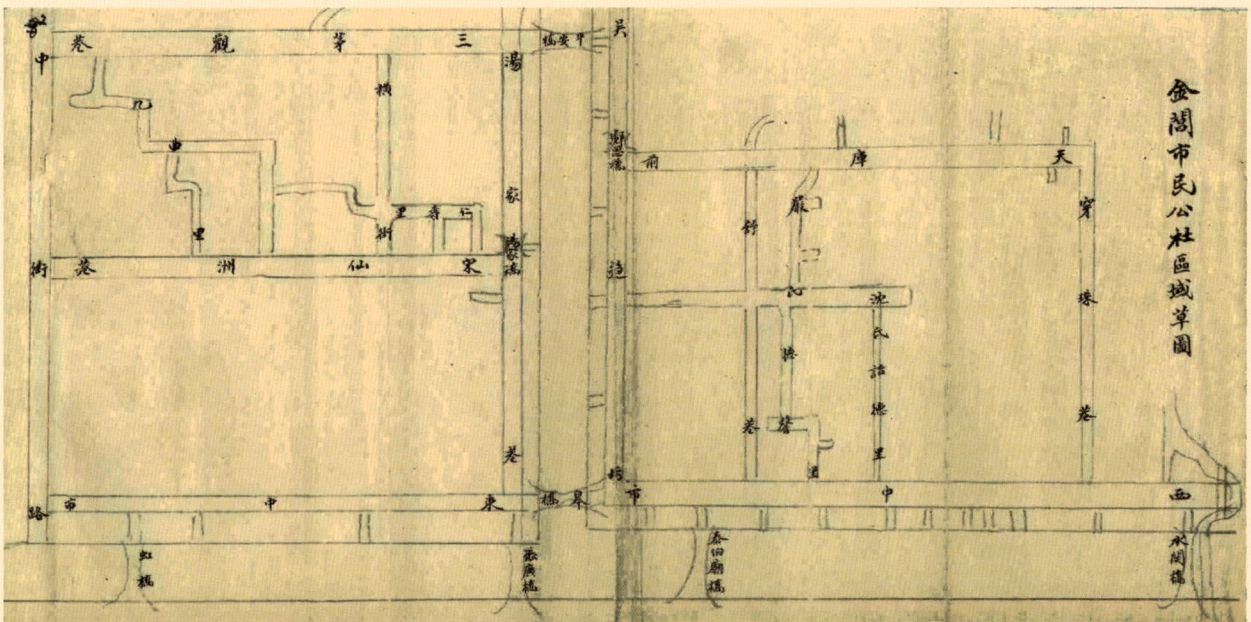

1912年8月，金阊市民公社区域草图。

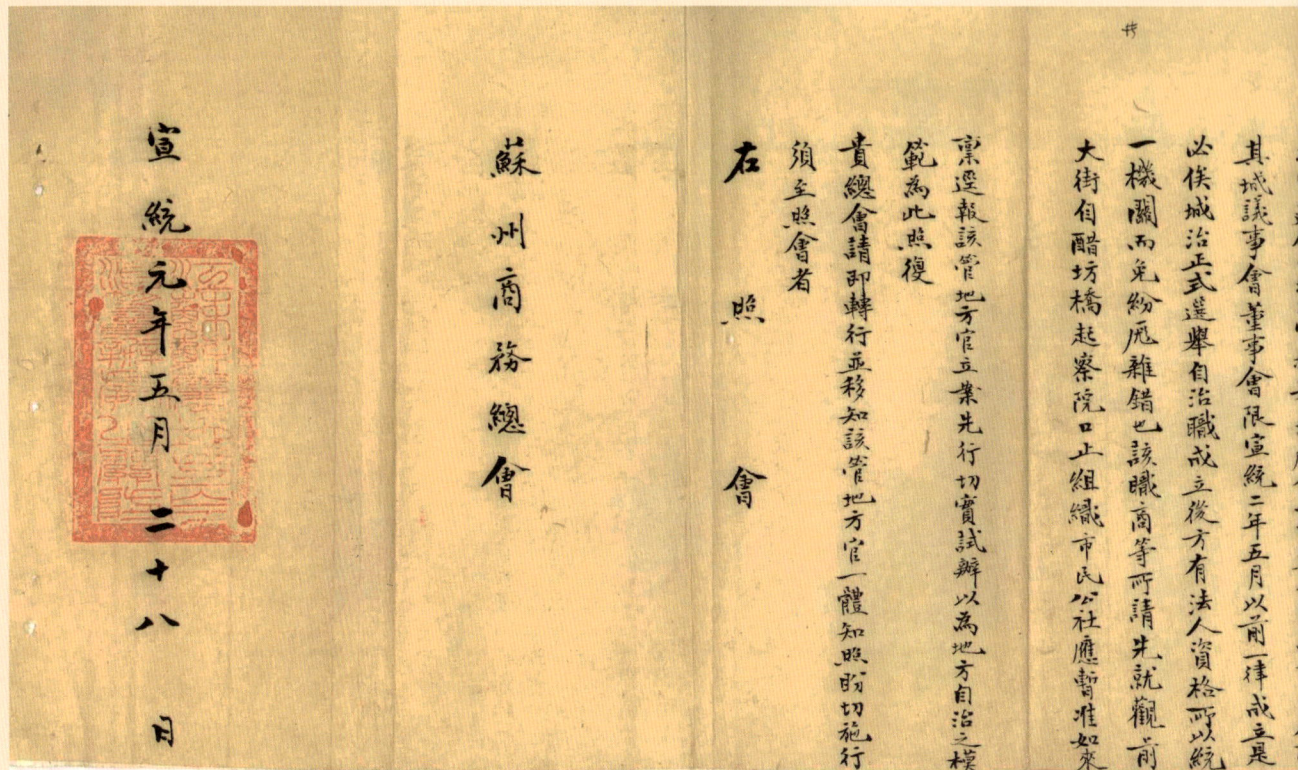

宣统元年五月二十八日（1909年7月15日），苏属地方自治筹办处为暂准试办观前大街市民公社复苏州商务总会照会。

全文：

苏属地方自治筹办处为暂准试办观前大街市民公社复苏州商务总会照会

宣统元年五月二十八日（1909年7月15日）

为照会事。

宣统元年五月初九日，准贵总会移开，据职商施莹等略称，窃查城、镇、乡地方自治限期成立，凡属商民均有应尽之义务，今拟联合同志，组织团体，以专办地方公益事宜，辅佐官治为主，定名曰苏城观前大街市民公社。一切宗旨、办法，均不出地方自治范围以外，期与管治无相抵触，而于本街之卫生、保安等事务，须实力进行，以仰副自治筹办处殷殷图治之至意。等情。并具禀及草章，恳移自治筹办处前来。据此，相应连同原禀并草章，移送贵筹办处，烦为查照施行。须至移者。计送原禀一件，草章一件。准此，本处当即察核禀词及草章各条，一切宗旨、办法，均不出自治范围以外。该职商等热心

照會

江蘇蘇省蘇州……道司 為

照會事宣統元年五月初九日准
貴總會 移開據職商施坐等略稱竊查城鎮鄉
地方自治限期成立凡屬商民均有應盡之義務今擬
聯合同志組織團體以專辦地方公益事宜輔佐官治
為主定名曰蘇城觀前大街市民公社一切宗旨辦法均
不出自治範圍以外期與官治無相牴觸而於本街之
衞生保安等事務須實力進行以補副自治籌辦處殷
殷圖治之至意等情盂具稟及草章懇移自治籌辦
處前來據此相應連同原稟盂草章移送貴籌辦
處煩為查照施行須至移者計送原稟一件草章一件
等因准此本處當即察核稟詞及草章合條一切宗旨辦
法均不出自治範圍以外該職商等熱心實力深堪嘉尚

实力，深堪嘉尚。惟查地方自治，所以辅官治之不及，即应受监督于该管地方官。业奉抚宪通饬：由地方官推举城厢公正明达之绅，设立自治公所，其城议事会、董事会，限宣统二年五月以前一律成立。是必俟城治正式选举，自治职成立后，方有法人资格，所以统一机关，而免纷庞杂错也。该职商等所请先就观前大街自醋坊桥起察院场口止，组织市民公社，应暂准如来禀迳报该管地方官立案，先行切实试办，以为地方自治之模范。为此照复贵总会。请即转行，并移知该管地方官一体知照，盼切施行。须至照会者。右照会苏州商务总会

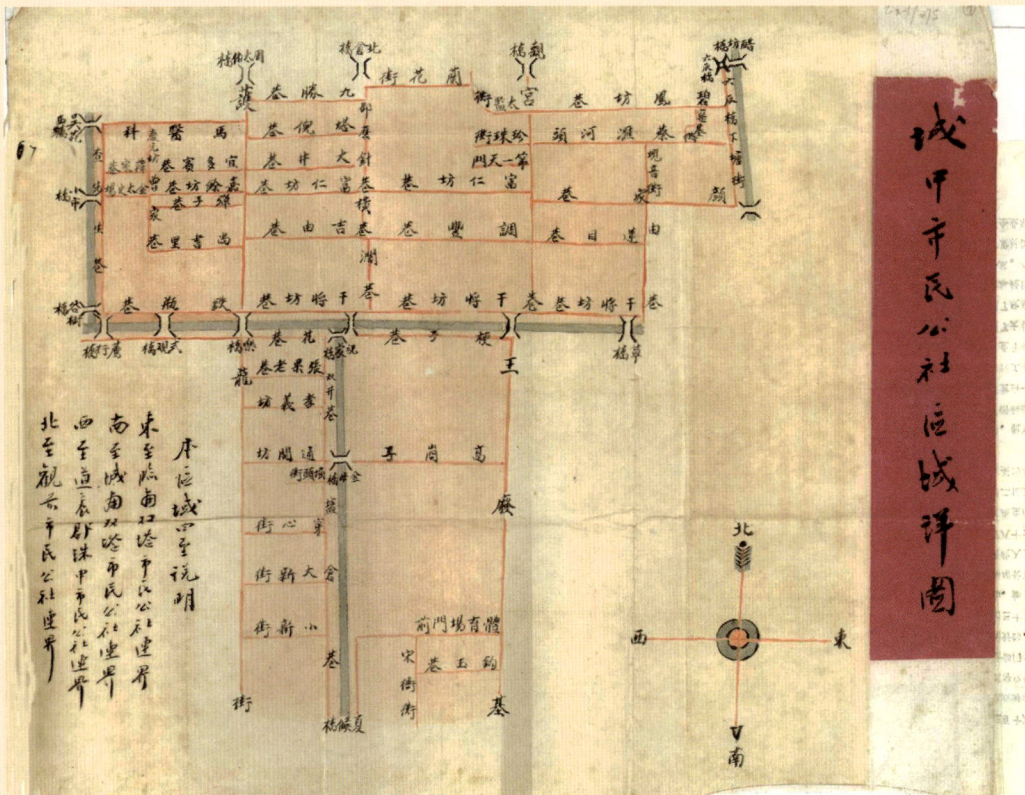

1921年2月，城中市民公社区域详图。

宋度（1869~1953），字友裴，钱业公会代表，曾任金阊市民公社社长、苏州总商会商事公断处处长。

庞天笙（1871~?），号延祚，元昌典当经理，曾任渡僧桥四隅市民公社社长，苏州总商会第三、六届会长。

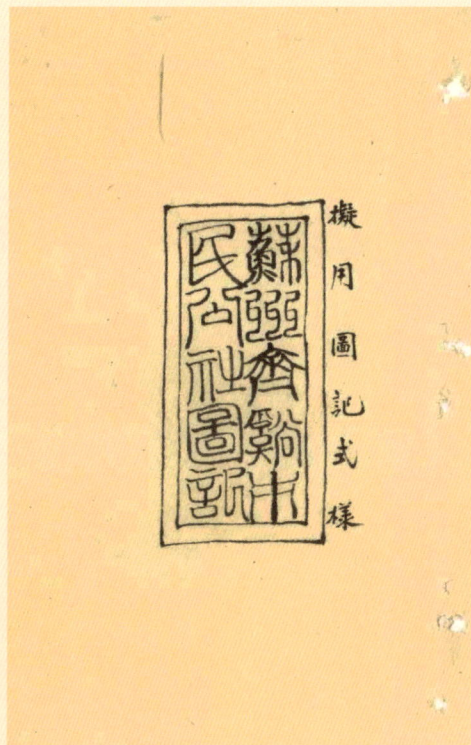

1912年10月，齐溪市民公社拟用图记式样。

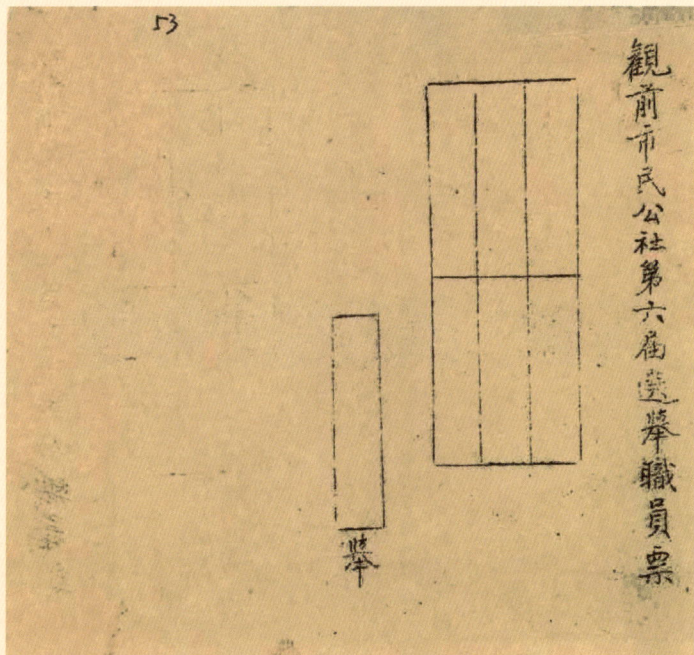

1914年9月，观前市民公社第六届选举职员票。

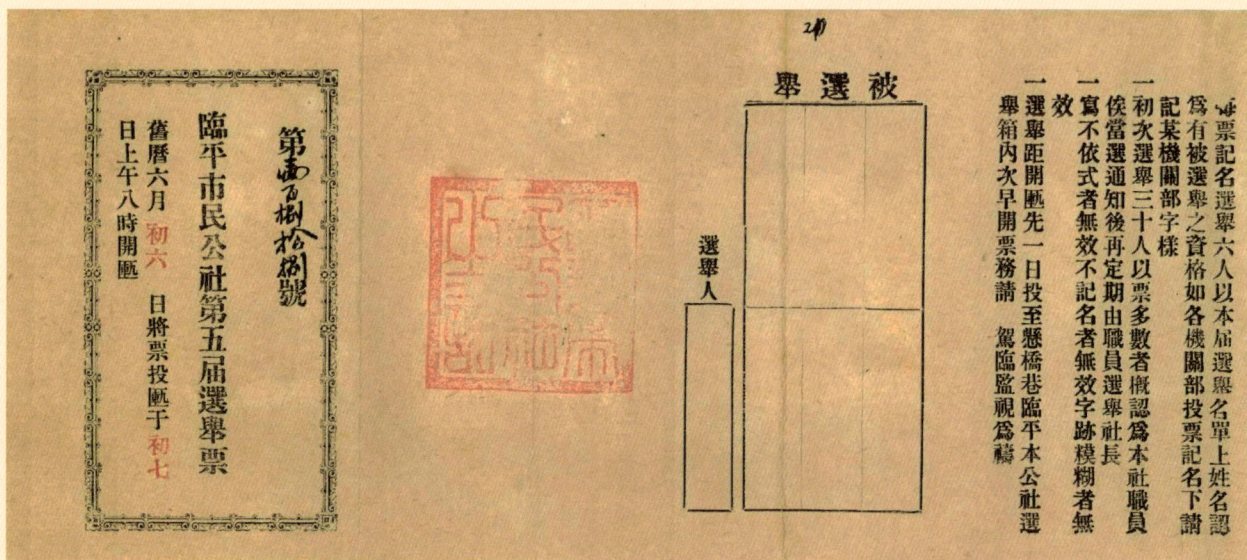

1917年8月，临平市民公社第五届选举票。

職員　本社職員分幹事評議書記經濟庶務消防六部經全體
社員公舉以一年為任期連舉得連任

觀前大街市民公社辛亥年五月大會增訂章程

幹事部
　正幹事一員　（由全體社員公選）
　副幹事二員　（同上）
評議部
　評議十二員　（由全體社員公舉）
書記部
　書記二員　（同上）
經濟部
　會計一員　（由全體社員公舉）

庶務部
　工築四員　（由全體社員公推）
　調查八員　（同上）
　收費十二員　（同上）
　招待六員　（同上）
消防部
　督龍員不拘數　（由全體社員公懇）

職務
正幹事　總理本社一切事宜
副幹事　協理本社一切事宜凡關於入社出社等事及填寫每月
費收係交收費員按戶收繳列單彙交會計員入冊
評議員　有評議本社一切事務之責任凡關於興築工程修理

水龍添置附屬各品以及經濟之豫算決算經評議員過半
之數決議者均得施行
書記員　執掌本社正牘及紀載報告等事
會計員　經理本社收支銀錢款項按月報告
工築員　專司修理街道各項工程等事
調查員　掌關於清道衛生修繕道路均須調查隨時報告
並督率垃圾夫役等事
收費員　以本社範圍均分六段挨段輪流收費彙繳副幹事
處以使分任各專責任
招待員　掌招待來賓接洽社員一切事宜
督龍員　就本社範圍公義同仁紫蘭三龍社附近商家自行
報名以盡義務

宣统三年（1911）五月，观前大街市民公社增订章程。

全文：

观前大街市民公社增订章程

宣统三年（1911）五月

职员　本社职员分干事、评议、书记、经济、庶务、消防六部，经全体社员公举，以一年为任期。连举得连任。

干事部

正干事一员，由全体社员公选。

副干事二员，同上。

评议部

评议十二员，由全体社员公举。

书记部

书记二员，由正副干事、评议各员公推，不限任期。

经济部

会计一员，由全体社员公举。

庶务部

工筑四员，由全体社员公推。

调查八员，同上。

收费十二员，同上。

招待六员，同上。

消防部

督龙员不拘数，由全体社员公认。

职务

正干事：总理本社一切事宜。

副干事：协理本社一切事宜。凡关于入社、出社等事，及填写月费收条，交收费员按户收缴，列单汇交会计员入册。

评议员：有评议本社一切事务之责任。凡关于兴筑工程、修理水龙、添置附属各品，以及经济之预算、决算，经评议员过半之数决议者，均得施行。

书记员：执掌本社函牍及记载报告等事。

会计员：经理本社收支、银钱款项，按月报告。

工筑员：专司修理街道、各项工程等事。

调查员：掌关于清道、卫生、修缮道路，均须调查，随时报告，并督率垃圾夫役等事。

收费员：以本社范围均分六段，按段轮流收费，汇缴副干事处，以便分任，各专责任。

招待员：掌招待来宾、接洽社员一切事宜。

督龙员：就本社范围公义、同仁、紫瞻三龙社附近商家，自行报名，以尽义务。

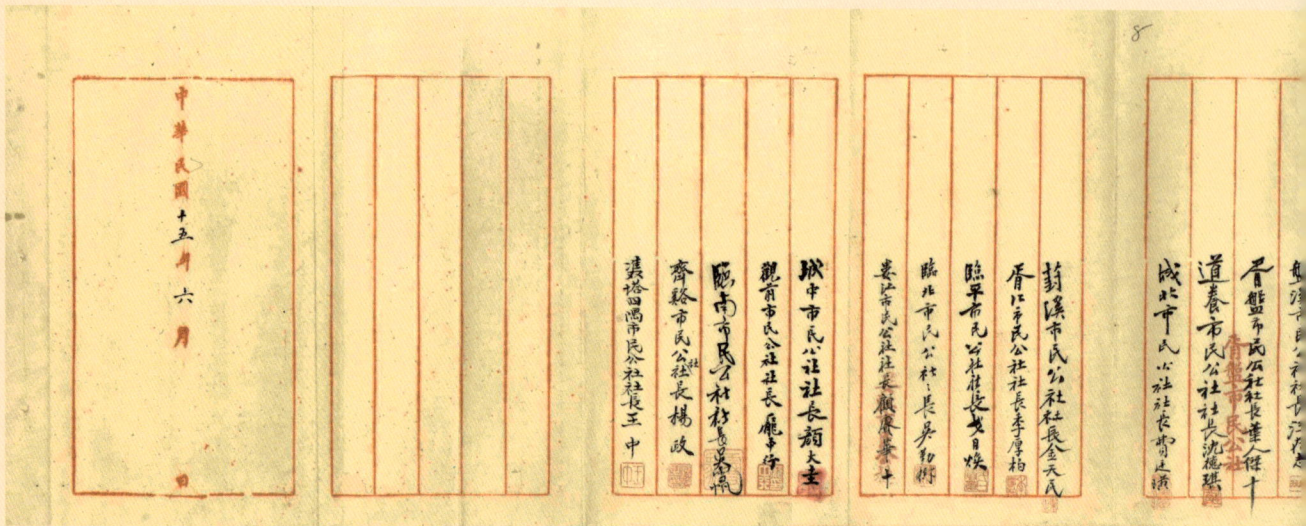

1926年6月，苏城全体市民公社为请转钱业公会及电气厂取缔塌车、羊角车行驶致苏州总商会函。

全文：

苏城全体市民公社为请转钱业公会及电气厂取缔塌车、羊角车行驶致苏州总商会函

1926年6月8日①

迳启者：敝社等前因苏城内外，发现塌车、羊角车，满载笨重货物，损坏街道，有妨路政，函请苏州警察厅通令取缔，布告周知，今已三月，幸已多数遵办。惟钱业塌车及电气厂塌车，仍有行走于街衢中者，致为他人所借口。敝社等为地方公益起见，用特函恳贵会，迅赐转达钱业公会及电气厂，一体尊重舆情，遵守禁令，不独敝社等感佩已也。此致苏州总商会

城南市民公社社长	陆培德
渡僧桥四隅市民公社社长	王开源
金阊市民公社社长	戎法琴
金阊桃坞下塘市民公社社长	章恩植
护北市民公社社长	邹宗淇
郡珠申市民公社	鲁兆年
护中市民公社	范君博
新阊市民公社	尤志逵
马路市民公社	刘敬禳
山塘下塘市民公社	李鸿祖
山塘市民公社	吕凤翔
上山塘市民公社	吴介生

---

① 此系商会收文日期。

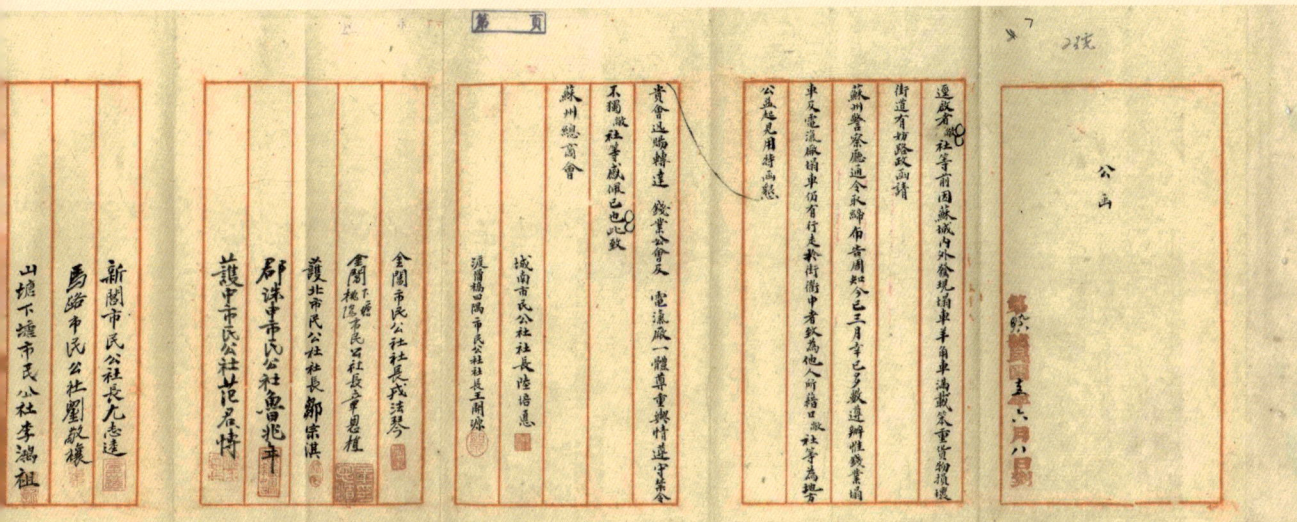

枫江市民公社社长　　　　陶福庭

盘溪市民公社社长　　　　汪存志

胥盘市民公社社长　　　　叶人杰

道养市民公社社长　　　　沈德琪

城北市民公社社长　　　　费廷璜

葑溪市民公社社长　　　　金天民

胥江市民公社社长　　　　季厚柏

临平市民公社社长　　　　戈日焕

临北市民公社社长　　　　吴勤树

娄江市民公社社长　　　　顾赓华

城中市民公社社长　　　　颜大圭

观前市民公社社长　　　　庞中行

临南市民公社社长　　　　吴雪帆

齐溪市民公社社长　　　　杨　政

双塔四隅市民公社社长　　王　中

1923年，胥盘市民公社消防部成立合影。

癸亥（1923）冬月（十一月），胥盘市民公社改建来远桥动工合影。

全文：

商人施莹等为组织观前大街市民公社致苏属地方自治筹办处等呈文

宣统元年（1909）五月初①

为组织市民公社，试办地方公益事。

窃商等住居观前大街，经营商业，历有年所。第观前大街，分为观东、观西两名称，地居冲要，店铺林立，从前办理各事，虽有施行之效验，尚无联合之机关。商等目击情形，急思振作，爰拟组织公社，自醋坊桥起，察院场口止，如关于卫生、保安等类，集思广益，实力试办，取名苏城观前大街市民公社。非敢云成效之必良，仅就商等本街上耳目所及，力苟能为者，和衷商办，以图进行之方法，仰副贵处殷殷求治之至意。伏祈大公祖大人察核，批示祇遵，实为公便。谨呈

观前大街市民公社办社缘起（节录）

宣统二年（1910）五月

资群策以谋公益，为地方自治团体中之一自治团体者，即我市民公社之原素也。公社以自治为原素，当其组织之始，虽警于宫巷之两火，而实则自治原理，固早为吾人所久蓄而待发者也。蓄之之志久，斯发之之力厚，一唱百和，成绩粗具。故其事不仅在救火一端，而卫生、道路之事，亦次第进。回思宫巷之灾一告再告，非不群焉！而奔救之，而汲水乏地，督龙乏人，竟不能少遏融回之势者，宁非以备之无素欤！于是公社乃因之而发挥其所素蓄，请愿于自治筹办处，而邑侯赵公梦泰亦捐廉为助。上下之邮既通，群力之进益勇，以救火会为下手之方，推及于疏沟、修道、蠲除污浊等事，擘画经营，于斯周岁。诸所兴举，皆本公意，以为贯施……夫言地方善举，宁啻救火一事，言道路、工程，宁啻修街道、通沟渠，言卫生，宁啻清洁污秽，而言自治范围，亦宁啻善举、道路、卫生数端……惟以实事求是之意，交相劭勉，庶几不负共同集社之本意，以冀成完全之自治团体。此即我市民克尽之天职，为公社所希望无穷者尔。

书记员　沈敬德、陶廷宝谨志

① 原文无时间，此系推定时间。

观前大街市民公社第一届收支报告

宣统二年（1910）

宣统元年五月初八日起，十二月三十日止。

计开

旧管：无。

新收：

一、收特别费：大洋一千三百七十三元。

一、收入社费：大洋一百七十七元五角，小洋十角。

一、收按月助常年社费：大洋一百五十八元五角，小洋二千七百角。

一、收按年助常年社费：大洋五元，小洋十角。

一、收自治筹备公所调查户口公费：大洋二十四元。

一、收李泳大石作存：大洋五十七元七角。

一、收现换：钱三十一千六百八十六文。

共收：大洋一千七百九十五元七角，小洋二千七百二十角，钱三十一千六百八十六文。

开除：

一、支会场用费：大洋二十一元，小洋七十二角。

一、支置办什物：大洋十元零三角，小洋五十二角，钱一百六十五文。

一、支清道用费：大洋二十三元，小洋七百三十六角，钱五千九百九十八文。

一、支太平缸用：大洋一百零三元，小洋九十四角，钱二千一百六十文。

一、支龙社公费：大洋三十五元，小洋十二角，钱十九千零四十文。

一、支修砌街道：大洋一百八十五元八角，小洋二十四角，钱一千二百五十文。

一、支开井工程：大洋三百十五元七角五分，小洋十角，钱四十文。

一、支修理旧井：大洋六十一元一角，小洋十角。

一、支通沟工程：大洋一百六十三元，小洋十角，钱三十文。

一、支开砌阴井：大洋一百四十五元一角，钱二千八百二十文。

一、支改良厕所：大洋九十二元，小洋二十八角，钱六十文。

一、支垃圾堆栈：大洋三十九元九角，小洋十六角，钱四十文。

一、支杂项用费：大洋八元七角，小洋三十角，钱四十文。

一、支未用砖头二千块：大洋四元二角。

一、支移助长、元、吴自治筹备公所经费：大洋二十四元。

一、支现换：大洋二十一元八角五分，小洋三十六角。

共支：大洋一千二百五十三元七角，小洋一千一百三十八角，钱三十一千六百四十三文。

实在：

一、支实存：大洋四百八十四元三角，小洋一千五百八十二角，钱四十三文。

一、支李泳大：存大洋五十七元七角。

总干事　施炳卿　押

副干事　蒋仲君　核准无错

会计部　程子范　押

观前等十一市民公社为请明定军纪约束士兵致江苏军政司长函

1913年8月18日

迳启者：窃以苏商营业城厢内外不下数万户，历来安堵无恐，全恃军队为保护。赣宁乱事发生，影响所及，经军警各长官热心担任保卫治安，仁人之言，苏商全体蒙福。讵事变迭生，淞沪戒严，东路亟于设防，旧营陆续调出，新军即次招募。其始来也，填街塞巷，则以未经成军而有待，迟之又久，非因卖买口角，即与岗警龃龉。凡所闻见，异口同声。向之赖以保护者，至此而转陷于惊风骇浪之中。确如婴儿失乳，诚不能不呼吁于慈父母之前矣！抑犹有进者，苏沪相隔匪遥，陆则数钟可达，水则一苇可航。前此仓皇出走者，转因高昌庙一役，而返苏者多，近则睹此现象，重复迁沪。商等隐受亏耗，已属不赀，何堪迭遭惊骇！闻之古语有曰："师出以律。"又曰："兵犹火也。"在贤司长洞悉时机，其如何明定军律，如何约束兵士，撰拟简示，张贴通衢。在公运筹帷幄，自有权衡，商等何敢饶舌。但既受治于节麾之下，目击身受，杞忧曷极。素稔贤司长驻苏有年，对于我商民不啻如家人父子，是必有以善其后也。临颖无任待命之至。此致军政司长卢

观前市民公社　倪开鼎

渡僧桥四隅市民公社　苏绍柄

道养市民公社　沈德琪

金阊下塘桃坞市民公社　谢 鏐

胥江市民公社　唐忠亮

临平市民公社　汪麟昌

临南市民公社　李祖范

金阊市民公社　洪玉麟

娄江市民公社　沈幼卿

齐溪市民公社　薛鸿鼎

葑溪市民公社　金曾炘

金阊市民公社暨金阊全体商号为反对开辟城门添敷车站支路致苏州商务总会意见书

1914年1月2日①

具意见书，金阊全体商号。

苏城开辟城门，车站添敷支路事宜，于阊门市面关系重大，亟应征集意见，期得正当解决。商号等特于旧历十二月二日借座钱业公所开全体大会，详加研究，佥谓其不利者有十二端，旋经同人签字议决，力阻进行。请求贵会迳向车务总管正言谢绝，毋庸转送市公所列入议案，致多周折。今将条例各端，述明如左：

一、交通部操路政全权，今未得大部允许，添设支路，突由商会提议筑路开城。试问商会是否有此全权，断送此段支路？其不利一。

一、外人交涉得步进步，倘敷设支路，迳由商会认可，外人即据以向外交部抗议，或生他项枝节，致多困难，将来追本寻源，商会上受部责，下受众怨，能否担此重任？其不利二。

一、自光复后，苏城商业日见衰落，进出货物久已寥若晨星，绝无趸批装运，即有细小物件，水道交通亦称便利，无庸再辟支路，徒糜巨资。其不利三。

一、商场货物之不能尽装火车，皆有恶税所致。今商会不能提议将税法改良，以明实力保商，转于此等无利之举，着意进行，愈趋愈远，不啻南辕北辙。其不利四。

一、苏城向无笨重生产，如煤矿、火油之类，须开支路，始能通运。今仅有男女搭客往来，有大火车，已极便利。何必费此巨款，以开无甚出息之路。其不利五。

一、议开支路无此巨款，势必添借外债，以重人民担负。商民于垂绝之余，力不能胜。商会以空洞机关，果能独力担负否？其不利六。

一、借外债必应到期偿还。倘支路已开，而债务不能如期履行，势必路与苏城俱去。其不利七。

一、外人日夜思将沪宁债务增重，使我无力赎回，以偿并吞之夙愿。倘我再迎而导之，未免笑我无人。其不利八。

一、苏城虽谓省会，而驻扎各大员久未莅临，居户业经减少大半。即使重开支路，而来往行人，未必如昔繁盛。其不利九。

一、城外现开马路，荒烟蔓草如故，未见商务发达。显见商务发达与否，全视实业兴盛与否，与支路问题，绝无干涉，不过劳民伤财而已。其不利十。

一、开路后所谓兴盛者，不过妓馆、旅馆、茶馆、酒馆等类而已，恐不能为苏人增利，适为苏人添漏卮。其不利十一。

一、开路必添人力车，此项车夫尽系江北客民，全无土著，现已苦难淘汰，倘再从而招徕之，殊增地方隐忧。其不利十二。

以上所陈各条，语虽直率，而理极显明。众志已坚，幸毋重违。能否即日迳向外人拒绝之处，务乞明白宣布，以释群疑，而定方针。此请商务总会公鉴。

金阊市民公社暨全体商号

---

① 此系商会收文日期。

观前等十一市民公社为请代陈整顿藤轿以保治安致苏州商务总会函

1915年1月5日

　　谨略者：苏城自藤轿流行以来，轿夫沿途兜揽，人品良莠不齐，需索敲诈，时有所闻，并有江北轿夫，借口路径不熟，每遇妇女伶仃，或醉客模糊，抬至荒僻处所，迫索钱财之事。今竟酿成程纯卿遇害殒命惨剧。程纯卿遇害事状，现闻伊妻业经具禀详陈。徒以藤轿中途雇唤，无可根究姓名，尚未获案伸雪。市民闻此凶耗，莫不奔走相告，惩前毖后，咸有戒心。市民等公同集议，佥谓藤轿沿途兜揽，流弊不可胜防，为保全地方治安计，亟宜设法取缔。伏查藤轿创办之始，警厅曾饬指定停留地点有案，原为防弊起见，乃延宕一年，未见实行。或谓城厢内外并无此项适宜之空旷地点，不知停留空旷之地，其轿夫聚散无常，仍属无根可究。窃谓从前各桥头，本有呢轿轿行，欲坐轿者，即非家有长班，随地均可雇唤。今改行藤轿，诚为轻捷便利，宜仍一律限令停歇各桥头轿行，俾坐客雇唤。既有一定之地，从某桥至某处，站数、轿资亦有一定之标准。如此则各轿夫均有来历，可以跟究，自不敢再萌歹念，而弭患于无形。抑再有请者，程君遇害之事，时在深夜，地处荒僻，届计当时盘门城关已闭，瑞光塔四无人居，轿抬至彼处，何以岗警一无见闻！？嗣后拟请道饬各区警士，凡于深夜见有藤轿抬至荒僻地方者，须注意盘诘，问明抬至何处，方准放行。并请于各处荒僻地方，添派巡逻，严密梭巡，以绝匪踪而资保卫。市民各有身家，各有性命，用特合词略陈意见，敬请贵商会转陈苏常道尹、警察厅长，准予采择施行。无任感幸。谨略

观前市民公社　　　　道养市民公社

桃坞市民公社　　　　胥江市民公社

临平市民公社　　　　临南市民公社

金阊市民公社　　　　娄江市民公社

齐溪市民公社　　　　莩溪市民公社

渡僧桥四隅市民公社

道养公民公社第五届消防部福惠龙社、道养小学校收支报告

1915年12月①

计开

　　旧管项下（上届报告阳历十一月底止，今届报告阳历十一月底止）：

　　存鼎和当：洋一千七百元整。

　　存现大洋四元，内铜一元。

　　存现小洋三十二角，内铜二十六角。

---

① 原文无时间，此系推定时间。

存现钱九千五百四十文，内小钱三百二十。

新项收款：

收鼎和当三年份冬季、四年份春夏秋息：洋一百十六元整。

收又：小洋三十二角。

收又：钱一百五十文。

收水夫捐三十次：小洋八十六角。

收又：钱二百六十二千三百三十六。

收公社拨助学校费：洋七十三元整。

收公社拨助龙添皮条：洋八十三元整。

收又：小洋二十四角。

收又：钱四十文。

收史公馆、勤业厂酬龙：洋十六元整。

收兑收入：洋四元整。

两项共计：大洋一千九百九十六元，小洋一百七十四角，钱二百七十二千零六十六。

开支项下：

支吉利桥南北水夫：钱三十千零三百四十五。

支石岩桥水夫：钱八十九千二百七十。

支小轿班房水夫：钱二十八千零二十文。

支王颐吉水夫：钱十九千八百文。

支保袋洗龙：钱十七千二百文。

支本报锣：钱三千六百文。

支接锣：钱三千六百文。

支葫芦灯：钱三千一百二十文。

支烛斗：钱一千八百三十文。

支洋油：钱九百五十文。

支灯烛：钱五千六百七十文。

支又：小洋五角。

支揩龙油：钱九千文。

支收捐夫：钱十二千文。

支印捐票：小洋十一角。

支又：钱六百文。

支社员督龙灯笼旗：洋七元整。

支社员糊修灯笼旗：钱三千零四十文。

支又：小洋十九角。

支修铜帽、皮条、洗衣：大洋一元整。

支修铜洗衣：小洋三角。

支又：钱七百十五文。

支抬龙修理来往力：钱一千四百七十文。

支扛皮带扎布条工：钱六百文。

支象皮管五丈、胶皮管六十码：洋四元整。

支赴上海房金车力装置：洋四元整。

支又：小洋二十四角。

支又：钱四十文。

支试演龙水夫：钱十千零八百八十文。

支现兑出：小洋二十角

支现兑出：钱三千一百九十九文。

支水桶修漆桶底：洋二元整。

支又：小洋三角。

支又：钱一百九十文。

支竹头垫水另纸：钱八百七十文。

支添警笛：小洋三角。

支竹梯摘钩等：洋三元整。

支又：小洋六角。

支又：钱九百六十文。

支修天平架、配皮条：洋三元整。

支修储龙所水木漆工匠：大洋四元整。

支又：小洋八角。

支又：钱三百二十文。

支水木漆酒饭：钱六百文。

支犒赏水夫：钱九千二百六十文。

支宝袋归阿双靠：洋一元整。

支绳子、铅丝线：洋一元整。

支又：钱五百十文。

支送阊门龙、永宁龙礼：钱五百十文。

支给水夫草鞋：钱六百六十文。

支开会零费：钱一百六十文。

支又：小洋二角。

支紫花布六匹零布：洋二元整。

支又：小洋三角。

支又：钱四百零四文。

支做包布工：小洋十六角。

支擦油香烟头绳：洋五角。

支又：钱八十文。

支修破鼓：小洋四角。

支又：钱五十文。

支试龙装璜鲜花：洋二元整。

支又：钱三百文。

支各员休息、洗浴：钱一千四百六十文。

支试龙各点心：钱二千七百文。

支请龙员酒食：洋二元整。

支又：小洋七角。

支又：钱九十文。

支修冲风工料：小洋一角。

支又：钱七十四文。

支配玻璃：钱五百文。

支洋本钉车斗：钱五百三十文。

支助道养盂兰会：洋一元整。

支龙箱一只：洋六元整。

支漆龙箱一只：洋一元整。

支添铁扁担：洋三元整。

支包铜铁角：洋三元整。

支龙上木棍铁甩：洋一元整。

支又：小洋七角。

支又：钱一千一百九十文。

以上消防共支：大洋一百二十六元，小洋一百四十七角，钱二百六十六千零六十七文。

支教员修金：洋一百二十七元整。

支斋夫工资：洋十三元整。

支茶水、炭基杂项：洋十三元整。

支书籍零费：洋五元整。

支又：钱八百四十文

以上学校共支：大洋一百五十八元，钱八百四十文。

消防、学校两项共支：大洋二百八十四元整，小洋一百四十七角，钱二百六十六千九百零七文。

实存项下：

存鼎和当：洋一千七百元。

存现大洋十二元整。

存现小洋二十七角。

存铜元钱三千一百四十，内私板八十八。

存现小钱二千零二十文。

临平市民公社报告第四届办理社务经过事略

1917年8月

丙辰四月起至丁巳五月止

一、呈请使、道、县、厅署批准筹办临时保安团，五十天招募（团目二名，团丁二十名，伙夫一名），均给工食（丙辰四月十一日起至五月三十日遣散）。

二、重砌皮市街金狮子桥起、鹤舞桥止街道，并疏通沟渠（款由汪荭荪君经募承办）。

三、落平金狮子桥、鹤舞桥、南新桥三处桥梁，呈请县公署颁示立案外，均立石存迹。

四、重砌曹胡徐巷全巷街道，并疏通沟渠。

五、忠善、南新、通利等桥凿滑。

六、呈请县公署暨市公益事务所备案，保存花桥东堍水弄基地，立有石碑，永远不准建屋。

七、呈请县公署暨市公益事务所备案，将奎星阁旧屋并基地拨归公社所有，现已改建临安储龙所（款由罗季堂君经募，与临安、平安二龙一同另造报销）。

八、奎星桥改换铁栏干（款同上）。

九、添雇惜字夫一名（丙辰六月起，丁巳正月裁撤，现仍归清道夫，逢星期收取字纸）。

十、添置消防员冬季制服七件（此项开支在水夫捐内盈余抽出）。

十一、东区第一分驻所函商添设小巷内冬防路灯（款由俞鹤庭劝诸商民、居户担任）。

十二、区域内河道撩浅（丁巳二月办）。

十三、创办区域内负贩借本所（款由社长集资，呈准县署、警厅备案颁示，于丁巳年闰二月开办）。

十四、对史家巷之桥，因向昔误镌"南新桥"字样，阅诸府志，实系忠善桥，现已重镌更正。

十五、悬桥、多贵桥修换木栏干（丁巳三月办）。

十六、收管皮市街南口无主尿池一处。

十七、添设奎星桥北堍、丁香巷西口尿池两处（丁巳四月办）。

十八、置办临安、平安广龙二架，并置救火器具完全，分临顿路、平江路二处存储（此项款由俞鹤庭、曹丽卿经募，与储龙所一同另造报销）。

十九、安节局交来小水龙一架，修理完善，改名公安，存储仓街中段。

二十、市公益事务所拨款，沟深区域内官井四十口（丁巳四月办竣）。

苏州市民公社联合会为请严函振兴电灯公司克日拔杆剪线致苏州总商会函

1921年6月29日

迳启者：窃苏城振兴电灯公司暗售日本，丧失主权，全体市民愤激反对，应请取消营业在案。乃该公司心思既险，手段尤工，对上则万端蒙混，冀岁月之苟延，对下则一味蛮横，置民生于罔顾。敝公社等城内商民苟可旦夕偷安，此项悬案犹可静待官厅解决。无如该公司经理祝大椿既因烟癖，复竟奔走，实无精神再注营业，以致五月十二日晚六时，娄门大街周通桥地方该公司设有方棚因电杆欹斜，以线攀系于附近报功庵僧寺楼房柱上，是晚该方棚忽然走火，延及攀系电线，柱上一时火焰通红，阖里惊惶。幸为时尚早，扑救得力，未成燎原。现有灼焦柱橡可证。又先于旧历三月初七日晚六时，察院场西口乐万兴糕团店门首该公司立有杆线突然走电，火球落下，灼及凉棚。所幸警笛四鸣，水龙驰救，得未延烧成灾，然附近居民已受惊不浅。讵又于旧历四月十八日晚八时许，间邱坊巷孙家弄口该公司所设方棚亦忽走电，火星四射，左近居民惶骇万状，遂用电话通知该公司从速修理。讵仍草率从事，乃工匠甫去，而火泄更炽，人声鼎沸，相率搬迁。复由警区急用电话责令该公司闭息火门，始未肇绝大祸端。此皆有时日可查，地点可考，更有警署可证。似此迭肇祸患，玩忽业务，可知若谓无意出险，则以全城生命尽托于头脑昏聩之徒，有意栽殃，则以阖市资财待决于手腕毒辣之下。是该公司一日不能停机，即居户一日不能安枕。苏民何辜常蹈火坑？今案悬未决，火热益深，迫不得已，为保城厢内外百万生灵安全起见，祈恩贵会长俯念一人设并全市占危，迅予严函该公司克日拔杆剪线，俾出水火而登衽席。不胜迫切待命之至。此颂苏州总商会公绥。

苏州市公益事务所为准予城内、外人力车互相通行致苏州总商会函

1923年2月12日

迳启者：本年二月七日，据苏城临北、齐溪、蒴溪、观前、郡珠申、城南、金阊下塘桃坞、道养、胥盘、临南、临平、护北、城中、双塔四隅、娄江、阊门马路、上山塘、山塘、山塘下塘、渡僧四隅、胥江共二十一公社函称：一月二十七日公社等开联合会议议决：苏城内、外人力车公司互争出入一案排解已久，愈趋纠纷。城内方面坚持城外车辆不准进城之议迹近垄断。原设立人力车之用意，其目的在便利交通。同在苏州一市，必欲显分界限，使之不交不通，自开瓜分之先例，吾苏全体市民决不愿出此。试征之上海英、法租界显分二国，苟执有各该国照会尚可通行无阻，况在苏州一市中乎？应请函致苏州市董事转函苏州警察厅即日公布通行，并知照城内、外两人力车公司消弭意见，互准通行，以便苏人。其城外公司亦应交纳特捐如城内例。等情。相应陈请贵所查照执行。无任企盼。等语。查通行车辆一案，敝所从前即取公开主义，不谓甫经年余城内、外人力车公司发生互争出入问题。公社联合会深恐纠纷不已，出任调停，议决两人力车公司消弭意见，互准通行，函由敝所转达苏州警察厅即日公布通行前来。兹经定期于二月十六日（即旧历正月元旦）起城内、外车辆一律通行，复恐阊门出入拥挤，采取沈君束璋意见，凡出城之车准由西中市行走，进城之车由水关桥、穿珠巷两路分走，以免挤轧。除函请警厅出示布告，并分别知照两人力车公司外，相应函达，至希察照，并乞转告东、西中市各商铺为荷。此致苏州总商会

苏州市民公社联合会为议决开办平粜、延长典业开办时间致苏州总商会函

1924年9月19日

谨启者：本月十八日为敝会常会期，当经到会各公社先后陈述，各处工商停顿，目击贫困之家无以生活，若不亟谋补剂，窃思隐患触发，危险堪虞。乃有城南公社提出议案两种，专为急则治标之计，当付共同讨论，一致赞同，并表决将是项议案抄录一份，由到会各公社盖章签字，函附贵会鉴核，务恳迅赐转函丰备仓董从速开办，一面则烦转商各典业延长开办时间，以资补救而弭隐患。至深盼祷，并祈见复为荷。此致苏州总商会公鉴。

附呈议案一份。

附呈九月十八日公社联合会议决案：

一、战争开始瞬经两旬，苏地有力之家颇多携眷避沪，现在住居苏地大都无告贫民、苦力工人，欲去则旅费无着，欲留则危险万状，转瞬冬令，衣食无出，饿寒交迫，如果铤而走险，秩序堪虞。目击现状，急宜开办平粜，以定人心。此外，添设平价饭店、半济粥厂，以补平粜之不足。急则治标，舍此无法。当经敝联合会提出议案，一致通过，应请苏商会函致仓董暨地方士绅讨论办法，督促实行。不胜急切待命之至。

二、工商辍业，凡百停顿，贫民经济日蹙，即使开办平粜，非典质无以度活。苏城各典开办时间过短，应请苏商会转函各典业延长钟点，以舒民困。

提议者：城南公社吴靖澜　临平公社戈秋潭　临北公社吴荫玉、王亦安

　　　　金阊公社宋友裴　临南公社沈挹芝　护北公社汪幹臣

　　　　城中公社蒋毓璇　金门公社尤宾秋　护中公社范君博

　　　　莘溪公社金冰志　下塘桃坞公社章培荪　郡珠申公社王企怀

　　　　城北公社费玉如　山塘下塘公社鲍翔云　齐溪公社李楚石

苏州市民公社联合会为呈报各公社修理城墙所需经费致吴县各公法团联合议事处函

1927年3月13日

迳启者：顷据道养等有城防关系之各公社函开，以奉准吴县公署函开，现值时局严重，所有残缺城垣亟应择要修理，以固国防，并嘱将应修之处勘明见复，以凭核办，等因，并抄附季商团长在贵公法团联合议事处请议修理城垣议决案一件到会。据此，当由敝会邀集上列城防关系各公社会议，并将所辖界内应修城垣雇工估价、择要修理工料等费共计洋二千九百十四元九角八分，除另开折详报逐段工程细数，并函吴县公署迅请拨款以应急需外，当以是项工程急不待缓，而各公社向无的款储存，只得公议暂由各该公社先行设法筹借填用，从事开工。此项借款为济燃眉起见，未便稽延归期。相应函请贵处

依据三月五日议案函县，在亩捐项下迅先拨还，以济要需而固国防。不胜盼祷之至。此致吴县各公法团联合议事处

　　附呈修城工程清折一扣。

　　附：

谨将修葺城垣案内各关系市民公社所辖界内分任地址、修葺估见工料等费，分段开列细数如后：

计开

道养公社开报修城地址、用款：自城内旧藩署起点迤北至胥门城楼止，应需修砌工料计洋一百七十二元。

新闻公社开报修城地址、用款：自新闻门南首起至胥门止，应需修砌工料计洋二百四十元。

金阊、桃坞公社开报修城地址、用款：自阊门南洞子门第一炮台起至平门为止，应需修砌工料计洋二百三十五元。

城北公社开报修城地址、用款：自平门西面有城垛一垛，又迤东至骆驼桥浜为界止，应需修砌工料计洋八十三元。

临北公社开报修城地址、用款：自骆驼桥一直至平门起迤东经平门而达娄门，自城内昌善局为界止，应需修砌工料计洋六百元。

临平公社开报修城地址、用款：自城内仓街虹桥湾起北至昌善局止，共坍雉堞八处，又城墙下脚坍四丈有外，此处最为重要，应需修砌工料计洋二百八十元。

临南公社开报修城地址、用款：自狮子口迤北迄虹桥止，应需修砌工料洋五十四元。

城南公社开报修城地址、用款：自相王墓起至北首天赐庄止，应需修砌工料计洋三百四十元。

双塔公社开报修城地址、用款：（一）自天赐庄百狮子桥浜止，应需修砌工料计洋一百九十一元；（二）又稍北坍坏处，应需修砌工料计洋二十九元四角；（三）钟楼头前炮台，应需修砌工料计洋二十五元；（四）钟楼之东南炮台北面系向城外侧倒，工料需重计，应需修砌工料计洋一百三十一元；（五）钟楼侧面城垣全向城外倾侧，必须重行连下面石脚拆卸到底，方可坚固，然照此修砌需工料计洋一千七百九十元，但因现在急于修砌而期暂为防护计，只可仅用木板遮钉如板壁然，则需费仅二百元（兹为应急简省计，故将二百元列入总数报告）。

胥盘公社开报修城地址、用款：自胥门至盘门城墙，应需修砌工料计洋三百三十四元五角八分。

商標局商標註冊證

據蘇倫紛織廠慶裕莊呈請以飛鳳牌

商標專用於　　商標法施行細則第三十七條第

三十一項无均類　各　布　无商

品業經本局審定核准註冊取得專用權

自求於本年陸月拾伍日起至　年陸月

拾斗日期滿命行發給註冊證以資證明此證

商　標　圖　樣

企业档案

苏纶纺织厂档案

保管单位： 苏州市档案馆

内容及评价：

　　苏纶纺织厂是中国最早的民族资本企业之一。光绪二十一年（1895），两江总督张之洞成立苏州商务局办苏经苏纶股份有限公司，由丁忧在籍的状元陆润庠在苏州盘门外建厂，光绪二十三年（1897）建成投产，后迭经改股易手。苏纶纺织厂档案形成于1771年至1955年，共有661卷，包括组织章程、生产经营、与商会和同业公会来往等各个方面的文件，尤以地契和会计档案保存完整，最早的地契为1771年，涉及洋务运动（官办）——官督民办——民办——日伪军管——发还——公私合营等各个阶段，对于研究近现代中国民族工业发展极具典型价值。苏纶纺织厂档案于2007年入选第二批《江苏省珍贵档案文献名录》。

苏纶纺织厂大门

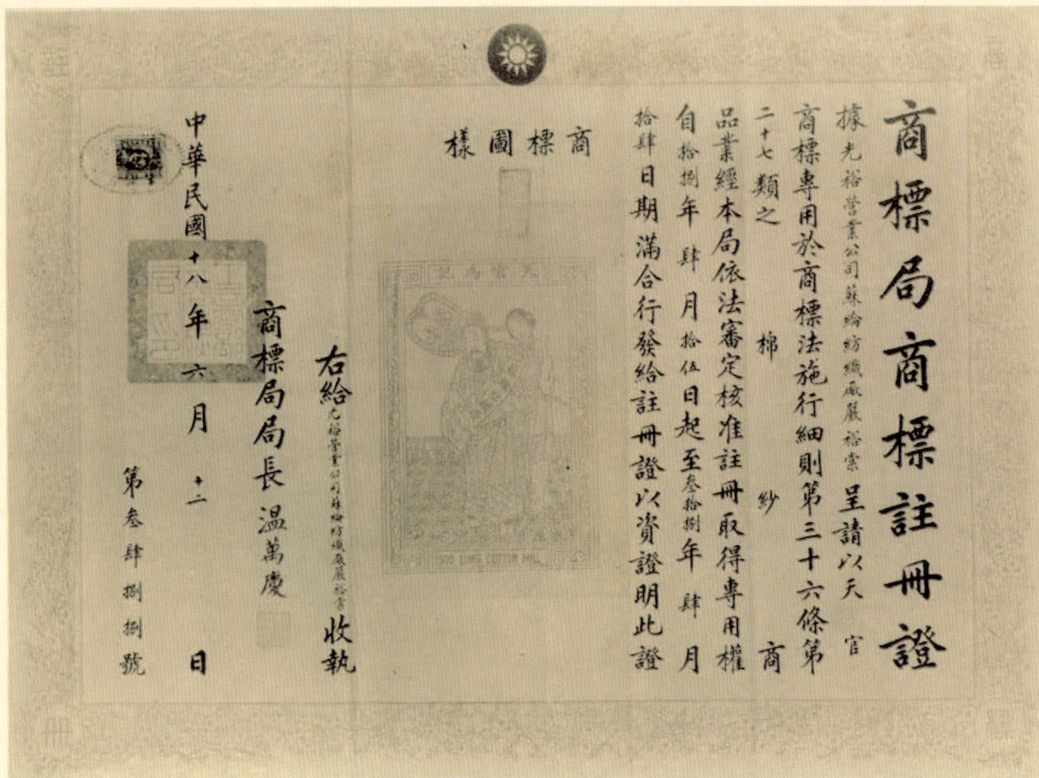

1929年6月，苏纶纺织厂"天官"商标注册证。

苏纶纺织厂"天官"商标

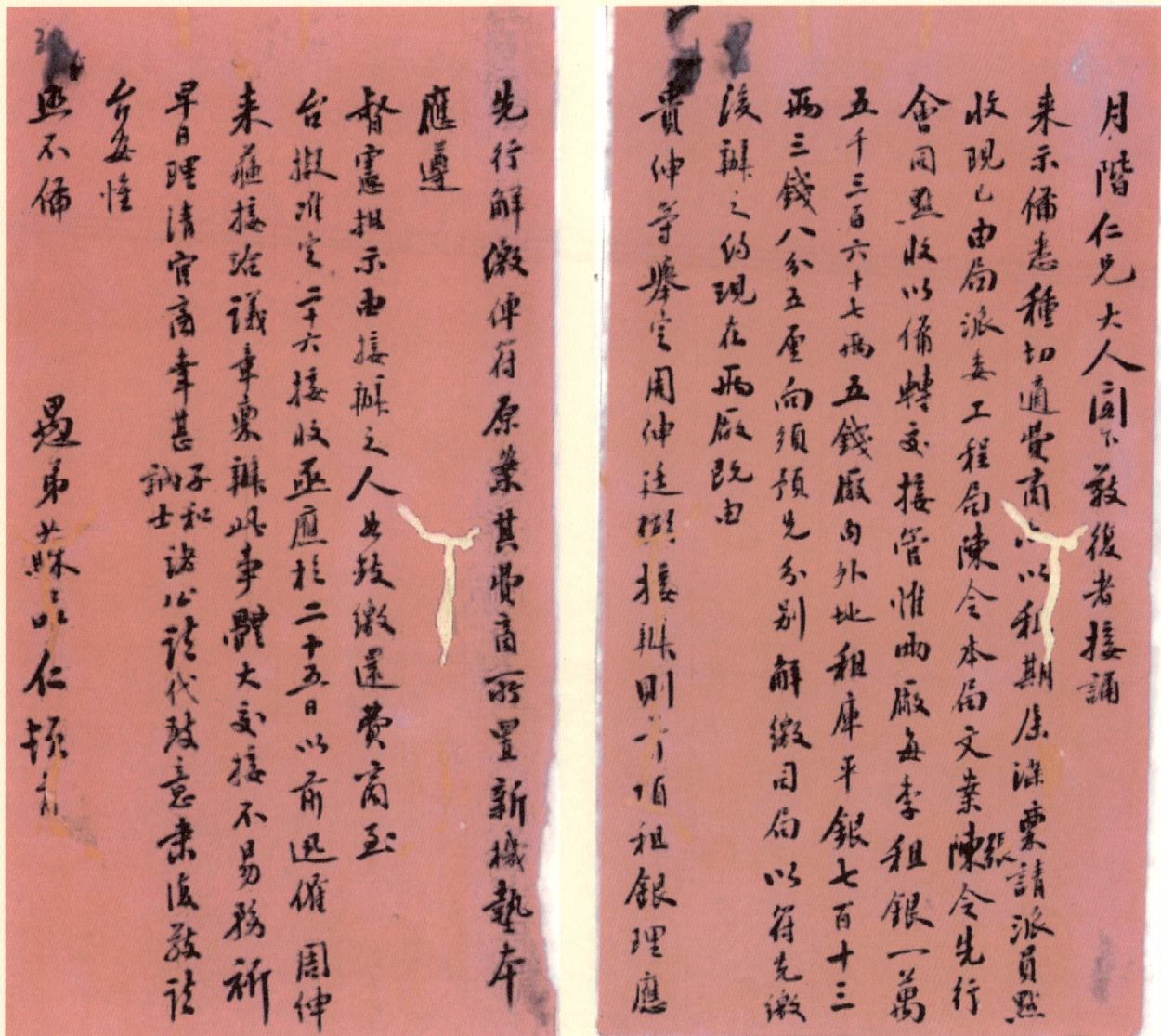

光绪三十四年（1908）六月，江苏农工商务局总办苏品仁为周廷弼接办苏经、苏纶两厂复张履谦函。

全文：

江苏农工商务局总办苏品仁为周廷弼接办苏经、苏纶两厂复张履谦函

光绪三十四年（1908）六月[1]

月阶仁兄大人[2]阁下：

敬复者。接诵来示，备悉种切。适费商亦以租期届满，禀请派员点收。现已由局派委工程局陈令、本局文案张令先行会同点收，以备转交接管。惟两厂每季租银一万五千三百六十七两五钱，厂内外地租

------

① 原文无时间，此系推定时间。
② 张履谦，字月阶，时为苏州商务总会议董、苏经苏纶厂股东。

库平银七百十三两三钱八分五厘，向须预先分别解缴司局，以符先缴后办之约。现在两厂既由贵绅等举定周绅廷弼接办，则前项租银理应先行解缴，俾符原案，其费商所置新机垫本，应遵督宪批示，由接办之人如数缴还费商，至台拟准定二十六接收，亟应于二十五日以前迅催周绅来苏接洽，议章禀办。此事体大，交接不易。务祈早日理清，官商幸甚。子和、诚士诸公请代致意。肃复，敬请台安，惟照不备。

愚弟苏品仁[①]顿首

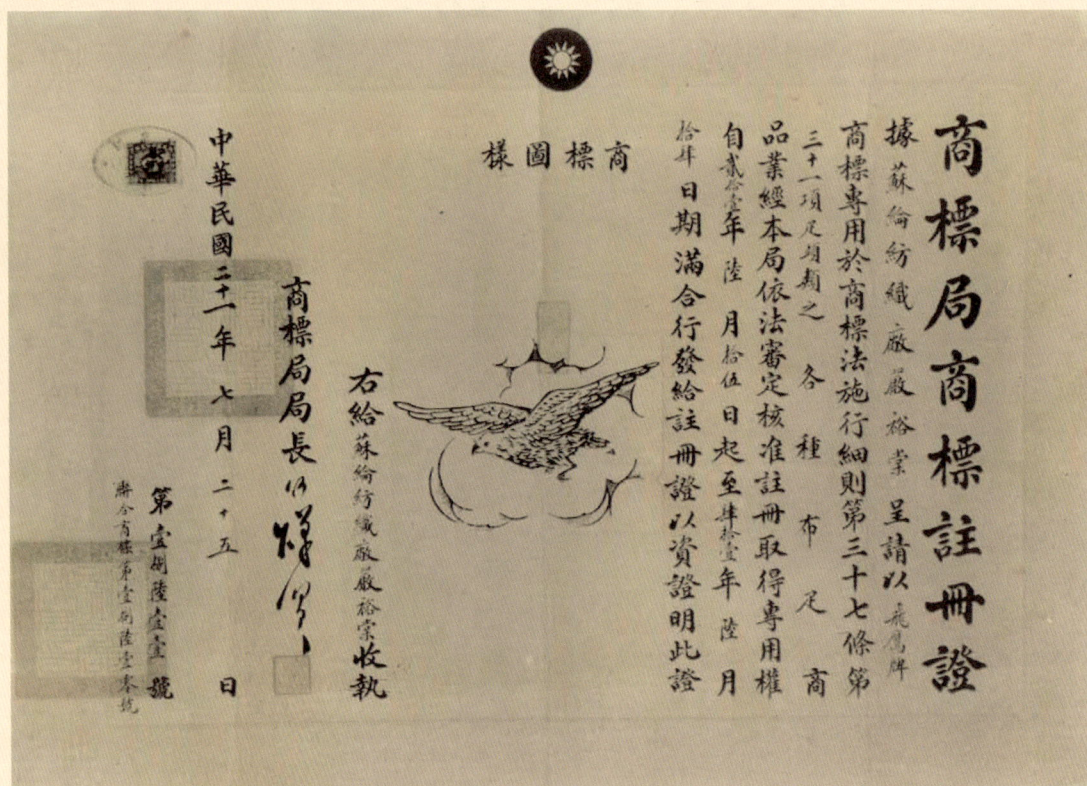

1932年7月，苏纶纺织厂"飞鹰"商标注册证。

---

① 苏品仁，时任江苏农工商务局总办。

1947年12月，苏纶纺织印染厂恢复第一工场建筑工程场景。

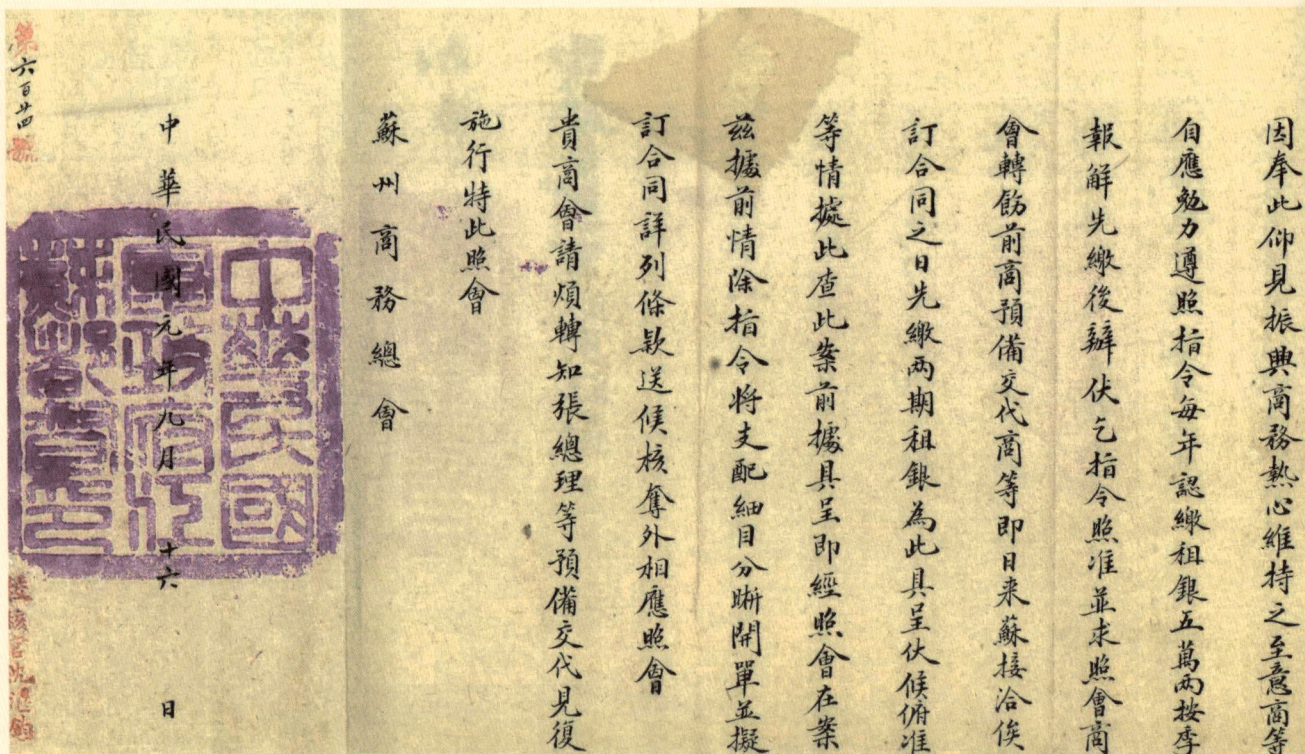

1912年9月16日，江苏都督程德全为苏经、苏纶两厂缴纳租金等事致苏州商务总会照会。

全文：

江苏都督程德全为苏经、苏纶两厂缴纳租金等事致苏州商务总会照会

1912年9月16日

中华民国军政府江苏都督程[1]照会。

财政司案呈，据福裕公司承租商人潘理堂、陆树堂、黄承乾、费毓楷、王畋呈称：商等前清承租经纶丝纱两厂，九月五号奉到指令：呈悉。经、纶两厂公款向系先缴后办，迄今延欠四季，迭次催提，而辛亥年款项尚未缴清，转以停工为词，意图免缴，究属非是。设或长此迁延，置之不闻，不特机件锈坏堪虞，且于公款、商股均受影响。该商等既请缴租承办，自无不可。惟查费商承租原案，岁缴银五万两，迨后添置新机，成本较巨，即使不能加增，岂可任其减少，应即查照原数认缴，将支配细目分晰开单，一面拟章呈候核夺。除照会商会外，仰即遵照。此令。等因。奉此，仰见振兴商务热心维持之

---

[1] 即程德全。

中華民國軍政府江蘇都督程 照會

財政司案呈據福裕公司承租商人潘理堂陸

樹堂黃承乾賈婉楷王畎呈稱高等前清承租

經綸絲紗兩廠九月五號奉到指令呈悉經綸

兩廠公歀向係先繳後辦逈令延欠四季迭次催

提而辛亥年歀項尚未繳清轉以停工為詞意

圖免繳究屬非是設或長此遷延置之不聞

不特機件銹壞堪虞且於公歀商股均受影

響該高等既請繳租承辦自無不可惟查賣

商承租原案歲繳銀五萬兩迫後添置新機成

本較巨即使不能加增亦可任其減少應即查

至意，商等自应勉力遵照指令，每年认缴租银五万两，按季报解，先缴后办。伏乞指令照准，并求照会商会转饬前商预备交代，商等即日来苏接洽。俟订合同之日，先缴两期租银。为此具呈，伏候俯准。等情。据此，查此案前据具呈，既经照会在案，兹据前情，除指令将支配细目分晰开单，并拟订合同详列条款送候核夺外，相应照会贵商会，请烦转知张总理等预备交代，见复施行。特此照会苏州商务总会

1913年2月，江苏民政长应德闳为催缴苏经、苏纶两厂青阳地租银致苏州商务总会函。

全文：

江苏民政长应德闳为催缴苏经、苏纶两厂青阳地租银致苏州商务总会函

1913年2月26日①

敬启者。案照苏经、苏纶两厂应缴青阳地租每季银七百两，光复以后，未据照缴，迭经都督训令催解并派委守提，迄今仍未解到，实属玩视公款。查该两厂积欠辛亥、壬子两年租价，共银五千六百两之多。长此拖延，愈积愈巨，尚复成何事体？合亟函请贵商会转饬该厂商张履谦等，迅将所欠辛亥、壬子两年青阳地租银两，刻日措齐报解，以济公用。此颂台祺。

应德闳②启

---

① 此系商会收文日期。

② 应德闳，时任江苏民政长。

全文：

苏经、苏纶厂经理王同愈、协理王立鳌为条列两厂始末致苏州总商会函

1922年①

  兹将苏经、苏纶两厂始末条列于左，以明真相。光绪二十三年马关订约通商，苏州开辟商埠，设立商务官局。奉江督、苏抚以苏藩司息借商款五十四万八千余两，奏办苏州苏经、苏纶丝、纱两厂商务公司，商款不敷，由官筹拨二十三万五千余两，以足建筑、购机、开办经费（于积谷、水利、丰备项下支拨）。其时陆文端公丁忧在籍，即由当道商请为两厂总理。嗣即服阕进京，委托祝承桂接办。连年亏折，一蹶不振。而各股东除年收利息七厘外，于两厂营业盈亏始终未尝过问。于是官厅以商务局名义招商租办，即由费承荫领租。是为商股官办时代。

  费商领租后，减折商款股息为常年三厘，成本较轻，营业渐裕。乃不顾发动机马力，擅自添加纺纱新机，自图私利。于是在城股东，见闻较近，探悉就里，起而与之交涉，并函电农商部。经部派曾少卿查验调处，议由股东收回。节经当道邀集在城股东，再三磋商，订定将官中垫款分期摊还，并令出价收买费商新机，计银五万五千余两。又祝商经办时，欠缴瑞生洋行机价六万余两，亦一并筹还。是为股东收回时代。

  在城股东垫款收回后，即登报召集各属股东，开股东大会。经众集议，大多数皆谓此项投资非为营业，实为息借，但愿年收股息，不愿与共盈亏。于是股东自办之议以消，而不共盈亏之议以定。然业已收归商有，势难返之官厅，不得已由张履谦、吴本善及商等数股东勉力担负，另集股本，继续开办，以维持厂务。老股、新股之名目，实自此始。顾商等数人，虽皆老股中人，于全体老股东无涉。盖新股立于租户地位，老股立于产主地位，名为股东自办，实为租办性质。是为股东租办时代。

  商等租办后，戊申、己酉、庚戌三年适值花贵纱贱，以致大遭失败。商等亦不敢轻率再举，新股名目亦因此消灭。而尤苦于仔肩在身，无从脱卸，不得不暂以经理人名义招商承租，以期官款与股息有着。不意革命事起，搁置将及一年，迨事势大定，始得着手招商租办，重行开机，接续招租，以迄于今。是为招商租办时代。

  溯两厂开办时，虽以息借商款为基金，实以商务官局为主体，故两厂名为公司，并无公司章程，亦无股东真实姓名册籍。两厂地址由商务局勘定，岁需地租二千九百余两。是以两厂名为股东收归自有，实不完全。甲寅年，由经理人垫款，呈请缴价领地，计费银九千余两，股东始有完全之产权。历年以来，所有各项官款，其计银十六万余两，均已缴讫。股东始脱离官款纠葛。计自经理人收管两厂，以迄于今，代缴祝商瑞生洋行欠款、收买费商新机、拨还官款、呈缴地价，共垫银二十八万五千七百余两，于逐年租价内提成，归还垫款。至上年年底止，尚欠还垫款十四万三千余两。此两厂历年经过之事实及现在之情形也。

  综以上数端而论，商务局以息借商款强作公司资本，股东并未承认，故公司之权利任意放弃，志在收息。及费租商擅添新机，有出而干涉者，各股东亦从而和之。及收归商有，各股东又主张不共盈亏。自戊申至今，历十有五年，其中戊、己、庚三年，营业亏折，其于各项官款依旧照缴，未尝以收归商有，损及老股，以符不共盈亏之案。呈领厂基，年省地租二千九百余两。商等历年经理，自问可对于老

---

① 原文无时间，此系推定时间。

股东者也。至商等经理名目，自收归后，仔肩难卸，因而发生，既非自甘担负，亦非股东选举，有艰巨之义务，而无丝毫之权利，尽人而知。乃一二股东，未明就里，妄自纷哌，某等真不直与之一置喙也。种种情形，具在贵会洞鉴之中，本无庸觇缕渎听，惟苏州商务官局现经变革撤销，实业厅暨县署既无档案可稽，合将两厂始末情由，撮要录陈，希烦一并函咨厅、县察复转呈为荷。

王同愈、王立鳌[①]谨呈

苏经苏纶股份有限公司补定章程

1928年[②]

第一章　总纲

第一条　本公司原名为苏经苏纶股份有限公司，系由前清江督奏办之苏经、苏纶丝、纱两厂，为完全商股，今应按照公司条例股份有限公司之规定组织之，仍名为苏经苏纶股份有限公司。

第二条　本公司设苏经丝厂，营缫丝业；设苏纶纱厂，营纺纱业；不营他业。

第三条　本公司在苏州盘门外青旸地地方设丝、纱两厂。

第四条　本公司股份原有漕平银五十五万七千六百两，分作五千五百七十六股，每股一百两。

第五条　本公司有应行宣布事件，在上海通行日报公告之。

第六条　本公司自本章程决议之日起永远成立。

第二章　股份

第七条　本公司股票用记名式，抵押转让，以有本国籍者为限。

第八条　本公司股本业已收齐。

第三章　股东会

第九条　本公司每年召集常会一次，由董事会于一个月前通知，并公告之。

第十条　本公司遇有重要事件，得随时召集股东临时会议决之。

第十一条　本公司股东会之选举及议决权，每股一权。

第十二条　本公司股东会决议事件，须到会各股东决议权过半数行之。

---

① 王同愈，时任苏经丝厂、苏纶纱厂经理；王立鳌，时任苏经丝厂、苏纶纱厂协理。

② 原文无时间，此系推定时间。

苏经苏纶丝纱两厂清理处为请查明"天官"牌商标注册情形致苏州总商会函

1928年5月2日

迳启者。苏经苏纶丝、纱两厂前于上年十二月间绝卖于光裕营业公司，全部厂产均归管业，其苏纶原用"天官"牌商标亦一并移转，曾由光裕公司呈请全国注册局照章注册，旋奉批示，如该商标原注册证上所填日期系在民国十六年五月一日以前者，应以原呈请人名义来局呈请补行注册，并将原证呈验，同时再请移转注册，等因。该公司奉批后，以接收两厂文件时，并无商标注册证书在内，嘱为检寻，当经本处特询前盛记公司经理及前股东代表，均称此项证书从未见过，谅早遗失，惟谓以前注册系由贵会转呈，其呈请及给证年月并呈请人名义当有案牍可查，等语。为此函请贵会，将苏纶纱厂商标注册一案，究于何时呈请、何时给证及由何人名义呈请，一并查明见复，以便呈请补行注册。实纫公谊。此致
苏州总商会

苏经苏纶丝纱两厂清理处谨启

苏纶纺织厂为检送执照摄影证件并申述所利得税申报情形致江苏区直接税局吴县分局呈

1946年8月19日

谨呈者。案奉钧局吴直一字第一六九号批示内开：为据呈向上海局申报所利得额一案批示知照由。呈悉。所称该厂总公司设于上海，殊难凭信，限于八月二十日前将营业执照呈验。至该厂三十四年度所利得额，迭经本局通知申报有案，迄今未据遵办，亦未将迟延申报原因陈述到局，殊属不合。应即遵照规定期限，将有关证件备文呈局核夺，逾期即予依法移送法院裁处，不再宽贷。仰即知照为要。等因。奉此，查敝厂总公司向设上海历有年所，有民国二十年实业部注册执照为证。因上海为通商大埠，各地客商汇集所在，故营业及会计账册结算盈亏均集中于总公司，且沿京沪路较有规模之纱厂均设总公司在上海，系属事实。兹特将该执照摄影证件随文送请鉴核。至敝厂三十四年度所利得额，上海总公司因于本年七月九日暨八月一日先后接准第六区机器棉纺织工业同业公会通知催报，早经于八月五日由上海总公司如限申报在案。敝厂因于八月十二日突接吴县县商会紧急通知催报所利得税，案同前由，除函复外，并再呈报备查，未敢有所延迟。奉批前因，理合检同实业部执照摄影证件一份，一并备文呈请鉴核备查。谨呈财政部江苏区直接税局吴县分局。

附呈实业部执照摄影证件一份。①

苏纶纺织厂谨呈

---

① 原文附有摄影证件，此处未选录。

鸿生火柴厂档案

保管单位：苏州市档案馆

内容及评价：

　　1920年，著名爱国实业家刘鸿生在苏州创办华商鸿生火柴无限公司，在胥门外购地建立较为现代化的大型火柴厂。鸿生火柴厂成为苏州建立较早且颇具规模的民族工业企业之一。鸿生火柴厂于1920年建厂，至1956年公私合营，档案时间跨度从1917年至1955年，共有96卷，涉及开办注册、组织章程、生产经营、厂务管理，以及与苏州监督关、商会、同业公会等各方面的来往文函。其中，因进口硫磺等化学原料与苏州关等机关的往来文函及其商标申报批文等，非常完整齐全。该组档案反映了鸿生火柴厂创办、生存、发展的全过程，对于研究近代民族工业发展具有典型意义。鸿生火柴厂档案于2010年入选第三批《江苏省珍贵档案文献名录》。

刘鸿生（1888~1956），名克定，浙江定海人，生于上海，
爱国实业家，1920年1月在苏州创办华商鸿生火柴无限公司。

1920年6月30日，华商鸿生火柴公司总事务所为呈请发给硫磺花原料护照致苏州总商会函。

全文：

华商鸿生火柴公司总事务所为呈请发给硫磺花原料护照致苏州总商会函

1920年6月30日

　　谨略者。商等设立火柴无限公司需用硫磺花原料，前经遵例请求，呈奉都军指令，应俟农商部核准后再呈由实业厅转呈办理，各等因在案。现在敝公司已奉呈部核准给发第一百零二号注册执照，转给具领，为再开呈每年所需此项原料量数及转运地点，加具切结，恳祈查照，转呈实业厅转呈督军赐予发给护照，并咨明陆军部税务处分别备案，俾便随时凭验放行。至感公便。此致苏州总商会

　　　　　　　　　　　　　　　华商鸿生火柴公司总事务所启事

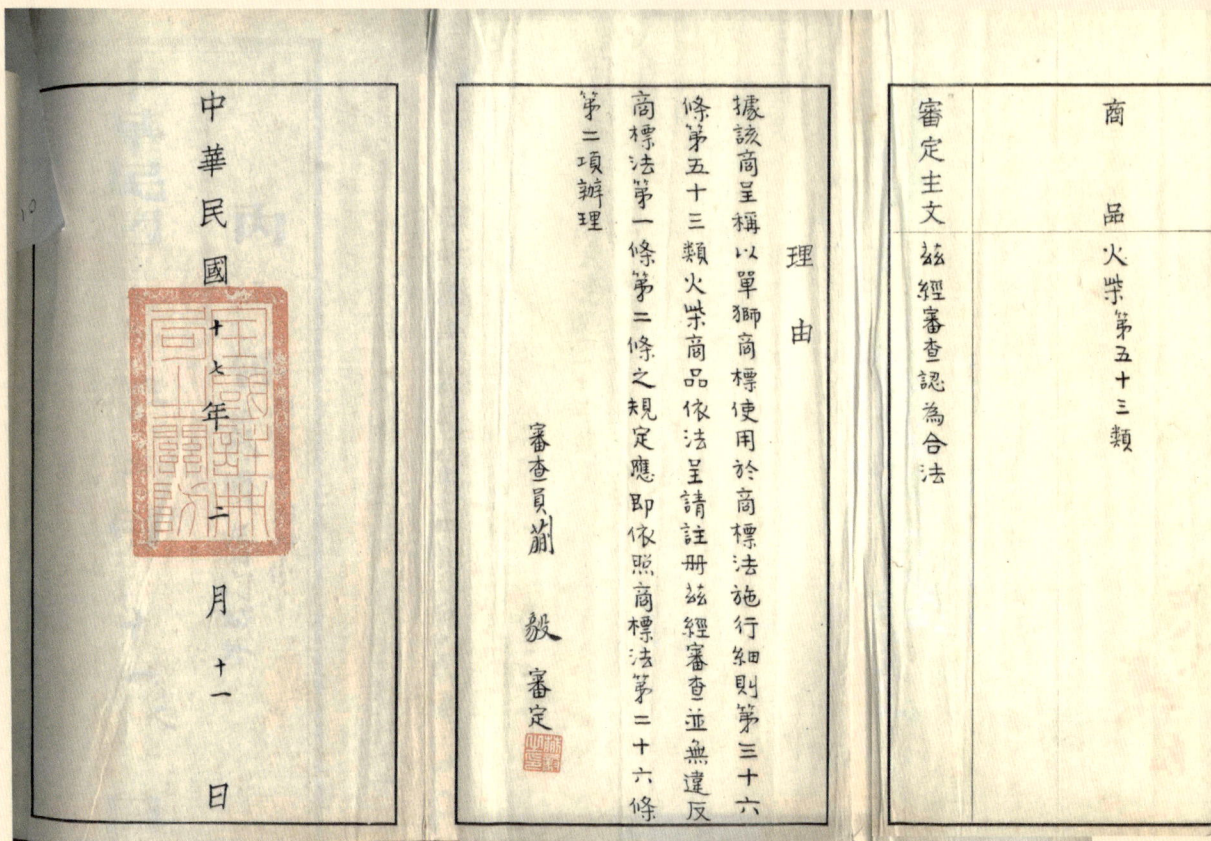

1928年2月，鸿生火柴公司"单狮"商标审定书。

鸿生火柴公司"单狮"商标

18

商标审定书 第拾肆号

商标图样		商标名称	代理人	呈请人	完成手续呈交到局	呈请书到局 时日 號數
		单狮		鴻生火柴股份有限公司經理黃敏伯廠設蘇州胥門城外事務所在上海四川路三號	中華民國十七年二月六日 第壹佰伍拾捌號	中華民國十七年一月十六日 第柒拾柒號

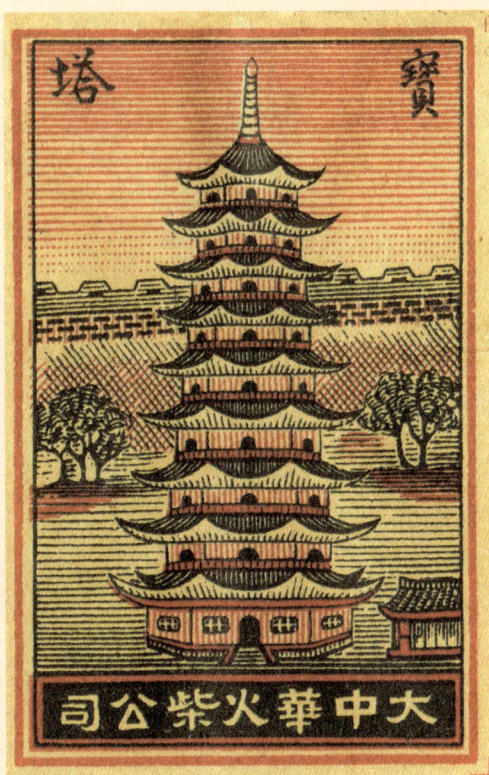

大中华火柴公司苏州鸿生火柴厂"宝塔"商标

1949年3月，鸿生火柴厂生产维护队葛文新志愿书。

立志愿书人葛文新令自愿参加

鸿生火柴厂生产维护队誓愿遵守本队一切章则服

从命令忠诚努力维护本厂具此志愿书存證

具志愿书人葛文新

中華民國三十八年三月　　日

公私合营鸿生火柴厂大门

謹啓者敝人集資在蘇州胥門外施門塘地方開設華商鴻生

火柴無限公司當經遵公司條例呈請核轉註冊業於民國九

年六月奉

農商部核准註冊給發壹百零二號執照祇領營業所製火

柴出品援照机製仿造旱式貨物稅現行辦法由蘇州總商會呈

奉

財政部

稅務處核准通令遵行各在案益於十一年八月奉

農商部訓令以江海關聽估處附設樣品室一座令行商會通

知己奉核准享有特別利益各商廠檢備貨樣商標選送江海關

稅務司查收陳列均經遵照辦理各在案伏查商廠開辦以來所

出紅黑頭各種火柴貨品係用天女散花單獅江蘇地球寶塔等嘜

為安全商標(單獅定軍山)為紅頭商標行銷各埠日漸發達近來

風氣開通各省內地設廠製造大柴出品日多我國商標註冊尚無法

律公布難保不有他廠製大柴出品或亦取用類似形同之商標發生各

項糾葛影響營業前途為特檢呈商廠製造前項火柴現用

各種商標懇祈

1923年3月13日，苏州鸿生火柴公司为转请备案商标式样致苏州总商会函。

114

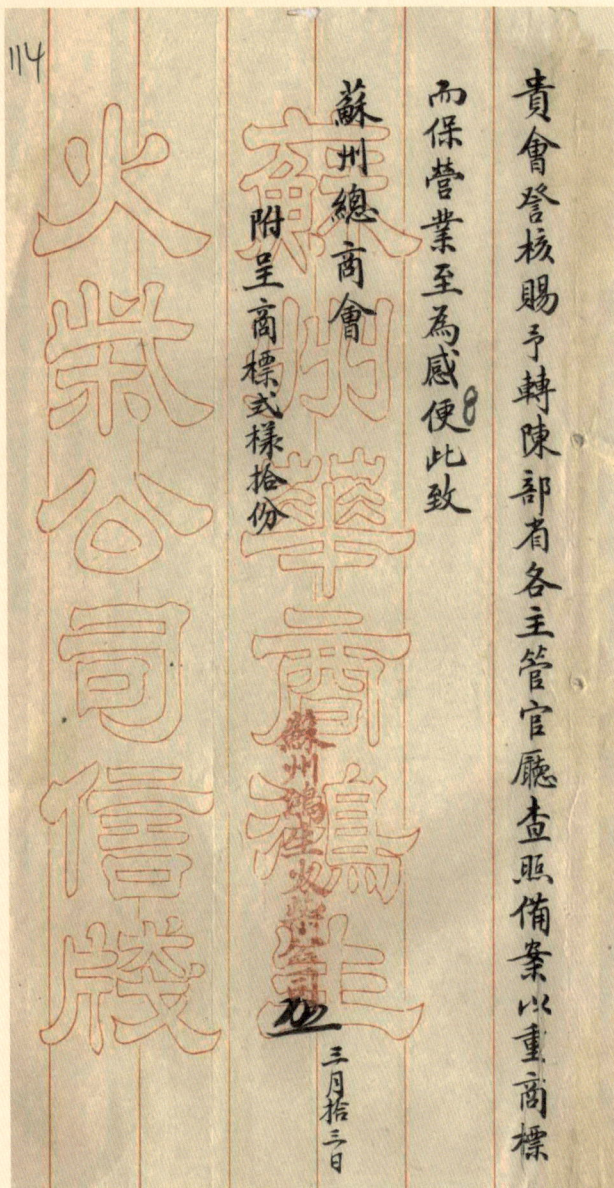

全文：

苏州鸿生火柴公司为转请备案商标式样
致苏州总商会函

1923年3月13日

谨启者。商人集资在苏州胥门外施门塘地方开设华商鸿生火柴无限公司，当经遵照公司条例呈请核转注册，业于民国九年六月奉农商部核准注册给发一百零二号执照，祗领营业，所制火柴出品，援照机制仿造洋式货物税现行办法，由苏州总商会呈奉财政部税务处核准通令遵行，各在案，并于十一年八月奉农商部训令，以江海关验估处附设样品室一座，令行商会通知，已奉核准，享有特别利益，各商厂检备货样商标逐送江海关税务司查收陈列，均经遵照办理，各在案。伏查商厂开办以来，所出红、黑头各种火柴货品系用"天女散花"、"单狮"、"江苏地球"、"宝塔"等牌为安全商标，"单狮"、"定军山"为红头商标，行销各埠，日渐发达。近来风气开通，各省内地设厂制造火柴出品日多，我国商标注册尚无法律公布，难保不有他厂火柴出品，或亦取用类似形同之商标，发生各项纠葛，影响营业前途，为特检呈商厂制造前项火柴现用各种商标，恳祈贵会察核赐予转陈部、省各主管官厅查照备案，以重商标而保营业。至为感便。此致苏州总商会

附呈商标式样十份。[①]

苏州鸿生火柴公司启

---

① 附件缺失。

1925年3月2日，苏州鸿生火柴公司为转请军事机关颁发旗帜致苏州总商会函。

全文：

苏州鸿生火柴公司为转请军事机关颁发旗帜致苏州总商会函

1925年3月2日

　　谨启者。敝厂自置驳船四艘，自早至晚往来送货，陆续不停。现在地方秩序虽已恢复，然军事输送依旧如昨，故时有军队中人特来封差。敝厂无法拒绝，但营业上已大受影响矣。为特函达，即恳贵会代向军事机关请领旗帜四面，颁发来厂，悬挂各船，以资识别而利通行。实纫公谊。此致苏州总商会

　　　　　　　　　　　　　　　　　　　　　　苏州鸿生火柴公司启

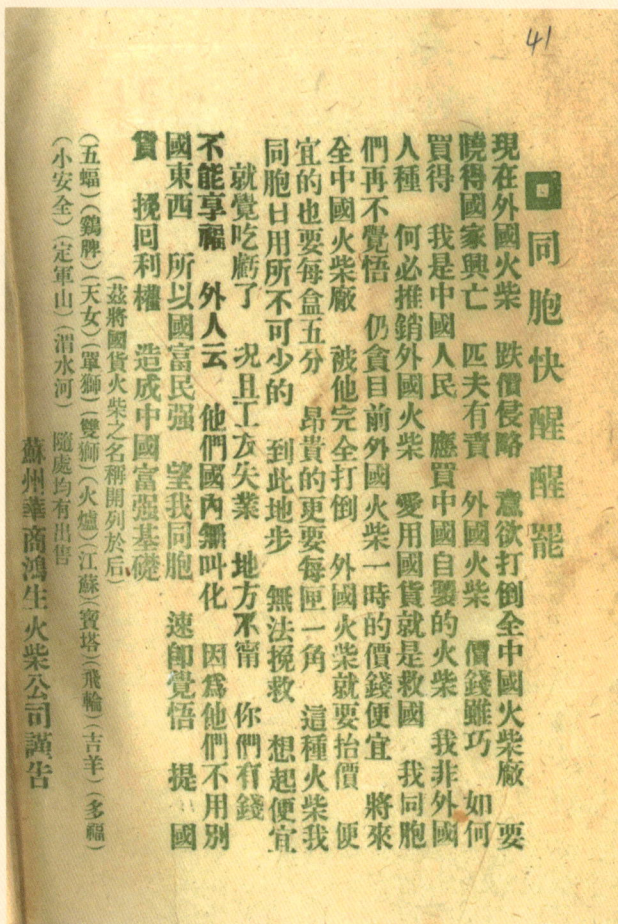

1929年，苏州鸿生火柴公司提倡国产火柴告示。

全文：

苏州鸿生火柴公司提倡国产火柴告示

1929年①

同胞快醒醒吧！

现在外国火柴跌价侵略，意欲打倒全中国火柴厂。要晓得国家兴亡，匹夫有责！外国火柴价钱虽巧，如何买得？我是中国人民，应买中国自制的火柴；我非外国人种，何必推销外国火柴？爱用国货，就是救国！我同胞们再不觉悟，仍贪目前外国火柴一时的价钱便宜，将来全中国火柴厂被他完全打倒，外国火柴就要抬价，便宜的也要每盒五分，昂贵的更要每盒一角。这种火柴，我同胞日用所不可少的，到此地步，无法挽救，想起便宜就觉吃亏了。况且工友失业，地方不宁，你们有钱不能享福。外人云，他们国内无叫化。因为他们不用别国东西，所以国富民强。望我同胞速即觉悟，提倡国货，挽回利权，造成中国富强基础。

兹将国货火柴之名称开列于后："五蝠"、"鸡牌"、"天女"、"单狮"、"双狮"、"火炉"、"江苏"、"宝塔"、"飞轮"、"吉羊"、"多福"、"小安全"、"定军山"、"渭水河"。随处均有出售。

苏州华商鸿生火柴公司谨告

---

① 原文无时间，此系推定时间。

全文：

鸿生火柴公司为呈转修正章程复苏州总商会函（附章程）

1920年4月3日

谨复者。敝公司呈请转陈呈注册给照一案，荷蒙贵会抄录县函，转奉实业厅指令，以总厂地点究在何图应饬声复，并将应改章程条文转饬遵照修改，呈候核转，等因，计发还章程两册。奉此，查公司地点实系坐落吴县旧吴境一都六图施门塘地方，前次呈送章程，被手民排印误作二字，未及校对更正，理合遵令声明，并将章程条文应行删改之处遵照指饬各节逐条改正，另缮清册，送请察照，恳祈迅予据情复县，核转施行。此致苏州总商会

计送章程六册

附：华商鸿生火柴无限公司章程

第一条　本公司系纯粹华商组织，遵照公司条例呈部注册，定名为华商鸿生火柴无限公司。

第二条　本公司专制各种火柴。

第三条　本公司由刘鸿生、杜家坤、杨奎侯、黄敏伯、徐淇泉、陈伯藩、刘吉生各股东集资组织成立。

第四条　本公司设总事务所于上海北市江西路六十一号，设总厂于苏州胥门外坐落吴县旧吴境一都六图施门塘地方，俟营业发达，再于各省设立分厂，并推广代理分销处。

第五条　本公司资本总额国币十二万元，年息八厘，以交款之次日起算。

第六条　本公司股东刘鸿生出资九万元，杜家坤、杨奎侯、黄敏伯、徐淇泉、陈伯藩、刘吉生各出资五千元，共合成总额十二万元，均于股东订立合同日一次交足，公司即成立开办，不另立收据股单。

第七条　本公司设总经理一人，管理公司全部事务，并为全体股东对外之代表；设出品营业经理一人、厂务经理一人，并设查账员一人。

第八条　本公司现举任刘鸿生君为总经理，徐淇泉君为出品营业经理，黄敏伯君为厂务经理，并公推杨奎侯君为查账员。

第九条　本公司常年营业之结果以每年阴历十二月底为结算期。

第十条　每年结算营业，本公司应做成左列之书类分送各股东查核：一、财产目录，二、贷借对照表，三、营业报告书，四、损益计算书，五、公积金及盈余分派之利率。

第十一条　本公司于每年结算利益时，为保护资本起见，应将所有财产每年至少折旧原价十分之一。

第十二条　本公司遇有重要事件，得随时集议，以全体股东过半数取决，经理人改任或解任亦同。

第十三条　本公司每年结算后，所得利益除提公积十六分之一及官利外，其余纯益每三年作十五成分派一次，其分配方法如左：一、股东红利十二成，二、总经理、经理、查账员酬报一成五厘，三、办事职员花红一成五厘。

第十四条　本公司每年余利须先提公积，然后分派官利，如有不足八厘，则尽数均分，不得以本作息。

第十五条　本公司如有历年亏损，非经弥补后，实有盈余不得分派红利。

第十六条　本公司全体股东随时得有讨论公司营业情形并稽查账簿、货物及信件之权。

第十七条　本公司股东不得为自己或他人为公司营业范围内之行为。

第十八条　本公司股东所认股份，除有正当理由或不得已之事故得全体股东之同意向公司退股外，不得转让于他人，并不得将股本合同向外人抵押。

第十九条　本公司因公司条例第四十九条各款而解散时，如有亏损，不论多寡，均由各股东按股摊偿。

第二十条　本公司股东除遵守本章程及所订合同各款外，余悉照公司条例无限公司之规定办理。

第二十一条　本公司股东订立合同经全体签字盖章后，即生效力。

第二十二条　本章程如有未尽事宜，得于股东会随时议决修改，呈部核准备案。

第二十三条　本公司股东订立合同议据一式七纸，各股东各执一纸存照。

刘鸿生为鸿生火柴厂定期开工转请备案、保护致苏州总商会函

1920年9月23日①

谨略者。切商等集资在苏州胥门外施门塘地方购地建筑制造火柴工厂，先经绘图贴说呈奉厅、县勘明核准，并遵照无限公司注册条例转呈农商部注册给照执守遵行，各在案。所有公司厂屋依照原绘图样督同工匠建造，现已一律工竣，机器架具亦均装设完备，一面招雇男女工人，择吉定于本年十月一日开厂做工，制造出货。伏念机制工厂之地，随在均关重要，火柴原料堆积，尤属不容疏忽，全厂工匠男女不下数百余人，难免良莠不齐，除分派员司严密督率，并订定参观规则妥为办理外，诚恐过往闲人或休假军士迳行入厂游玩，以及地方痞棍冒充江湖游勇恃强硬闯，借端滋扰，等情，不独妨碍工作，抑且易涉危险，合将开放日期先行具略报明，恳祈贵会俯赐转呈厅、县恩准备案，给发布告、晓谕、禁约，俾资保护而安营业，并请警厅饬区查照，酌派长警驻厂照料。至感公便。此请苏州总商会公鉴。

华商鸿生火柴无限公司总理刘鸿生

苏州鸿生火柴公司为转请减免河南灾童返乡车费致苏州总商会函

1924年5月19日

迳启者。民九庚申，敝厂向上海保婴队收抚来厂习艺之河南灾孩百有余名，除中途陆续归去外，尚有五十八名，业已三载期满，已定夏历本月廿九（即星期日）备资派余鸿钧君伴送回籍，俾令骨肉团聚（路线乘火车至申，由申乘轮至汉，抵汉后再搭京汉车至郑）。所有由苏至申之车资，拟恳贵会先行函商沪宁路车务总管酌免车费或减半价，至由汉至郑之车资，亦希函洽汉口总商会转函京汉路，商恳同一办理。谅必准如所请，以全骨肉。现因为期非遥，合亟函达，即希查照施行，并乞见复为盼。此致苏州总商会台鉴。

苏州鸿生火柴公司

---

① 此系商会收文日期。

苏州丝绸样本档案

保管单位：苏州市工商档案管理中心

内容及评价：

苏州丝绸样本档案是以东吴丝织厂为代表的苏州市丝绸系统20余家企、事业的丝绸样本，共计8万余件，有绫、罗、绸、缎、绉、纺、绢、葛、纱、绡、绒、锦、呢等13大类织花和印花丝绸，反映了民国以来尤其是1950年代至1990年代苏州市区丝绸产品演变的概貌，呈现出数量庞大、类别齐全、地域性强、时间跨度长等特点，具有较高的利用研究价值，是苏州市工商档案管理中心的"镇馆之宝"。其中，最为珍贵的是1270件英国王室婚纱礼服真丝塔夫绸样本档案。苏州丝绸样本档案于2012年入选第四批《江苏省珍贵档案文献名录》。

民国时期东吴丝织厂生产的风古香缎。绸缎样本按纹样可分为"风景古香"与"花卉古香"两种。"风景古香"纹样取材于具有民族特色的山水风景、亭台楼阁、小桥流水等景物，"花卉古香"纹样多为人们喜爱的民间传统花卉。

苏州织锦厂保存的编织于20世纪40年代末的宋锦祖本，即人工设计编织的花样设计初稿。

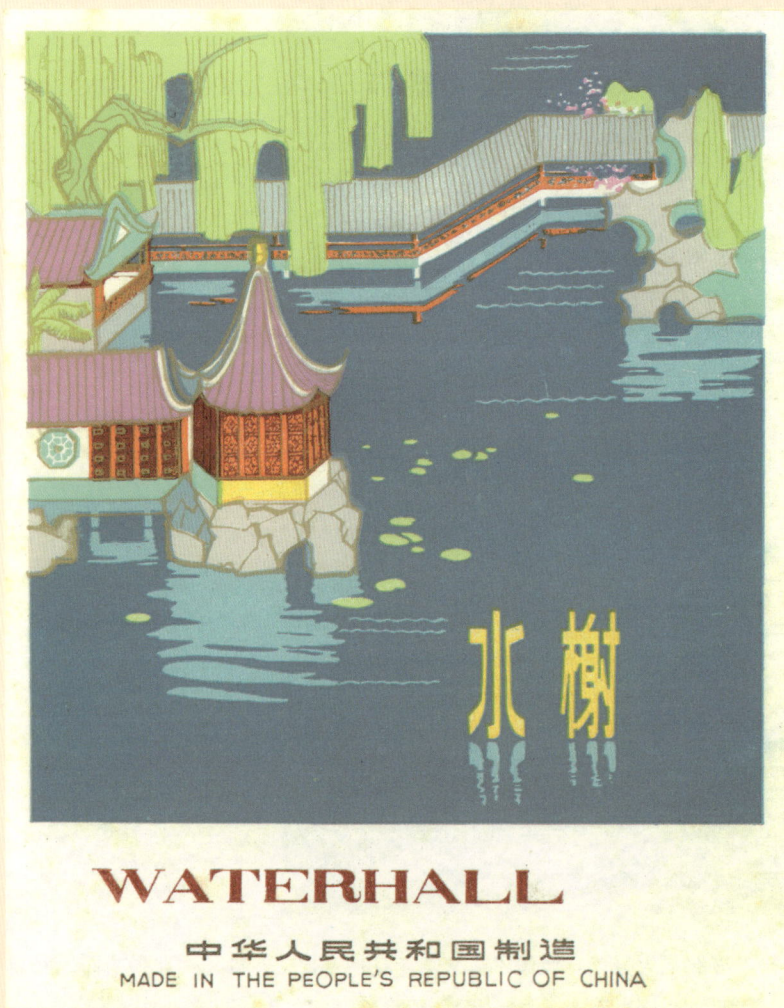

东吴丝织厂塔夫绸"水榭"牌商标

1981年9月，东吴丝织厂生产的"水榭"牌塔夫绸获国家金质奖章证书，有"塔王"之称。

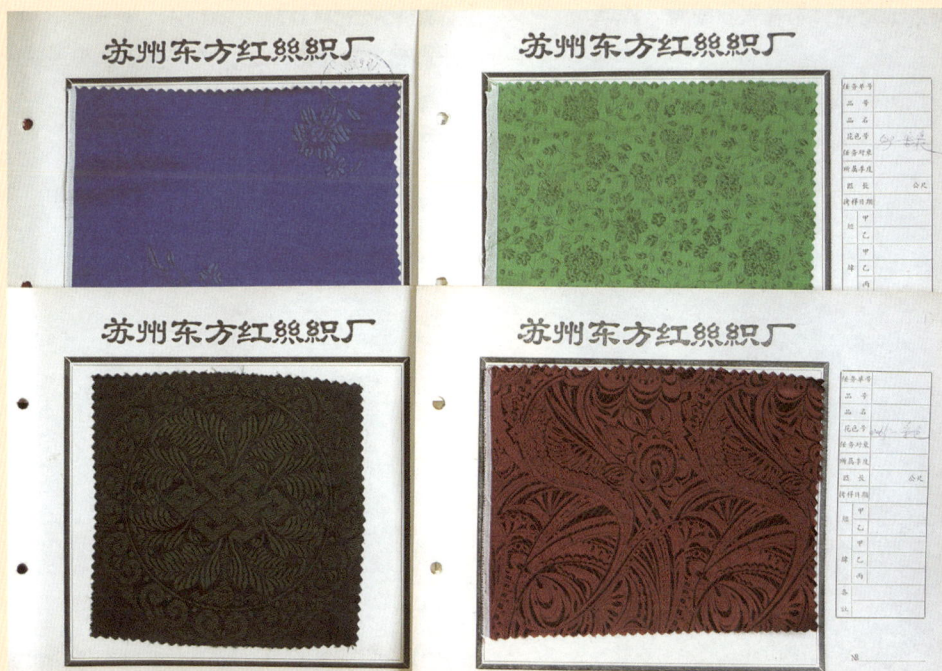

"文革"时期苏州东方红丝织厂（后复名东吴丝织厂）出口绸缎样本，产品多为中国传统花色花样。

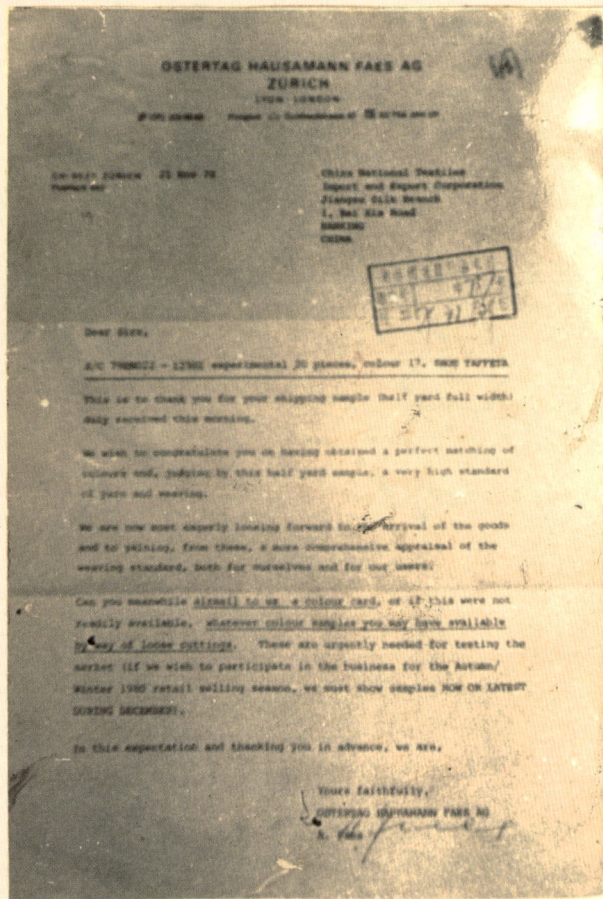

品名 12301　　　原料　真丝　　　花号

1981年，英国王室专门选购14匹420码塔夫绸，用于制作查尔斯王子、戴安娜王妃的订婚礼服。图为订货单。

东吴丝织厂生产的用于制作查尔斯王子、戴安娜王妃订婚礼服的真丝塔夫绸样本。塔夫绸为平纹组织的熟织高档全真丝丝织品，为绸类织品中最紧密的品种。

中国共产党第十五、十六、十七次全国代表大会证件用绸均由苏州绸缎炼染一厂（改制后为苏州维思印染有限公司、苏州华思印染有限公司）生产。图为证件用绸样本和中央办公厅秘书局的感谢信。

民国苏州企业会计凭证档案

保管单位：苏州市工商档案管理中心

内容及评价：

　　民国苏州企业会计凭证档案主要包括苏州市区纺织、丝绸、建材等行业民族工业企业凭证档案，共计269卷，形成年代为1933年至1949年，其中，较为珍贵和丰富的是苏州早期民族工业企业苏纶纺织厂股票、账本，苏州第一丝厂财务票据。民国苏州企业会计凭证档案是研究苏州民族工业企业生产、经营、发展情况的重要史料，对于票据、金融方面的研究也有一定的价值。民国苏州企业会计凭证档案于2011年入选第三批《苏州市珍贵档案文献名录》。

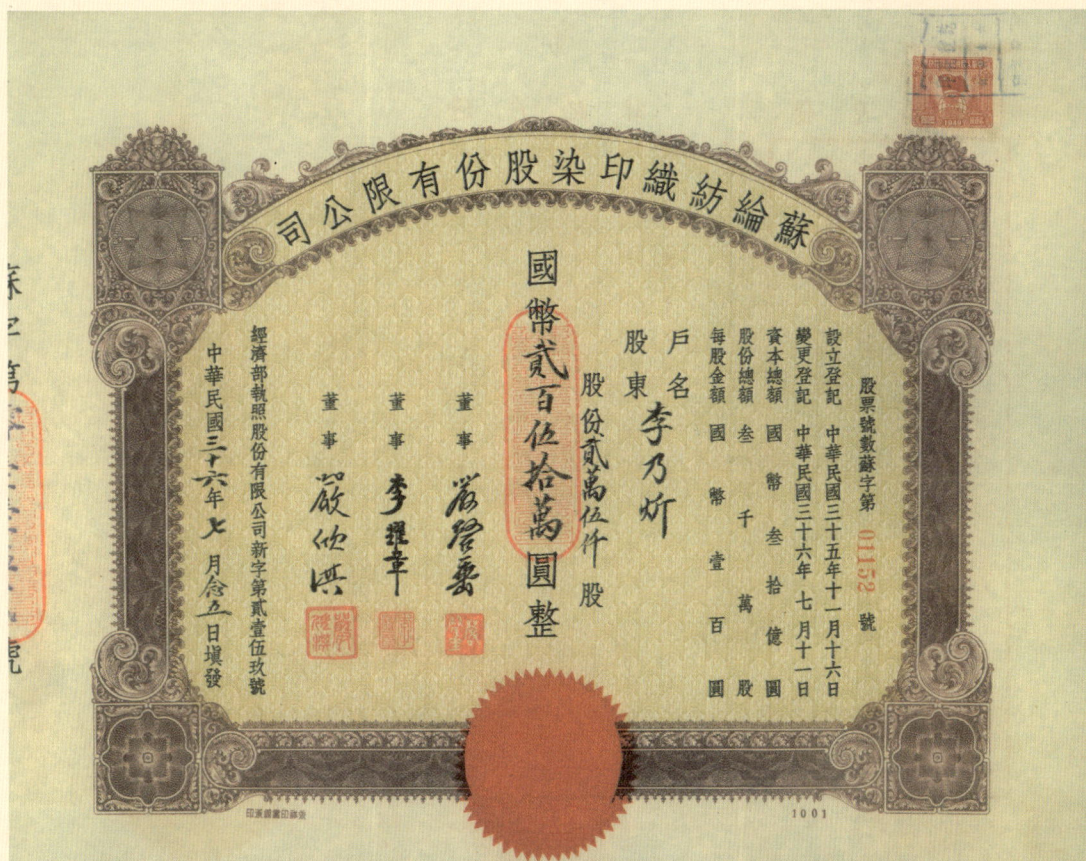

1947年7月，苏纶纺织印染股份有限公司股票（股东李乃炘）。抗战时期，时由严裕棠租办的苏纶纱厂被日商侵占。抗战胜利后，国民政府查收苏纶厂。几经交涉后，产权终发回严裕棠，并由其子严庆祺筹备复工，印发股票，筹集资金。

增第 00164 號

苏纶纺织印染股份有限公司

第二次增资股款收据

今收到

李乃炘 股東交來所認股份貳萬伍仟股

每股國幣壹百元共計

合給收據爲憑

股款國幣貳佰伍拾萬元正

俟增資登記手續完成後憑本收據換發股票

代收增資股款銀行

中華民國三十六年十二月二十九日

（此聯請收款銀行蓋章後交與原繳款人）

36-12 (40x3)

1947年12月，李乃炘购买苏纶纺织印染股份有限公司股票的收据。

武進商業銀行股份有限公司招股書

籌備處　常州同德莊
電話二二九

收股處
中國銀行　交通銀行
上海銀行　江蘇銀行　常州分行
大成紡織染二廠　上海大成紡織染公司山東路十號

籌備主任　劉堯性　籌備員
謝鍾豪　蔣尉仙
胡勤生　劉國鈞
吳鏡淵　李杏卿

發起人
戴錫祉　劉國鈞　蔣尉仙　胡鍾南
謝景梧　俞澤民　陳建之　謝鍾豪
胡勤生　吳鏡淵　胡禮賢　劉懷生
徐菊溪　黃青申　姚桂生　劉堯性
馬潤身　劉靖基　費璜蓀　李杏卿
嚴裕棠

1927年前后，常州纺织业刘国钧、刘靖基、吴镜渊等一批民族实业家发起创办武进商业银行股份有限公司，苏纶纱厂厂主严裕棠入股响应。图为武进商业银行股份有限公司招股书。

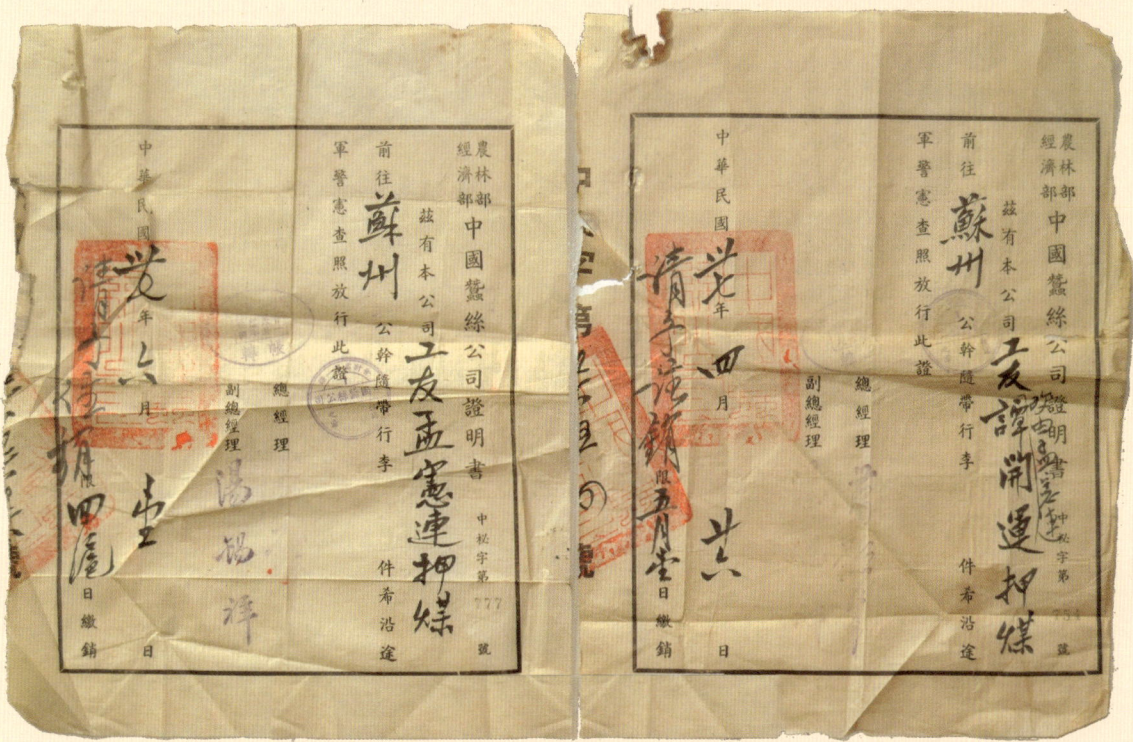

1948年，由中国蚕丝公司颁发的苏州第一丝厂运煤通行证。

No. 000023 （乙）

利達紡織股份有限公司股東自留印鑑式樣存根

股據	東 姓名	圖章式樣	通信住址	備 考	注意事項
所面用戶名	本人或代表人姓名	貫籍			

No. 000049 （乙）

同新株織廠同樣

利達紡織股份有限公司股東自留印鑑式樣存根

股據	東 姓名	圖章式樣	通信住址	備 考	注意事項
所面用戶名	本人或代表人姓名	貫籍			

1947年，利达纺织股份有限公司股东自留印鉴式样存根。

董事會組織概況及校董名冊

本校董事會由本校同學會六人西籍教士三人及其他方面六人組織而成現經董事會呈請規定董事十五人中華人董人須超過半數以華人為董事長董事任期三年每年會開年會時政送三分之一董事會閉會時創辦人代表得出席為額外會員董事會藏為決定辦學方針任免校長保管基金監督財政核准預決算處理校產等

东吴大学档案

保管单位：苏州市档案馆

内容及评价：

　　东吴大学由美国基督教监理会创办于光绪二十七年（1901），是近现代著名的教会大学，文、理学院设在苏州，法学院设在上海，是苏州大学的前身。东吴大学档案共计135卷，系统反映了该校办学历史，包括校务会议记录、师生名册、年刊、学报、来往函件等，涉及到众多中外教育界人士和其他著名人物。东吴大学作为教会学校的典型代表，其档案对于研究近现代高等教育发展变化过程和中西方文化交流都具有重要意义。东吴大学档案于2007年入选第二批《江苏省珍贵档案文献名录》。

东吴大学大门

东吴大学校歌

中華民國二十三年十月　東吳大學刊物之一

老少年

李祖虞

第十一年　第五期

內政部登記證警字第一五一五號

中華郵政特准掛號認為新聞紙類

蘇州景德路利蘇文記印書社代印

目錄

●校聞

▲文理學院之新猷▲文理學院暨蘇州附中之新教職員▲文理學院本年度新生▲文理學院暨蘇州附中各級人數▲教務會議之常務委員▲法學院補行開學典禮▲法學院新建教員宿舍▲法學雜誌七卷五期出版▲文理學院榮譽生名錄▲吳興附中消息▲蘇州附中孫主任出國考察教育▲蘇州附中畢業會考消息▲蘇州附中學生課外工作短訊▲蘇州附中學生榮獲演說競賽錦標▲蘇州附中榮譽生名錄▲東吳學報理化專號出版▲本校之新生活運動▲丁仲祜先生捐贈書籍▲民衆夜校近況▲經濟學會近訊▲安徽同學會復興▲軍訓檢閱

●同學消息

▲陸志韋博士近訊▲潘履潔博士歸國▲史襄哉君任南京青年會總幹事▲沈青來宋相章兩君之榮舉▲吳詩銘君歸國▲楊兆龍君赴歐美考察司法▲▲費青孫令衔兩君考取清華留美官費生學額▲陸近仁君留美近訊▲哈佛總統號船上之本校同學▲劉荔生君任廈門中國實業銀行副經理▲張以藩君執行律務▲陸鍾英君近訊▲顧啓華陳明齋兩君考入協和醫校▲胡文安孫玄衡兩君領得張爾馨化學獎金▲江兆平女士領得法學院高剣高銳獎學金▲李平山君領得法學院姚伯希獎學金▲同學新任職務彙誌▲同學喜訊▲文理學院本屆畢業同學現任職務▲同學新通訊處▲同學哀音

●專載

▲國文獎學基金捐報告▲救國方案測驗之統計▲校友留學貸金簡章▲孫蘊璞先生東京來書

—1—

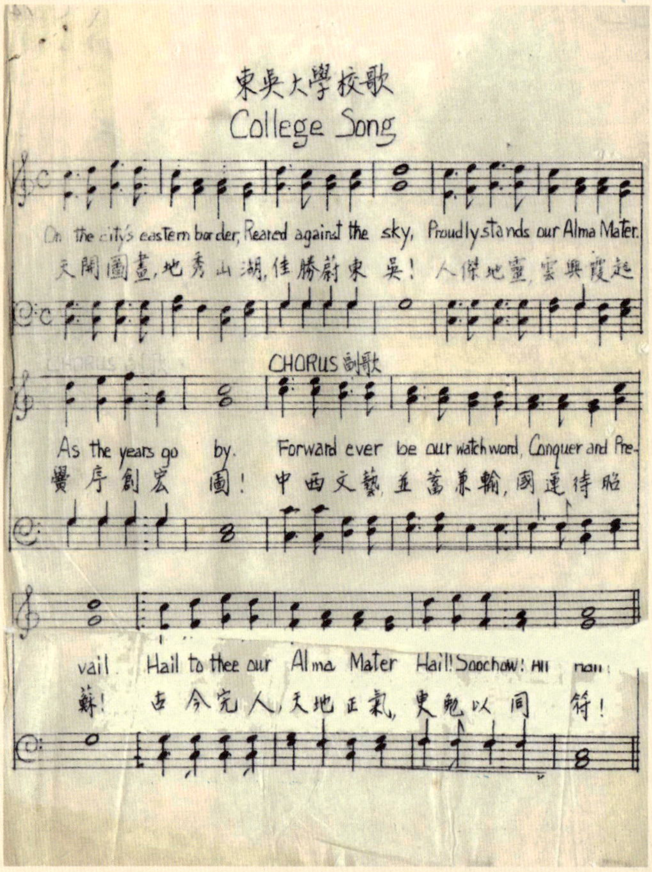

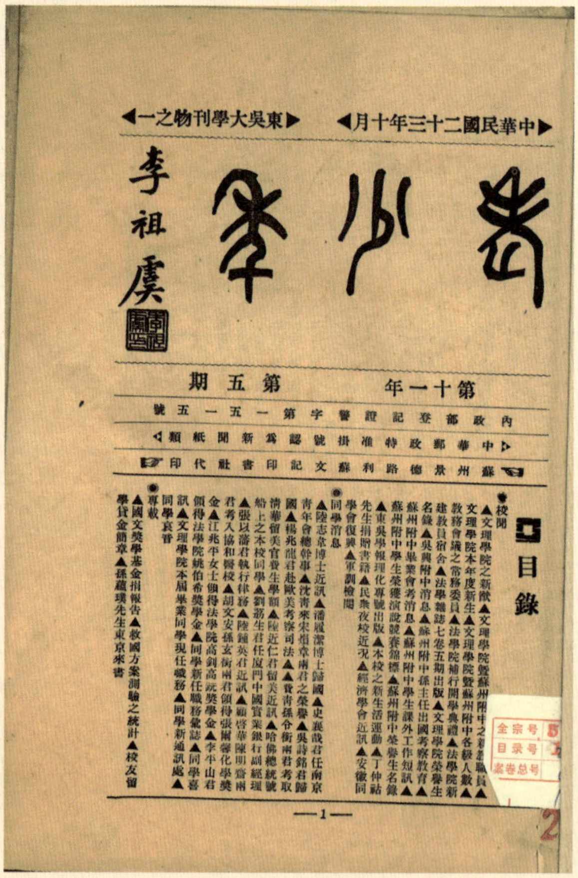

东吴大学校刊之一《老少年》（1934年10月第五期）

父親大人 賜存

男濟雄 謹獻

東吳年刊

于右任題

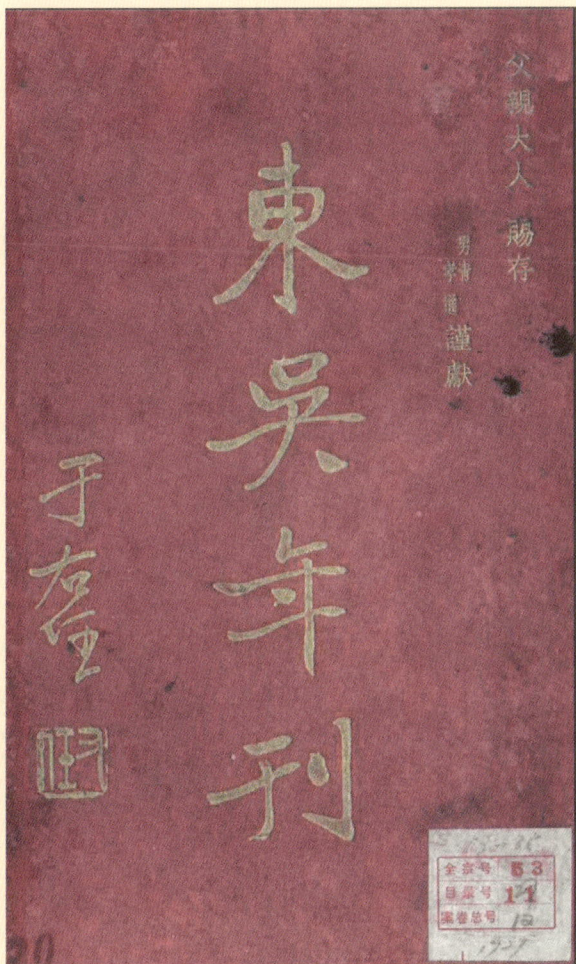

1929年1月创办的《东吴年刊》封面，于右任题。

東吳年刊

THE
SOOCHOW ANNUAL

第一卷

Volume I, 1929

UNTO A FULL GROWN MAN

蘇州東吳大學學生出版

Published by
The Students of Soochow University
Soochow, China

《东吴年刊》内页

房作燈籠球遊戲時，Army 被我們 Navy 連勝三次，他們氣極，極力想取勝我們。而退課鈴已響，我們乃歡呼到洗浴室裏去。

晚餐後，於柚斗中急拾得菊從前寄來的一封信，連讀了兩三遍，同房徐君又笑了；其實他自己去年連大考都不考，請假回去和楊女士結婚，雖然他自己說是他父親逼迫他，然而他暗地裏也歡喜，我是察覺得出來的。

明天的功課已於下午預備好了，夜，看張資平著的柘榴花，費三個多鐘頭，一口氣將它看完了。

二月二十一日

到校來已有一禮拜了！翻開日記一看，自己用心一想，雖然覺得沒有做錯了甚麼大事體，功課也還是跟著同學讀下去；然而這兩天來，心思似乎太雜了！——你要自己修養成一個完善的人格呀！不要太放縱了，致不能收回呢！「一生的幸福抑煩惱，祇在這兩年中定之。」這是自己所說的話，應該時時牢記着，加倍努力着。

蘇城園林一字評　　青

予嗜山水，春秋佳日，知好三五，裹糇出游，登陟險峻，攬窺幽奧，所不辭焉。寓吳十載，於天平靈岩鄧尉穹窿諸勝，屐痕殆遍，而城中公私園林，距離尺咫。游覽尤數，爰就臆見所及，著一字評之，得當與否，惟同好者有以教之也。

公園	新	留園	華	獅子林	富	西園	清
鶴園	靜	怡園	美	拙政園	暢	蘧園	幽
滄浪亭	古	惠蔭園	曲	半園	小	遂園	破

歷代己巳年表　　都乃毅

曩在復旦，見有作癸亥年表，爲癸亥年級臨別諸君祝前程之遠大者。意顏新穎，亦別開生面者也。吾己巳年級同人，卒業在邇，行將去校；學校生活，小告結束，此後立身社會，飛黃騰達，寧有限量，則己巳年於吾級同人，奚可勿紀念耶？因戯仿前人，爲輯歷代己巳年表，博諸公之一粲耳。(按吾國歷史，自陶唐以上，大多怪誕不實。黃帝倡甲子，至陶唐氏通鑑始書有紀元甲子。以前雅可推算，顧年代久遠，記載復不翔實，故從略。)

第一己巳年	陶唐氏二十六年
第二己巳年	陶唐氏八十六年
第三己巳年	有虞氏四十四年

309

1929年《东吴年刊》载费青①《苏城园林一字评》

全文：

苏城园林一字评

青

予嗜山水，春秋佳日，知好三五，裹糇出游，登陟险峻，揽窥幽奥，所不辞焉。寓吴十载，于天平、灵岩、邓尉、穹窿诸胜，屐痕殆遍，而城中公私园林，距离尺咫，游览尤数。爰就臆见所及，著一字评之。得当与否，惟同好者有以教之也。

公园	新	留园	华	狮子林	富	西园	清
鹤园	静	怡园	美	拙政园	畅	蘧园	幽
沧浪亭	古	惠荫园	曲	半园	小	遂园	破

① 费青（1906~1957），江苏吴江人。法学家。费孝通之兄。中学毕业后入东吴大学医预科，后转入法学院，于1929年毕业。曾担任东吴大学法律系主任、教务长。

1932级文理学院学生合影

东吴大学毕业学生合影

大 學 女 子 籃 球 隊
The Varsity Girls' Basket Ball Team

後 排　　趙學成　潘志遠　俞楨　蘇衛愛　羅遐慧　王遐文　許民輝(教練)
前 排　　楊季康　薛正(隊長)　吳劍翠　周芬　秋潤君　張啓明

东吴大学女子篮球队，前排左一杨季康（杨绛）[①]。

文 理 學 院 學 生 會 執 行 委 員 會
Executive Committee of the Student Association
(College of Arts and Science)

1929年春，东吴大学文理学院学生会执行委员会合影。右二为文书委员费孝通。

---

① 杨绛（1911~　），原名杨季康，作家、文学翻译家，钱锺书夫人。祖籍江苏无锡，出生于北京。1921年随父迁居苏州，后进入苏州振华女校读书。1932年毕业于东吴大学。

Class of 1932

(COLLEGE OF ARTS AND SCIENCE)

Season of fancy and of hope,
  Permit not for one hour
A blossom from thy crown to drop,
  Nor add to it a flower :
Keep, lovely May, as if by touch
  Of self-restraining art,
This modest charm of not too much
  Part seen, imagined part :

— *Wordsworth*.

Beautiful thoughts are sometimes woven into beautiful dreams which, as in old Bible stories, always foretell some real things. The first dream I experienced when I slept in the dormitory here was a wonderful one, though not so valuable perhaps to introduce our class history

I dreamed that the day was dawning. In the soft morning breeze, a crowd of curious little birds broke forth from the still misty air, each bringing a pretty flower petal. They gathered on a grand old branch of a big towering tree, and adorned it with the petals they brought. What a lovely sight ! The petals were joined into flowers — four different kinds of flowers. The sun rose ; everything glistened with a glorious brightness and the flowers mingled their sweet fragrance with the morning air. I smelt the lovely odor with a dreamy content and happiness. Had I not been awakened, I should have seen a bright and beautiful day glorified with the wonderful flowers.

This is just the way we Freshman girls and boys met. Providence brought us all together to this grand old tree, Tong Wu, to be developed, and at last, four different kinds of fruits will be developed and ripened for China, for the world — the artists, the scientists, the lawyers, and the doctors.

Some, having drunk the spirit of eternal beauty from the past will reinterpret it into a new loveliness for our own day ; will shed a fresh shower of beauty upon the universe. Some, by scientific means will be able to lift up the mysterious veil which hides the future, and look intently into the unknown world. Some will use law to re-arrange disastrous political matters, and as a good tool to protect the people and the nation. Still others will be skillful in medicine who will give their knowledge and mercy to the sick and poor.

These are, however, only pictures of imagination. Our class is too young to have any history. We are just the flowers of May bearing within ourselves all hopes and fancies. Realization is yet unknown to us.

To trace the origin of those flowers petals is very difficult, for only those curious little birds remember where they came from. Generally speaking, they all belong to China, but one bears a name from far over the sea.

The history of the class of 1932 is only at its starting point. We are trying to make it so beautiful that people afterwards will be proud to tell how the flowers have bloomed, the fruits have developed and ripened. We ourselves are eager to know the result. However, we are not in haste to finish our history. We wish Time — the long-bearded Historian — to write his record less swiftly, and that this beautiful year, the most beautiful in the college life, may stay with us a little longer. As Wordsworth called to a butterfly :

"Stay near me — do not take thy flight !
A little longer stay in sight ! "

so will we address this Freshman year !

YANG CHI-KONG.

159

1929年《东吴年刊》载杨季康（杨绛）《Class of 1932》

全文：

Class of 1932

(COLLEGE OF ARTS AND SCIENCE)

Season of fancy and of hope

Permit not for one hour

A blossom from thy crown to drop

Nor add to it a flower.

Keep, lovely May, as if by touch

Of self-restraining art,

This modest charm of not too much

Part seen, imagined part.

——Wordsworth

Beautiful thoughts are sometimes woven into beautiful dreams which, as in old Bible stories, always foretell some real things. The first dream I experienced when I slept in the dormitory here was a wonderful one, though not so valuable perhaps to introduce our class history.

I dreamed that the day was dawning. In the soft morning breeze, a crowd of curious little birds broke forth from the still misty air, each bringing a pretty flower petal. They gathered on a grand old branch of a big towering tree, and adorned it with the petals they brought. What a lovely sight! The petals were joined into flower—four different kinds of flowers. The sun rose; everything glistened with a glorious brightness and the flowers mingled their sweet fragrance with the morning air. I smelt the lovely odor with a dreamy content and happiness. Had I not been awakened, I should have seen a bright and beautiful day glorified with the wonderful flowers.

This is just the way we Freshman girls and boys met. Providence brought us all together to this grand old tree, Tong Wu, to be developed, and at last, four different kinds of fruits will be developed and ripened for China, for the world—the artists, the scientists, the lawyers ,and the doctors.

Some, having drunk the spirit of eternal beauty from the past will reinterpret it into a new loveliness for our own day; will shed a fresh shower of beauty upon the universe. Some, by scientific means will be able to lift up the mysterious veil which hides the future, and look intently into the unknown world. Some will use law to re-arrange disastrous political matters, and as a good tool to protect the people and the nation.   Still others will be skillful in medicine who will give their knowledge and mercy to the sick and poor.

These are, however, only pictures of imagination. Our class is too young to have any history. We are just the flowers of May bearing within ourselves all hopes and fancies. Realization is yet unknown to us.

To trace the origin of those flowers petals is very difficult, for only those curious little birds remember where they came from. Generally speaking, they all belong to China, but one bears a name from far over the sea.

The history of the class of 1932 is only at its staring point. We are trying to make it so beautiful that people afterwards will be proud to tell how the flowers have bloomed, the fruits have developed and ripened. We ourselves are eager to know the result. However, we are not in haste to finish our history. We wish time—the long-bearded Historian—to write his record less swiftly, and that this beautiful year, the most beautiful in the college life, may stay with us a little longer. As wordsworth called to a butterfly:

Stay near me—do not take thy flight!

A little longer stay in sight!

So will we address this Freshman year!

Yang Chi-Kong

董事會組織概況及校董名冊

本校董事會由本校同學會六人西籍教士三人及其
他方面六人組織而成辦事務所於上海□規定董事
十五人中華董人數須超□過半數以華人為董事長
董事任期三年於每年開年會時政送三分之一
董事會閉會時創辦人代表學方針得出席為額外會
員董事會職權為決定辦學方針住免校長
保雀基金會監督財政核准預決算處理校產等

私立東吳大學校董會全體校董名冊　三八年三月

職別	姓名	畧　歷	備註
董事長	江長川	中華衛理公會中央議會主席	
副董事長	項　烈	美國教會救濟委員會駐	美籍
中文書記	陸幹臣	上海青年會總幹事	
英文書記	安迪生	上海基督教社會服務部主任	美籍
會計	董承道	前行總會計主任	美籍
校董	伍克家	上海銀行總經理	
	梁冠廬	上海廣東銀行行長	
	陳霆銳	律師	
	李中道	律師	
	胡詒轂	前全國青年會協會編輯	
	羅運炎	著作家	
	貝祖詒	前中國銀行總經理	
	嚴欣淇	蘇綸紗廠總經理	
	裴克䂮	衛理公會駐滬司庫	美籍
	費雪珍	上海中西女子中學教員	美籍

1949年3月，东吴大学董事会组织概况及校董名册。

东吴大学董事会组织概况及校董名册

1949年3月

　　本校董事会由本校同学会六人，西籍教士三人，及其他方面六人组织而成（设事务所于上海市）。规定董事十五人中，华董人数须超过半数，以华人为董事长。董事任期三年，于每年开年会时改选三分之一。董事会开会时，创办人代表得出席，为额外会员。董事会职权为决定办学方针、任免校长、保管基金、监督财政、核准预决算、处理校产等。

私立东吴大学校董会全体校董名册

职　别	姓　名	略　历	备　注
董事长	江长川	中华卫理公会中央议会主席	
副董事长	项烈	美国教会救济委员会驻华代表	美籍
中文书记	陆幹臣	上海青年会总干事	
英文书记	安迪生	上海慕尔堂社会服务部主任	美籍
会计	董承道	前行总会计主任	
校董	伍克家	上海银行总经理	
	梁冠榴	上海广东银行行长	
	陈霆锐	律师	
	李中道	律师	
	胡诒榖	前全国青年会协会编辑	
	罗运炎	著作家	
	贝祖诒	前中国银行总经理	
	严欣淇	苏纶纱厂总经理	
	裴克萌	卫理公会驻沪司库	美籍
	费雪珍	上海中西女子中学教员	美籍

私立東吳大學簡史

本校創辦於公曆紀元一九○一年(遜清光緒二十七年)先是基
督教監理公會(現稱衛理公會)曾在蘇滬兩地辦有存養
書院博習書院中西書院至二十世紀初年決計開設大學
定名為東吳大學除大學部外並附設中學部組織校董
會推孫樂文博士為校長春三月正式開學十二月興工建築
大廈一九○三年(光緒二十九年)落成顏曰林堂旋復建築第
二座大廈(即今之孫堂)教員住宿舍膳廳自流井當水
台管一九二二年(宣統三年)孫公逝世由董事會推選上海
中西書院校長葛賚恩博士繼任同時即將是院移蘇

併入東吳大學分大學部為文理兩院一九一五年(民國四年)
添設法科於上海稱中國比較法學院嗣後政稱東吳法學
院一九二三年(民國十二年)文乃史博士繼任為校長新建科
學館亦於斯時落成顏曰葛堂為研究興實驗
堂備之所一九二七年(民國十六年)校董會延聘楊永
清博士為校長實為全國教會學校華人長校之嚆
矢楊氏就任之後創新校政兼收女生提高師資充實
設備復次第建築男女新宿舍以及體育館游泳池教
員住宅等在是規模大備為東南著名之學府一九二九
年(民國十八年)經國民政府核准立案一九三七年(民國

3

二十六年)抗戰軍興輾轉內遷全曲江興重慶勝利後先在
上海法學院院址復課翌年始得返蘇逐漸收回校舍
從事復員一束往昔實事求是辦學方針力圖改進
以宏教用

1949年，私立东吴大学简史。

全文：

私立东吴大学简史

1949年

本校创办于公历纪元1901年（逊清光绪二十七年），先是基督教监理公会（现称卫理公会），曾在苏、沪两地办有存养书院、博习书院、中西书院。至二十世纪初年，决计开设大学，定名为东吴大学，除大学部外，并附设中学部，组织校董会，推孙乐文博士为校长。春三月，正式开学。十二月，兴工建筑大厦，1903年（光绪二十九年），落成，颜曰"林堂"。旋复建筑第二座大厦（即今之"孙堂"）、教员住宅、宿舍、膳厅、自流井、蓄水台等。1911年（宣统三年），孙公逝世，由董事会推选上海中西书院校长葛赉恩博士继任。同时，即将是院移苏，并入东吴大学，分大学部为文、理两院。1915年（民国四年），添设法科于上海，称中国比较法学院，后改称东吴法学院。1922年（民国十一年），文乃史博士继任为校长，新建科学馆，亦于斯时落成，颜曰"葛堂"，为理学院各系研究与实验之所。1927年（民国十六年），校董会延聘杨永清博士为校长，实为全国教会学校华人长校之嚆矢。杨氏就任之后，刷新校政，兼收女生，提高师资，充实设备，复次第建筑男、女新宿舍，以及体育馆、游泳池、教员住宅等，于是规模大备，为东南著名之学府。1929年（民国十八年），经国民政府核准立案。1937年（民国二十六年），抗战军兴，辗转内迁至曲江与重庆。胜利后，先在上海法学院院址复课。翌年，始得返苏，逐渐收回校舍，从事复员，一秉往昔实事求是之办学方针，力图改进，以宏效用。

全文：

《学桴》发刊词[①]

汉文教习黄振元[②]

1906年6月

东吴学堂成立者逾五年，西士谋刊行月报，以表学堂之内容，与当代学界交换智识，嘱教员某，名以学桴，而系其词曰：

揽神州之苍茫，叩人间其何世。群虎眈视，诞兹禁脔，一狮欠申，皋其坠魂，劫桴待收，舞台难下，非所谓过渡时代乎？

过渡二字，名词含义甚广，几与天演相出入。凡属于空间而为分线者，属于时间而为现在者，皆过渡也。过渡者，即谓为天演界之现在分线，可也。

涅菩辣斯凝为大块，一微分子之分合，一单细胞之孳育，组织以阿耨而基，成此森罗万象于其上。

①《学桴》，即《东吴月报》，创刊于1906年6月，是我国最早的大学学报。
② 黄振元（1866~1913），又名震元，后更名黄人，字摩西。江苏常熟人，作家、批评家。曾任东吴大学汉文教习，南社早期会员。著有《中国文学史》等。

物界之过渡如是。真如性海，湛然无波，而积因成果，从根生尘，遂有感觉，有知觉，有智识、情绪、意志种种心素。虽如环无端，而细考之，一刹那间，皆有新陈代谢之象。心界之过渡又如是。

试观政治界，曰酋长政体、曰家族政体、曰市府政体、曰邦域政体，此以形式论也。而其精神上，有君治、有共治、有民治之区别。消长乘除，若寒暑之迭更，潮汐之相代者，过渡也。

继观宗教界，为多神、为一神、为凡神。泰古之世，惟顶蛇礼电而已，渐进而为丹青土木，至于燔柴扫地，似高尚矣。今且排除一切科仪形式，而以信仰代牺醴，以性灵为坛宇，盖由过渡而臻此也。

即以学界言，形而上者，有天然哲学、有精神哲学、有神秘哲学、有实验哲学，形而下者，有普通科学、有经验科学、有应用科学、有统合科学。真理日明，人格日上，教育资料日富。要之，皆自过渡来也。

而报界之过渡，亦可得言。其始莫不受政府之禁锢，渐进而享有言论自由、出版自由之权。今则政府且保护之，提倡之，资助之矣。而社会对于报界之感情，初则视同败楮，斥为讆言，继而风气渐开，影响渐广，几以报章为政教风俗之原动力。中外朝野之活历史矣。

而中国之政治界、宗教界及学界、报界之过渡，何如者？政界则由封建而郡县，由闭关而通市，近且欲革除数千年来专制之秕政，不惮求野求彝，以达其宝柜金牛之目的；宗教界则自人神杂糅，墨梵混同，缁黄崎南北之宗，章缝树性学之敌，以至利氏东渡，踪近折芦，二百年来，午贯纵横，利于硝弹，善法之堂，浸遍禹甸，而爱智之士，且有倡五洲宗教同源之论者；学界则婴武蠹鱼之末派，变而治蟹行之奇文，采芹食革之靡风，起而就树人之新范；报界则货殖宗旨，易而爱国保种，俳优伎俩，进为药论箴言，民智擢其萌芽，清议视为龟策，厮养舆台，亦人手一纸，抵掌谈时事。虽曰进化之公例当如是，而其疲于津梁者，已不知几度矣。

东吴学堂之设焉，适当西历十九祺、二十祺之交。新政将兴而未兴，科举垂废而未废。社会志趣，如巨涡中，罗经靡定所向。而此学堂独挟其输入之文明、元有之国粹，岿然出现于锦帆泾上。前乎此者，非无斩棘之劳，而程度逊之；后乎此者，诚有积薪之势，而权舆推之。盖经营惨淡，不啻三盈三虚，而始有此英俊满堂，士夫交诵，快然布告，通国而无恶之一日。此则又学堂之过渡也。

虽然，过渡二字，幸词也，而亦危词也。

即以美洲言，阁龙探险以还，一过渡而为撒克逊人辟秦之桃源，又过渡而十三州独立旗飞、自由钟响，又过渡而合南北为一家，又过渡而县古巴、藉布哇，囊括飞立滨，雄心未已，一手握两大瀛之管钥，欲一跃而过之。其所谓华盛顿主义变为孟罗主义，孟罗主义变为麦荆来主义者，大有风利不得泊之势。过渡如此，始足豪矣。

哈姆闪谟之种族，当时非不炽昌也，一过渡而禽狝草薙，绝迹地球上，仅与古代化石之大鸟大兽，供读史者之想像而已。埃及、印度、犹太、波兰，名国也，一过渡而父母他人，旧历史之光荣渐堕，河山易主，新舆图之标识难明。噫罗刹风狷，蛟龙水阔，听空侯之谣，不知其雪涕之何从也。

幸则为甲，危则为乙、丙、丁等。非遭际之有殊也，当过渡时代，必有预备过渡、维持过渡者，则幸与危之结果，亦视其过渡之器具何如耳。

学桴者，预备过渡时代器具之一部分也。

而何不以兵桴、以商桴，而何不以政治桴、宗教桴，而独有取于学者？盖兵、商、政、教，皆备于学。则学者载种种桴之桴也，而又可谓合种种桴而所成之桴也。

桴意云何？束木以济也，大曰筏，小曰桴。桴之体甚拙，桴之用又甚狭，欲以此抵制十九祺后之风潮，交通数万里外之文物，得无不知量乎？

抑又闻之，下于桴者，或砯，或揭，或航苇，或缚罂，而囊革；进于桴，则为舴艋，为艨艟，为甲板，为汽机、电机各铁舰。则桴之为用，亦过渡器具中之过渡也。虽不能与黄龙、青雀、铁甲、金丁，争万斛千里之长，而较诸徒涉倔济者，孰有一当焉。

乘桴浮海，先圣之志也，而以无所取材，慨然中止。材，当作材木解，盖无相当之材，而姑以断蒥朽梗滥充之，则必有胶解之忧。虽勇于进取如仲氏子，且未许轻试焉。则欲尽过渡时代之义务者，慎勿以桴而忽之。

且就桴言桴，有数长焉：制造简单，不耗工力，虽微共般，操斤立就，一也；轻而易举，不忧胶滞，三尺童子，可任操纵，二也；风涛之灾，每属于伟器，难巨之任，不责之拙工，三也。亦有所短：形模不备，规则莫施；甲前乙却，必生舛迕；相形见绌，则青翰羞侪，无地逞长，则黄头不顾；樵牧混迹，恐难当博望之槎，瓦砾盈装，未必载詹台之璧。

言未既，有笑于旁者，曰：桴之为物虽微，有主驾者，子一受赁之篙工耳，而攘臂其间，欲辨方针之向背，礁碛之起伏，积贮之多寡，乘客之伧雅，何选事哉？且天下之桴而不桴者，亦多矣。物无定情，用各有适，中流一壶，千金论值。安知世之见此桴者，不短子所长，而长子所短者乎？以子之荃才蕞识，仅察目前，未识世事之百变，而未有已也。子诚过渡时代之人物也。予俯而思之，曰：若言信。有不桴而桴者，则必有桴而不桴者。予亦安能于桴、不桴之间，而妄臆其短长哉？予甚感若之桴予于迷津也。当存若之说，以桴过渡时代中荃才蕞识之如予者。

《东吴月报》简章

1906年6月

《东吴月报》第一期 西历一千九百六年六月

本报简章

一 名目 本报命名《东吴月报》，系苏州东吴大学堂所刊发之杂志。

二 期数 月出一册，惟暑假、年假之际停出二期。全年共出十册，西历每月一号发行。

三 门类 本报分图画、论说、学科、时事、译丛、丛录六类。

四 报价 定阅全年每份大洋一元二角，邮费在内。惟邮政不通之处，报发民局，递寄信力自理。报费无论多寡，均祈按例先惠。又，凡订报之函寄费自给。

五 外稿 海内大雅如有鸿作，登寄尤所欢迎。原稿请惠寄苏州天赐庄东吴大学堂。

六 告白 如蒙惠登告白，刊例不详载，函商、面议均可。

庭故此邀三党親族、倪錦明、桃玉其、張虎覌、張鳩寧等三面議明，草房租田一

家用器具兩股均分，公議配搭為定，並無偏兩股分之後，各五門戶上下

無私各和將姻姐相敔不可爭長競矮，參由天命母親在日自

膳貼，倘未定石，備然千年送年錢乙千四百文，兩子亦畫其理不得推諉

坐視。倘会碩未定時，兩子鞠爰亦歸正道，此係兩願非逼參不異言恐後

等遷

計開

草房壹間半……金和尚鞠爰新屋壹間半，小弟鞠爰……

光緒十三年 四月 日立分撥文書

立分撥文書

親

族

母親 張氏 十

父子 金和尚 十

桃步英 十

金和尚 十

小弟 十

張虎覌 十

倪錦明 十

姚士先 十

吳鑑堂 十

張鳩寧 廿

清乾隆四十一年胡节禀状

保管单位：苏州市房地产档案馆

内容及评价：

　　清乾隆年间，安徽人胡节将苏州房屋以银1400两典押给苏州人黄仁久，期满后胡节无力赎回，黄仁久再典押给陆含庭。胡节要求他们买断，并由此产生纠纷，于清乾隆四十一年（1776）告到苏州府吴县衙门。本禀状为毛边宣纸，长90厘米，宽30厘米，字迹清晰，品相完好，是苏州关于房屋典押纠纷民事案件最早的原始档案，对研究苏州房产交易、典当业和民事诉讼的历史具有一定的参考价值。清乾隆四十一年胡节禀状于2005年入选首批《江苏省珍贵档案文献名录》。

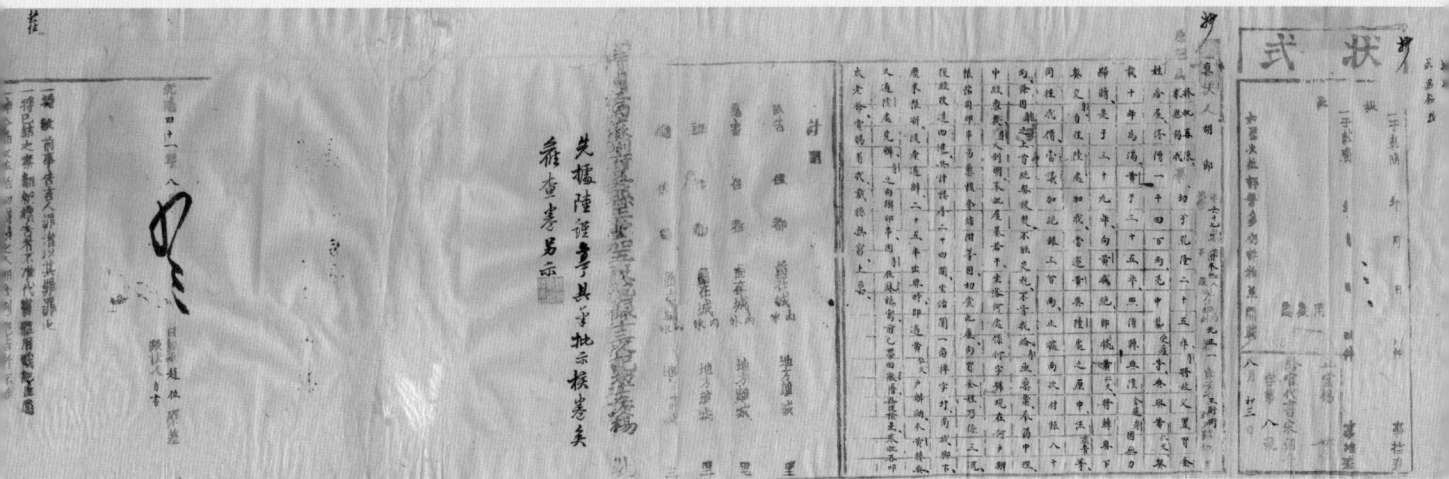

乾隆四十一年八月初三日（1776年9月15日），胡节禀状。

全文：

胡节禀状

乾隆四十一年八月初三日（1776年9月15日）

禀状人胡节，年六十七岁，系本县人，现住城内北正一图土名王衙弄。

为捧〔奉〕批再陈，求恩饬找事。切〔窃〕于乾隆二十五年，身将故父置买金姓房屋，得价一千四百两，凭中龚爱庐等，典与黄仁久，契载十年为满。黄于三十五年，照价转典陆含庭。身因无力归赎，是于三十九年，向黄找绝，即据黄仁久，将转典下契交身，自往陆处加找，当邀黄典陆处之原中汪蕴青等，同往找价，当议加绝银三百两，止〔只〕据两次付银八十两，余因身之上首绝契被焚，不能交执，不肯找给。身亟禀案，奉饬中理。中经禀复，身又剖明。奉批：屋基若干，坐落何处，系何字号，现在何户办粮，粘同印串另禀核夺结附。等因。切〔窃〕查此屋向买金姓，乃系三进，后经改造四进，共计楼房二十四间，坐治阊一图禅字圩南城脚下。历来粮折随产过办，二十五年出典时，即过黄仁久户办纳，今黄转典，又过陆处完办。身之向办印串，因身在苏旅寓，前已带回徽籍，无从检呈。奉批再叩太老爷，电赐着找。戴德无穷。上禀。

特调江南苏州府吴县正堂加五级纪录十三次记功十五次杨批：先据陆谨亭具禀批示核卷矣，候查卷另示。

乾隆四十一年八月初三日　经承：赵位原差

做状人：自书

清代、民国时期常熟契约档案

保管单位：常熟市档案馆

内容及评价：

　　清代、民国时期常熟契约档案是有关土地、房屋买卖等的经济合同和协议、凭证等文书，共计318件，形成时间自清乾隆六十年（1795）至1949年。该组档案主要包括土地和房屋的租售、赋税方面的契约、凭证，另有人身典卖、借贷典当、建筑施工等方面的契约、凭证，时间跨度大、内容丰富，是常熟150余年经济社会变革和历史发展轨迹的一个侧影，是研究苏南地区经济和社会发展的珍贵史料。清代、民国时期常熟契约档案于2010年入选第三批《江苏省珍贵档案文献名录》。

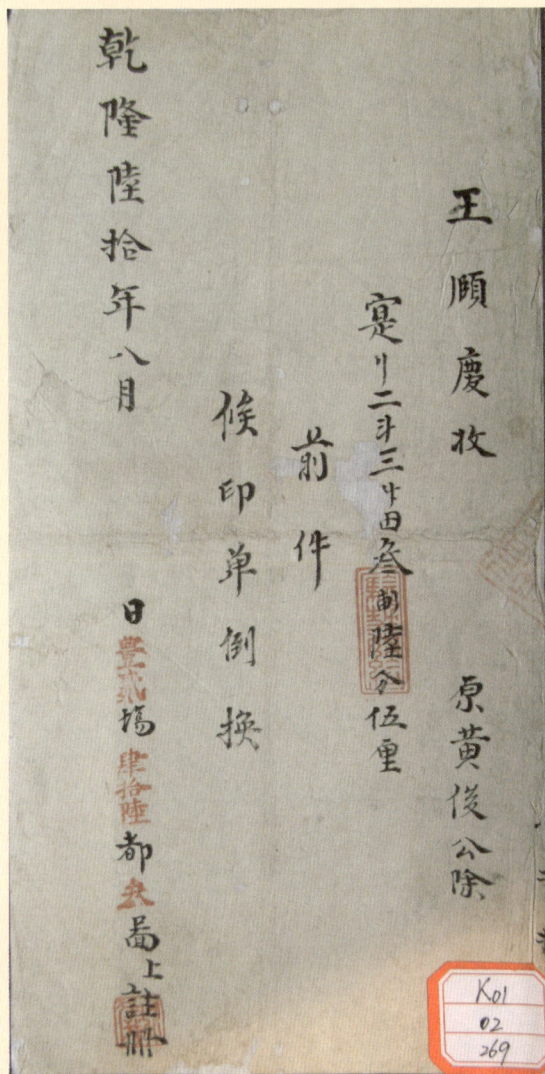

乾隆六十年（1795）八月，王顺庆田租收条，是常熟市档案馆馆藏年代最早的契约档案。

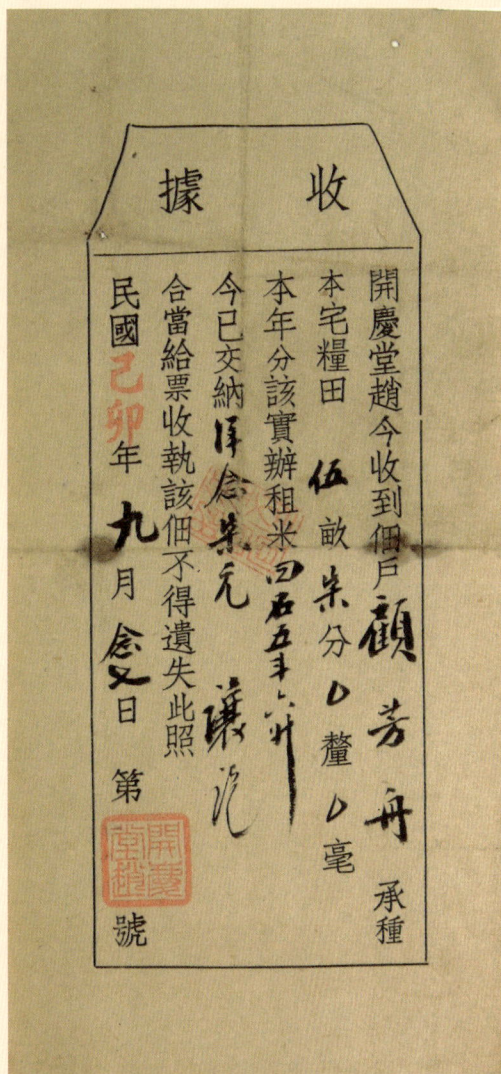

1939年11月8日，佃户顾芳舟交租收据。

常熟租賦併徵委員會收租處
三十年度圖租收據
第 No. 498798 號
登記第 21164 號

常熟租賦併徵委員會收租處
三十年度圖租收據
第 No. 498806 號
登記第 21164 號

1941年12月，业户沈五崖田租收据。

抄契交附

立賣屋文契蔣培蔭為有父遺坐落西北一畜靈公殿前朝南廳房壹所計共樓房上下玖拾叁間壹後凂中視嘉坡等借與吳處潤業三面議定時值價銀通足錢壹千肆佰千文當日一頓收足自賣之後任憑吳處居住倘業壹無上親族隔障等情如有此等出產理任原後與凂立此賣屋文契居端

計開　制錢通足事

上肯原契倘日後拾出即作廢紙　裝修細眼另閒隨屋業地無根文照

嘉慶玖年捌月

中　魏嘉坡　姚友蘭　汪靜川　朱錫章　蔣芝山

日立賣屋文契蔣培蔭

代筆　沈天文　劉敬珍　顧啟元　吳仲奇　吳景民　吳景阜　柁漢　魏雲大　姚士玉　王民昌　倪湘伯　張束魯　蔣拳升　三增　中華南

價隨契足淮作收票

立隨戈貼契蔣培蔭為有父遺靈公殿前朝南廳房壹所已經得價借與吳處今思原價不敷仍凂原中姚玄蘭等戈貼到吳處通足銀壹千貳佰千文自戈之後任憑拆卸改造並無言論立此戈貼文契為照

計開　制錢通足事

嘉慶玖年捌月

中　魏嘉坡　姚友蘭　汪靜川　朱錫章　蔣芝山

日立戈貼文契蔣培蔭

代筆沈天文　蔣芝山

價隨契足淮作收票

立貼絕屋契蔣培蔭為有父遺靈公殿前朝南廳房壹所已經得價借典吳處今思原價尚覺凂中姚嘉坡凂戈足貼絕價銀通足戈捌佰千文有戈絕之後承為　吳言秋與蔣無涉此係兩處念玆興言秋與遠年此此戈絕文契為照

計開　制錢通足事

嘉慶玖年捌月

中

日立絕文契蔣培蔭

代筆　沈天文　劉敬珍　顧啟元　吳吳　吳景　柁孫　魏雲　姚嘉坡　王大士　湘　蔣白山　朱錫章　汪靜川　姚友蘭　蔣芝山　三曾　中華南

價隨契足淮作收票

全文：

蒋培荫立卖屋文契

嘉庆九年（1804）八月

一、

抄契交附。

立卖屋文契蒋培荫，为有父遗坐落西北一图灵公殿前朝南厅房壹所，计共楼房上下玖拾叁间、壹披，凭中魏杏坡、姚友兰等，售与吴处得业，三面议定，时值价银通足钱壹千肆佰千文，当日一顿收足。自卖之后，任凭吴姓居住管业，并无上下亲族阻碍等情。如有此等，出产理值。恐后无凭，立此卖屋文契为照。

计开：制钱通足串；上首原契，倘日后检出，即作废纸；装修细账另开；随屋基地，无粮又照。

嘉庆九年八月　日立卖屋文契：蒋培荫

中：魏杏坡、姚友兰、汪静川、朱锡章、蒋芝山、蒋白山、张秉南、倪湘琴、王艮中、姚士增、魏定三、孙大升、程云攀、吴汉封、吴阜伯、吴鼎男、吴茂叔、吴奇玉、颜仲能、殷寄霞、刘振元、陈上珍

代笔：沈天文

价随契足，准作收票。

二、

立随找贴契蒋培荫，为有父遗灵公殿前朝南厅房壹所，已经得价售与吴处，今思原价不敷，仍凭原中魏杏坡、姚友兰等，找贴到吴处，通足钱壹千贰佰千文。自找之后，任凭拆卸改造，并无言论。立此找贴文契为照。

计开：制钱通足串。

嘉庆九年八月　日立找贴文契：蒋培荫

中：魏杏坡、姚友兰、汪静川、朱锡章、蒋芝山

代笔：沈天文

价随契足，准作收票。

三、

立贴绝屋契蒋培荫，为有父遗灵公殿前朝南厅房壹所，已经得价售与吴处，今思原价尚亏，凭中魏杏坡、姚友兰等，再向吴处找足贴绝，价银通足钱捌佰千文。自找绝之后，永为吴氏之产，与蒋无涉。此系两愿，各无异言。欲后有凭，立此找绝文契为照。

计开：制钱通足串。

嘉庆九年八月　日立贴绝文契：蒋培荫

中：魏杏坡、姚友兰、汪静川、朱锡章、蒋芝山、蒋白山、张秉南、倪湘琴、王艮中、姚士曾、魏定三、孙大升、程云攀、吴汉封、吴阜伯、吴鼎男、吴茂叔、吴奇玉、颜仲能、殷寄霞、刘振元、陈上珍

代笔：沈天文

价随契足，准作收票。

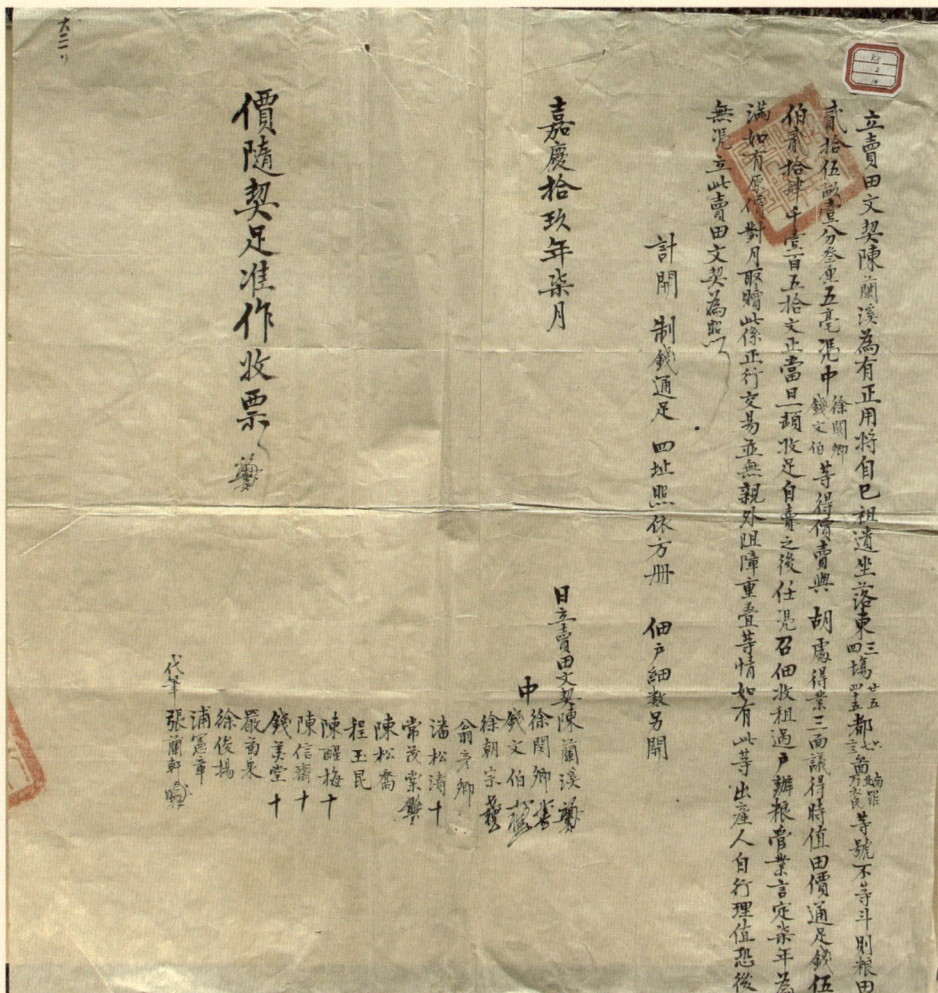

嘉庆十九年（1814）七月，
陈兰溪立卖田文契。

全文：

陈兰溪立卖田文契

嘉庆十九年（1814）七月

立卖田文契陈兰溪，为有正用，将自己祖遗坐落东三场四五都六七二三图南北罪乃农民等号，不等斗则粮田贰拾伍亩壹分叁厘五毫，凭中徐关卿、钱文伯等，得价卖与胡处得业，三面议得，时值田价通足钱伍佰贰拾肆千壹佰五拾文正，当日一顿收足。自卖之后，任凭召佃收租过户办粮管业。言定柒年为满，如有原价，对月取赎。此系正行交易，并无亲外阻障重叠等情。如有此等，出产人自行理值。恐后无凭，立此卖田文契为照。

计开：制钱通足，四址照依方册，佃户细数另开。

嘉庆十九年七月 日立卖田文契：陈兰溪

中：徐关卿、钱文伯、徐朝宗、翁彦卿、潘松涛、常茂棠、陈松乔、程玉昆、陈醒梅、陈信斋、钱美堂、严菊泉、徐俊扬、浦宪章

代笔：张兰轩

价随契足，准作收票。

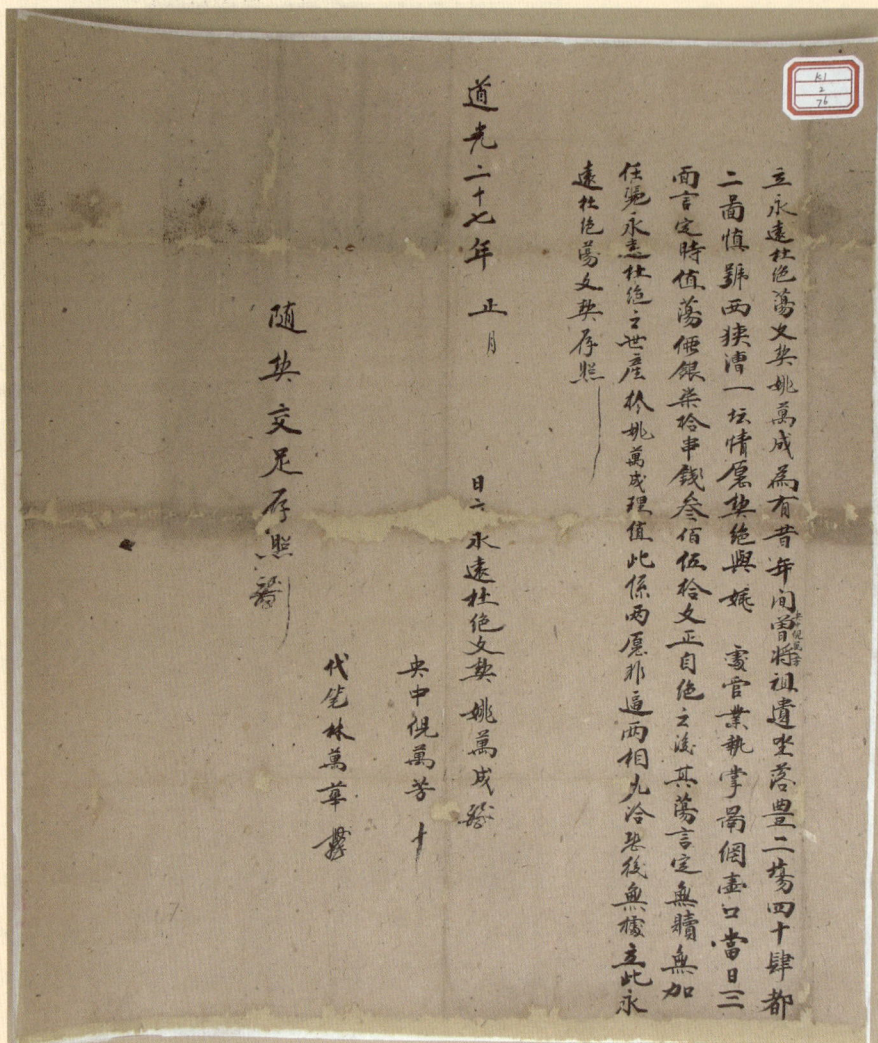

道光二十七年（1847）正月，姚万成立永远杜绝荡文契。

全文：

姚万成立永远杜绝荡文契

道光二十七年（1847）正月

　　立永远杜绝荡文契姚万成，为有昔年间，央中倪万芳，曾将祖遗坐落丰二场四十四都二图慎号西狭漕一坛，情愿契绝与姚处管业，执掌罶网一口，当日三面言定，时值荡价银柒拾串钱叁佰伍拾文正。自绝之后，其荡言定无赎无加，任凭永远杜绝之世产于姚万成理值。此系两愿非逼，两相允洽。恐后无据，立此永远杜绝荡文契存照。

　　道光二十七年正月　日立永远杜绝文契：姚万成

　　　　　　　　　　央中：倪万芳

　　　　　　　　　　代笔：林万华

　　随契交足存照。

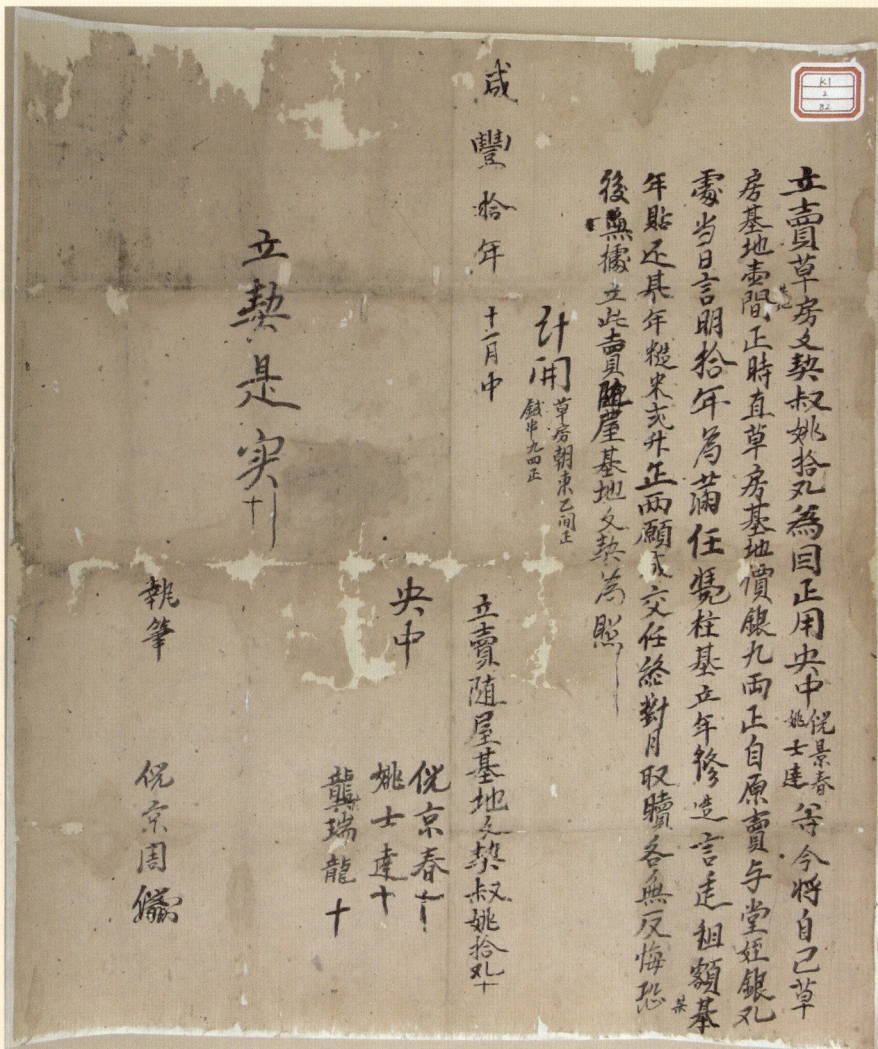

咸丰十年（1860）十一月，姚拾观立卖草房文契。

全文：

姚拾观立卖草房文契

咸丰十年（1860）十一月

立卖草房文契叔姚拾观，为因正用，央中倪景〔京〕春、姚士达等，今将自己草房基地壹间正，时直〔值〕草房基地价银九两正，自原〔愿〕卖与堂侄银观处，当日言明，十年为满。任凭柱基立年修造，言定租额某年贴还某年糙米贰升正。两愿成交，任终对月取赎，各无反悔。恐后无据，立此卖随屋基地文契为照。

计开：草房朝东乙间正，钱串九四正。

咸丰十年十一月中立卖随屋基地文契：叔姚拾观

央中：倪京春、姚士达、龚瑞龙

执笔：倪京周

立契是实

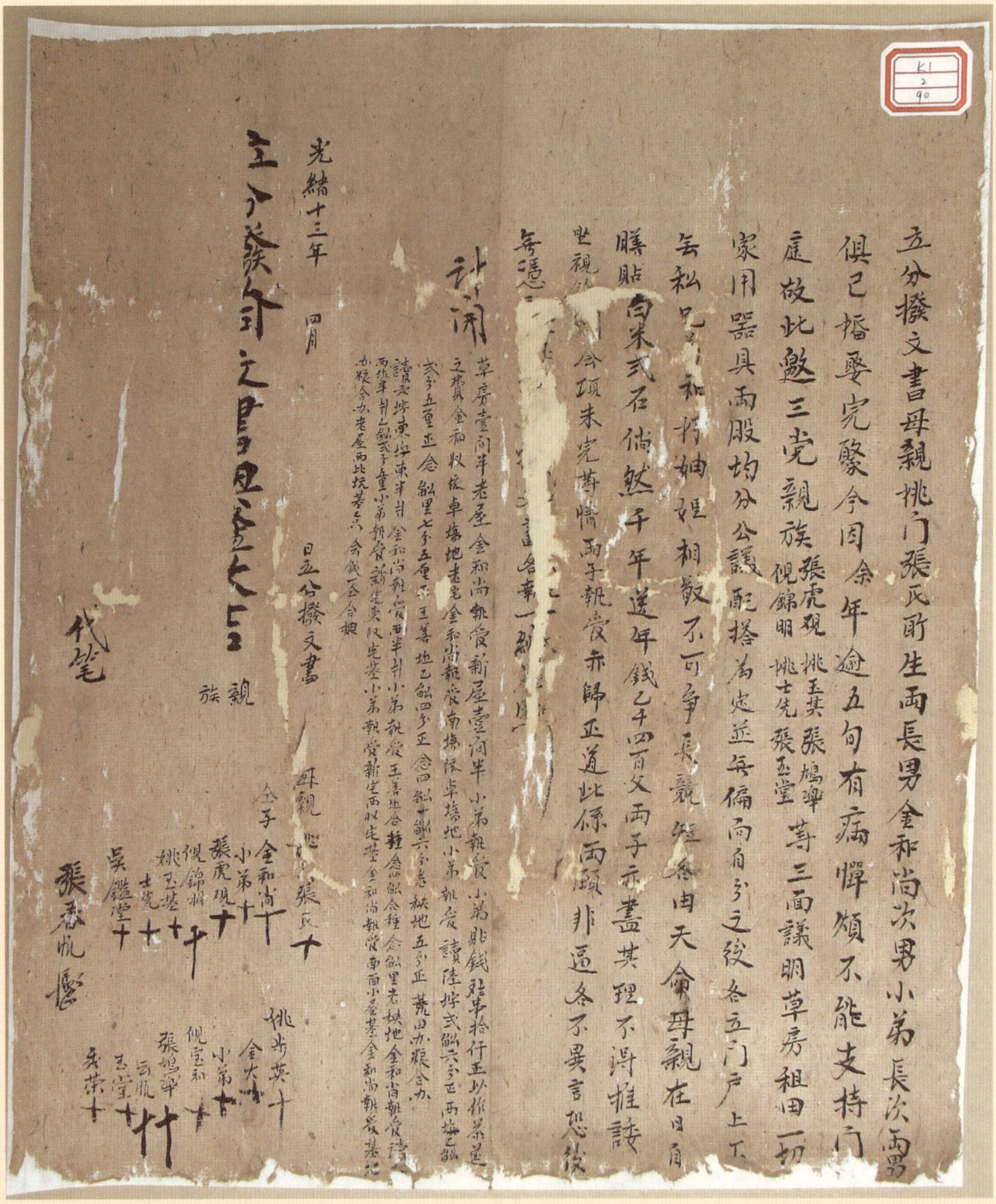
立分撥文書母親姚门張氏所生兩長男金和尚次男小弟長次兩男
俱已婚娶完綮今因余年逾五旬有病懈煩不能支持门
庭故此邀三党親族張虎觀 姚玉英 張鳩寧 倪錦明 姚士先 張玉堂 等三面議明草房祖田一切
家用器具兩股均分公議配搭爲定並無偏向自分之後各立门户上下
無私兄弟和好妯娌相敬不可爭長競短各由天命母親在日自

光緒十三年　四月　日立分撥文書

光绪十三年（1887）四月，姚门张氏母子三人立分拨文书。

全文:

姚门张氏母子三人立分拨文书

光绪十三年（1887）四月

立分拨文书母亲姚门张氏，所生两〔子〕，长男金和尚，次男小弟，长、次两男俱已婚娶完聚。今因余年逾五旬，有病惮烦，不能支持门庭，故此邀三党亲族张虎观、倪锦明、姚玉其〔基〕、姚士先、张鸠乐、张玉堂等，三面议明，草房、租田、一切家用器具，两股均分，公议配搭为定，并无偏向。自分之后，各立门户，上下无私，兄弟和好，妯娌相敬，不可争长竞短，各由天命。母亲在日自膳，贴白米二石，倘然千年，送年钱乙千四百文。两子亦尽其理，不得推诿，坐视□□项未完等情。两子执管，亦归正道。此系两愿非逼，各不异言。恐后无凭……①

计开：草房壹间半老屋金和尚执管，新屋一间半小弟执管，小弟贴钱玖拾捌串拾仟正，以作茶道之费金和仪。依卓场地老宅金和尚执管，南场依卓场地小弟执管。读陆圩贰亩六分正，西垱乙亩贰分五厘正，念亩里七分五厘正，王善垱乙亩四分正，念四亩一亩六分，老秧地五分正，荒田办粮合办。读六圩东垱东半爿金和尚执管，西半爿小弟执管；王善垱合种，念四亩合种；念亩里、老秧地金和尚执管，读六圩西垱半爿乙亩贰分五厘小弟执管。新宅东收〔首〕宅基小弟执管，新宅西收〔首〕宅基金和尚执管，南面小屋基金和尚执管，基地办粮合办。老屋西北坑基乙只，会钱一同合埋。

光绪十三年四月 日立分拨文书：母亲姚门张氏同子金和尚、小弟

亲族：张虎观、倪锦明、姚玉基、姚士先、吴鉴堂、姚步英、姚金大、姚小弟、倪宝和、张鸠乐、张云帆、张玉堂、张秀荣

代笔：张春帆

---

① 原文破损。

光绪三十四年正月二十八日（1908年2月29日），余有才立卖女契。

全文：

余有才立卖女契

光绪三十四年正月二十八日（1908年2月29日）

卖字

立卖字人余有才，今因家口众多，生活无计，奔投无路，衣食难度，且祖母年迈，棺木尚未预备，所以夫妻同商，合家情愿，将亲生第四女，壬寅年七月十八日未时生，凭媒出卖与李宝珠名下，或作女，或为媳，悉听从李姓之便。比日当媒言定，卖价龙洋七十元整，实系余有才亲手收讫。自今人价凭媒两兑，交后无措词饰说。如有族内亲疏人等滋事，以及一切来路不清等事，俱归卖者一首承当，不得连累买主李姓之事。此本出自情愿，并无逼勒诱劝等情。恐口无凭，立此卖字为存。

凭媒证：赵奶奶、江老爹、王心田、潘奶奶同见

汪硕璋笔

光绪三十四年正月廿八日立卖字人：余有才

1912年6月，冷韵南立租房屋文契。

全文：

冷韵南立租房屋文契

1912年6月

立租房屋文契冷韵南，为因觅屋居住，央中保时士兰、钱云帆、钟雨亭等，今租到"学爱精庐"平屋一所，坐落东北头图滑石桥北首，地处坐西朝东门面，第一进平屋一开间、天井一方、南首厕厢一间，第二进平屋二间，随屋装修，注明计开，三面言定顶首通足大钱一十五千文正，当日一夔收足。每月房金通足大钱八百文正，立折按月照付，不得拖欠，倘有缺少，即向顶首内扣除。言明一年为满，年满之后，不拘年月，两不合意，交还顶首，即便迁移。此系正明交易，各无异言。恐后无凭，立此租房屋文契存照。

计开：装修第一进，门面门阃板全，中间宅门二扇，厕厢门一扇，直楞窗一扇；第二进，明瓦小玻璃心长窗四扇，后门一块。言明洋照当价，钱串通足，收票不另立。租折批明，旧历七月初一日起租，闰月减半。

中华民国元年六月　日

立租房屋文契：冷韵南

1929年12月7日，闻祖记立承揽浒浦小学建筑事项契约。

全文：

闻祖记立承揽浒浦小学建筑事项契约

1929年12月7日

立承揽人闻祖记，今揽到浒浦小学包建厕所两间、走廊一埭、厨房两间、三眼砖灶台一副，论定工料银伍百零捌元正。除此款在建筑完竣前分期领清外，所有做法及砖瓦木料等项，悉照估单敷设，决不减省。至于是项建筑物之包用期间，以十年为限。将来在此包用期间内，如有坍塌及损坏等情，承包人当立即将是项建筑物重新起造或加以修理，不再需索分文。兹订于十二月七日开工，至十二月二十七日完竣，决不延误。恐后无凭，立此承揽，壹样两纸，壹纸呈教育局，壹纸存浒浦小学，以备查照。

计开：粘附估单壹纸。①

立承揽人：闻祖记

中华民国十八年十二月七日

---

① 估单缺。

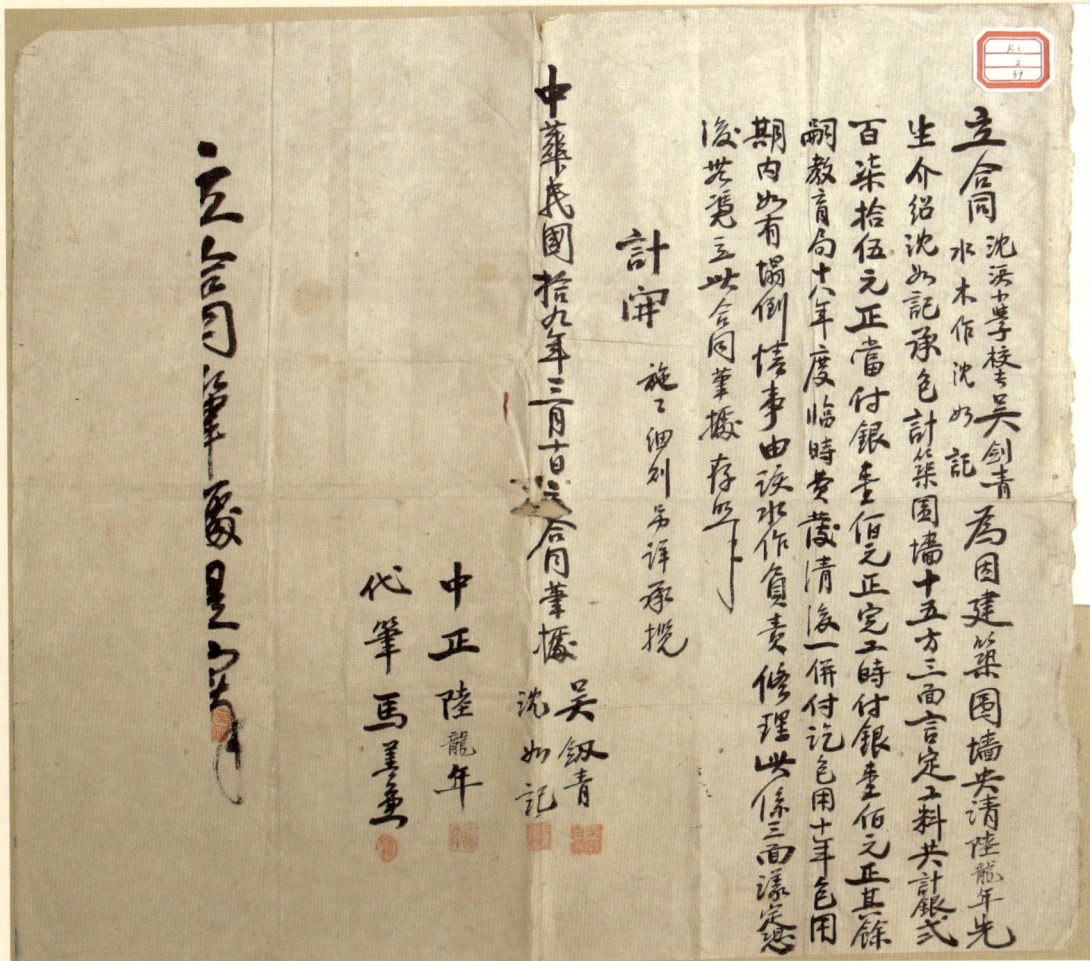

1930年3月10日，沈浜小学校长吴剑青、水木作沈如记立建筑围墙合同。

全文：

沈浜小学校长吴剑青、水木作沈如记立建筑围墙合同

1930年3月10日

　　立合同沈浜小学校长吴剑青、水木作沈如记，为因建筑围墙，央请陆龙年先生介绍沈如记承包，计筑围墙十五方，三面言定工料共计银贰佰柒拾伍元正。当付银壹百元正，完工时付银壹佰元正，其余嗣教育局十八年度临时费发清后一并付讫。包用十年。包用期内，如有塌倒情事，由该水作负责修理。此系三面议定，恐后无凭，立此合同笔据存照。

　　计开：施工细则另详承揽。[①]

　　中华民国十九年三月十日立合同笔据：吴剑青、沈如记

　　　　　　　　　　　　　　　　　中正：陆龙年

　　　　　　　　　　　　　　　　　代笔：马善兼

　　立合同笔据是实

---

① 承揽缺。

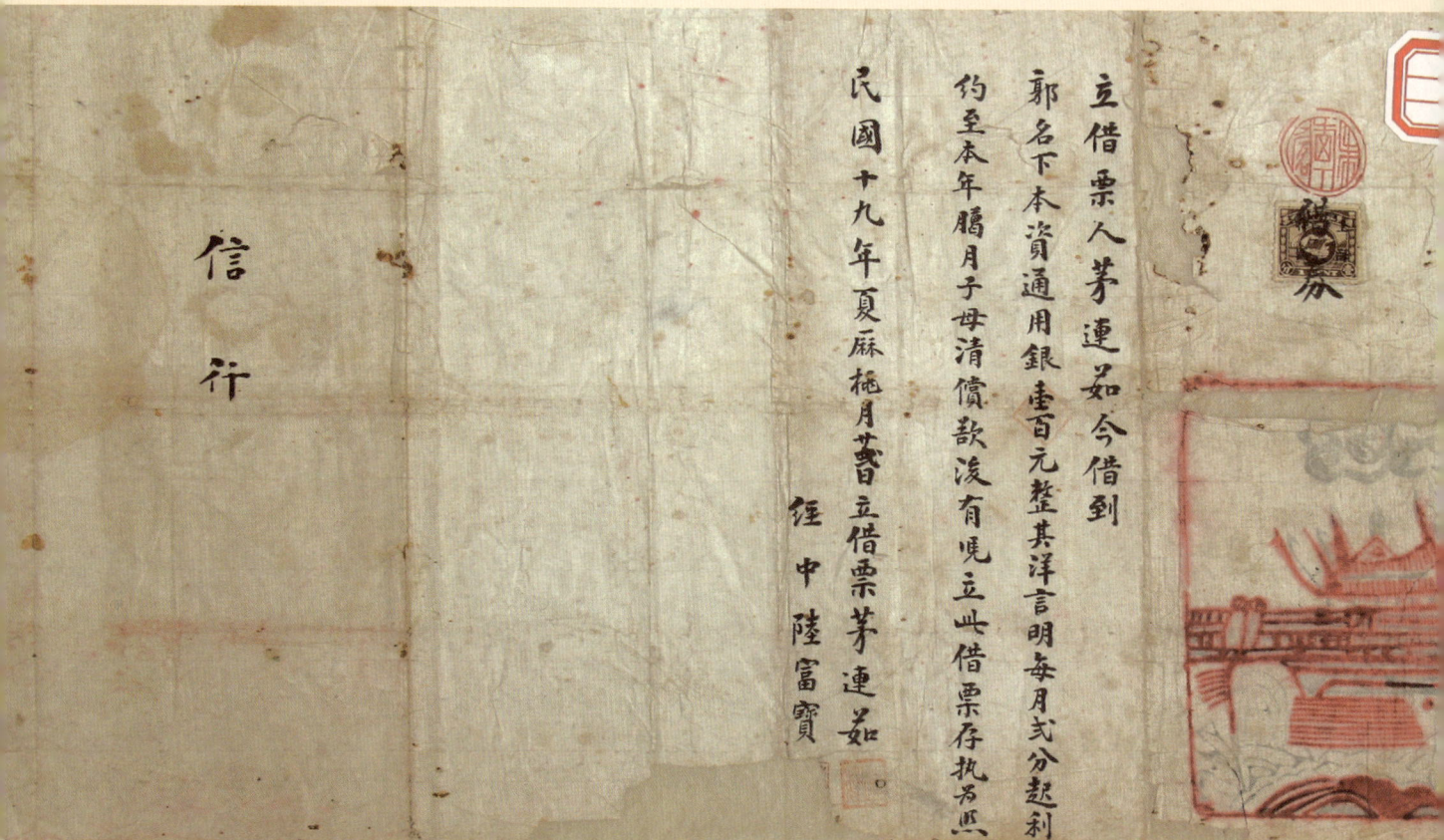

1930年4月20日，茅连茹立借票。

全文：

茅连茹立借票

1930年4月20日

借券

立借票人茅连茹，今借到郭名下本资通用银壹百元整。其洋言明每月贰分起利，约至本年腊月，子母清偿。欲后有凭，立此借票存执为照。

民国十九年夏历桃月廿二日立借票人：茅连茹

经中：陆富宝

信行

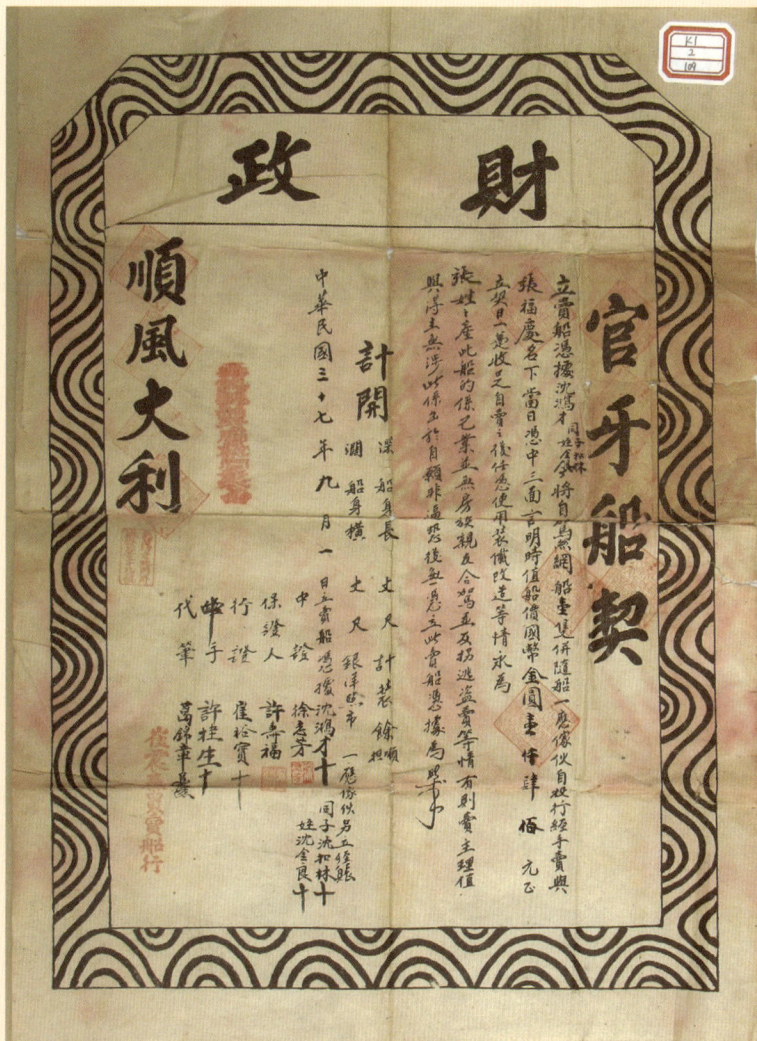

1948年9月1日，沈鸿才等立卖船凭据。

全文：

沈鸿才等立卖船凭据

1948年9月1日

官牙船契

立卖船凭据沈鸿才同子扣林、侄金良，今将自驾丝网船一只，并随船一应家伙，自投行经手卖与张福庆名下，当日凭中，三面言明，时值船价国币金圆壹仟肆佰元正，立契日一足收足。自卖之后，任凭使用、装载、改造等情，永为张姓之产。此船的系己业，并无房族亲友合驾，并非拐逃盗卖等情，有则卖主理值，与得主无涉。此系出于自愿非逼。恐后无凭，立此卖船凭据为照。

计开：深 船身长 丈 尺，阔 船身横 丈 尺。计装余吨担。银洋照市。一应家伙另立经账。

中华民国三十七年九月一日立卖船凭据：沈鸿才同子沈扣林、侄沈金良

中证：徐志芳

保证人：许寿福

行证：崔裕宝

中手：许桂生

代笔：葛锦章

顺风大利

昆山县清丈局档案

保管单位：昆山市档案馆

内容及评价：

　　1912年8月，昆山县议事会决定清丈田亩。同年9月，成立昆山县清丈局，陶庆丰为丈务委员，沈锦标为清丈局局长。后陆续在各乡设立分局，由该乡乡董兼任分局长。1923年6月，昆山全县土地清丈完成。昆山县清丈局档案共计492卷，包括清丈局报告书、城厢街道图、17乡地图、地政文件通知等，比较全面地反映了民国时期清丈土地的情况，是重要的地情资料。

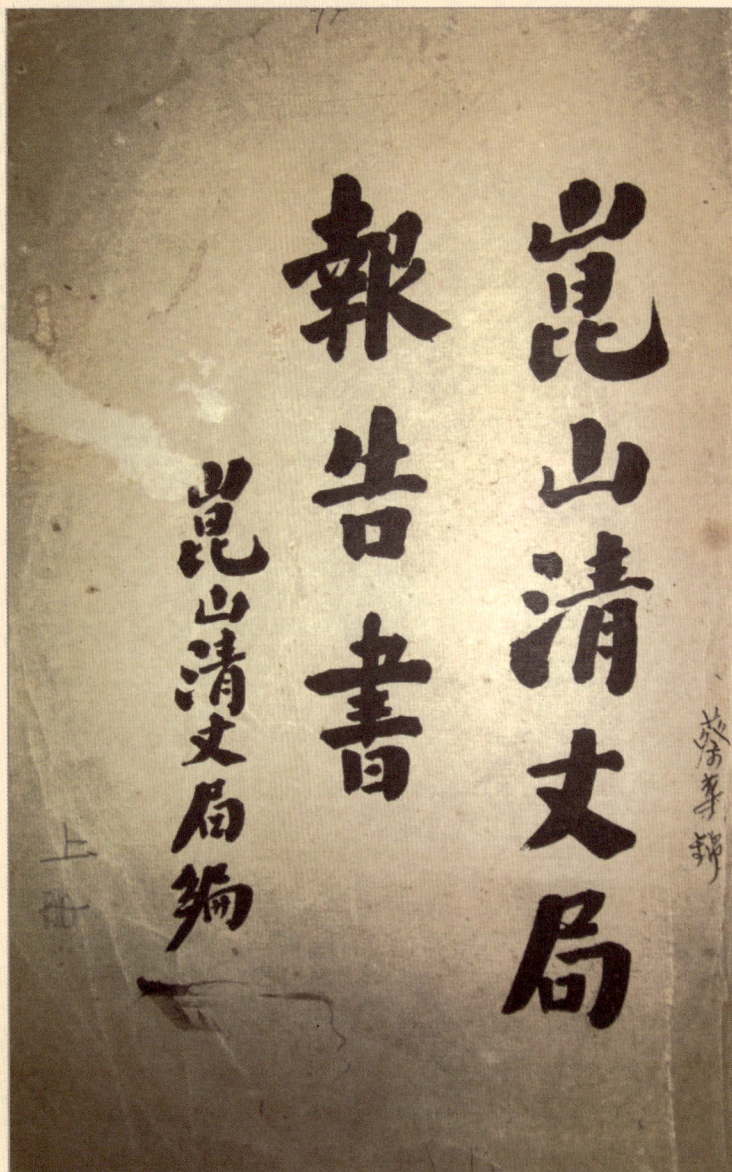

1926年，昆山县清丈局报告书封面。

1926年，昆山县清丈局报告书目次。

清丈案卷目录

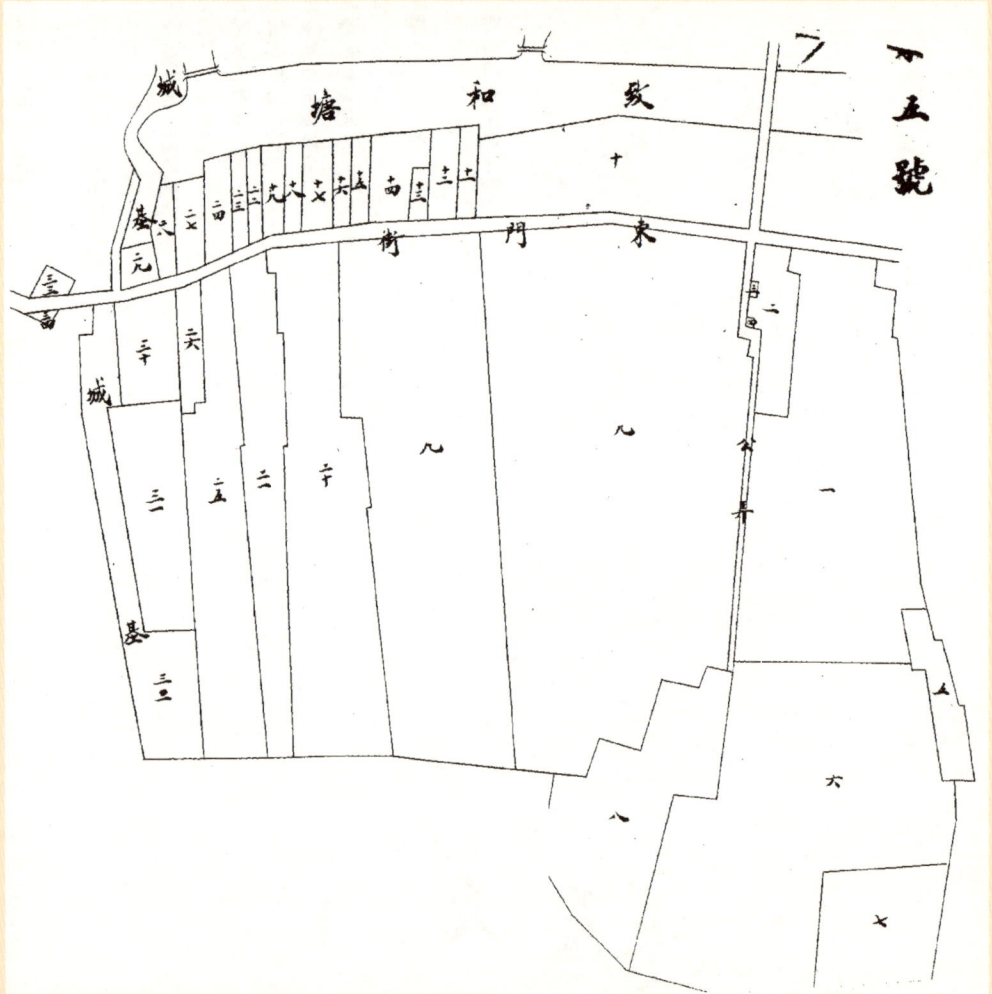

分区地图

序

吾邑清丈始於民國初元今十有四年既成既行宿弊一清任事之人撮其都凡將表圖說明布告於衆固職責然也清丈為國家行政國不遑舉而地方自為之豈得已哉蓋鑒其弊而急謀所以自利之方也弊不百不革利不百不興興革之道有議有行有法有程清丈前無所師而以他邑已辦者為之資其是非得失履之而後知知之而後入歧出歧昔所經涂任事者已自喻之矣譬猶行遠幾經羊腸鳥道而始誕登平夷也沈毅以赴善悔以不狃於故而今始冊籍粲然完具其難也如是然余且謂猶有種種善後所當行之者縣市鄉道未經規畫銀漕未并市鄉區大小不一插花凌亂未盡釐正圩圖亦衺邪不等稅則雖改綜其大較未免有出入輕重往事誠艱後來者尤非易易勿謂局務之已竣也日本土地臺賬經始於明治四年告成於二十有四年以國家全力猶且二十年始成而況區區地方之人哉世變靡常凡有圖冊應置其副別為儲藏各市鄉應各分置其本區之冊設有不虞庶分者可合或力能刊布尤為永久此非第任事者之職也鄉之人所當共圖之也事所當行遲速必為誠得早一日為之即早一日自享其利今日清丈所著於圖冊者其視未辦清丈時何如也而清丈善後之種種他日辦之其視今日更何如也還衰暮之年尤望早觀厥成或其他應商榷者父老昆季當不憚匡救自餘蔡序詳言之不復贅

中華民國十五年六月方還謹識

全文：

昆山县清丈局报告书·序

1926年6月

方还①

　　吾邑清丈始于民国初元，今十有四年。既成既行，宿弊一清。任事之人撮其都凡，将表图说明布告于众，固职责然也。清丈为国家行政，国不遑举，而地方自为之，岂得已哉？盖鉴其弊而急谋，所以自利之方也。弊不百不革，利不百不兴。兴革之道，有议有行，有法有程。清丈前无所师，而以他邑已办者为之资，其是非得失履之而后知，知之而后入歧出歧。昔所经涂，任事者已自喻之矣。譬犹行远，几经羊肠鸟道，而始诞登平夷也，沉毅以赴，善悔以不狃于故，而今始册籍粲然完具。其难也如是。然余且谓犹有种种善后所当行之者：县市乡道未经规划；银漕未并；市乡区大小不一；插花凌乱，未尽厘正；圩图亦衺邪不等；税则虽改，犹综其大较，未免有出入轻重。往事诚艰，后来者尤非易易，勿谓局务之已竣也。日本土地台账，经始于明治四年，告成于二十有四年。以国家全力犹且二十年始成，而况区区地方之人哉？世变靡常，凡有图册，应置其副，别为储藏，各市乡应各分置其本区之图册。设有不虞，庶分者可合，或力能刊布，尤为永久。此非第任事者之职也，乡之人所当共图之也。事所当行，迟速必为。诚得早一日为之，即早一日自享其利。今日清丈所著于图册者，其视未办清丈时何如也？而清丈善后之种种，他日办之，其视今日更何如也？还衰暮之年，尤望早观厥成。或其他应商榷者，父老昆季当不惮匡救。自余蔡序，详言之，不复赘。

中华民国十五年六月　方还谨识。

1926年6月，昆山县清丈局报告书·序。

---

① 方还（1867~1932），原名张方中，字惟一，晚号蚓庵。江苏新阳（今属昆山）人。书法家、诗人、教育家。曾任昆新教育会、昆新商会会长，辛亥革命爆发后参与光复昆山，胜利后任昆山民政长。

昆山縣清丈局報告書

例言

一、本編採錄事實自民國元年起至十四年止彙成總報告書

一、本編分文牘章程表冊輿圖四門凡公文函件布告之類概入文牘門

一、本局文牘一門甚為繁瑣茲僅就關係重要者選錄之其餘概不采入

一、文牘內公文之類概註明發送年月其函件布告及章程門擬訂章程之年月局中頗多失記故但依其事實發生先後為次不註年月

一、文牘內公文之類有呈文指令及稟詳批飭之不同此係因公文程式法令之變更不能改從一律故悉存其真

一、本編章程一門無論鉅細存廢概行采入以資考證惟有臨時宣布之規則等散見於通告或揭示中者仍附入文牘其餘各項程式頁數繁多概不采入

一、本編表冊一門僅就關係重要數種可資參考者選錄之其餘各項統計報冊一概從刪

一、本局履丈發單時處理田畝糾葛事件最居多數情形頗複雜茲概不編入免貽掛漏之嫌

一、本編輿圖係測量組製成復依清丈圖冊校正加繪各圖界線較諸專測輿圖尤為詳備

一、各市鄉分圖悉依自治區域凡分為一市十七鄉

一、各市鄉面積大小不等現在比例縮尺統歸一律

一、輿圖內所註橋梁河道村莊間有從普通人民習慣名稱者祇求適乎今用不以志乘為限

一、城廂為全邑首區市集繁盛茲將街道另繪詳圖

一、本編選錄關係清丈文件別為附錄

例言

二

1926年，昆山县清丈局报告书·例言。

全文：

昆山县清丈局报告书·例言

1926年

一、本编采录事实自民国元年起至十四年止，录成总报告书。

二、本编分文牍、章程、表册、舆图四门，凡公文、函件、布告之类，概入文牍门。

三、本局文牍一门，甚为繁琐，兹仅就关系重要者选录之，其余概不采入。

四、文牍内公文之类，概注明发送年月，其函件、布告及章程门拟定章程之年月，局中颇多失记，故但依其事实发生先后为次，不注年月。

五、文牍内公文之类，有呈文、指令及禀、详、批、饬之不同，此系因公文程式法令之变更，不能改从一律，故悉存其真。

六、本编章程一门，无论巨细存废，概行采入，以资考证，惟有临时宣布之规则等散见于通告或揭示中者，仍附入文牍，其余各项程式页数繁多，概不采入。

七、本编表册一门，仅就关系重要数种可资参考者选录之，其余各项统计报册一概从删。

八、本局履丈发单时，处理田亩纠葛事件最居多数，情形颇为复杂，兹概不编入，免贻挂漏之嫌。

九、本编舆图系测量组制成，复依清丈图册校正，加绘各图界线，较诸专测舆图，尤为详备。

十、各市乡分图，悉依自治区域，凡分为一市十七乡。

十一、各市乡面积大小不等，现比例缩尺统归一律。

十二、舆图内所注桥梁、河道、村庄，间有从普通人民习惯名称者，只求适乎今用，不以志乘为限。

十三、城厢为全邑首区，市集繁盛，兹将街道另绘详图。

十四、本编选录关系清丈文件别为附录。

名人档案

二十年六月

申正後解維西去有風利不可泊之轉此逆溯社橋則回

巨喬黃失鑑初遇福建逢考文叔平向摩洩鄒説焉福

從之舟鄒本同年舊文其方罷熱甚未敢干之卯

二十九日甲戌晴

既明舟由下橋泊不大草常州東門登岸先訪武進呈吳塢

堂及文化葉詢高司訪泊太守桐公于賀澤午刻至賀前

衛公祖之陸娃為蔣佳計巧其房宇宏濬謹敏方

久居計未知巧僧巧吾孟陽湘衛署激獗勢不能容也

午後轄堂畫一讀考大元三絕又寅文鏡之一西

李超琼日记

保管单位：苏州工业园区档案馆

内容及评价：

李超琼（1846~1909），字紫璈，又字惕夫。四川合江人。光绪十五年（1889）至二十四年（1898），担任苏州府元和县知县（其中两年与常州府阳湖县知县对调署理）。光绪十六年（1890）夏，以工代赈，并发动民间捐资，组织当地百姓利用战争废墟中的瓦砾在金鸡湖上建成长堤，并在堤上植树，以固堤防，百姓称之为"李公堤"。李超琼日记自光绪七年（1881）至宣统元年（1909），共42册原件、1册复印件，不仅记载了李超琼的生活点滴和公务情况，还处处可见其对国家的忧患之情，对研究苏州工业园区的人文历史也具有重要的参考价值。《李超琼日记》已于2012年12月由江苏人民出版社公开出版。

李超琼日记一览

二十年六月

六其美而醫者諸脈皆四遲不支知柳可怪地其所书乃
鉻稜脆之力諸歷方出頻人手院下將延劉伯卿一行
謂血之相已枉耳培元氣以防後敗听福心正有見吳
庠生蔣整将堡註扰欠條漕再視何患遂令劉改之
攤捕殘看余

十九日甲子晴
晷末以奉檄調署陽湖訪吉李福一敦謝挑管揚伖衙書
被中必搘見獎勛頻至午子此飯客乃李勛自論緘
青廿九末書內明筆妣二紙別其某姆辞安理已

辰初出署詻以择子諸衙之主伙根雷雷身嫩小生修歷數千
家哨末胗地午兩文幼華義久讀申兩兩疎雨巫凉雲乃
起功廿謝辛小子乃閘曩之心臻快乞地香友雨登峰未毅見
資共一飯作寄筆娆家書一西纸覆支主峰等諭

二十日丁卯晴
晷起詻郡庠禱雨礼成石玉至貴院暑名以檄郡輊身推
髢考誠訣科地既畢至使道歷畫兩云跋拜卷手試澂
之廉一漾十战再出禱雨王小谷某簽共頒乃去

二十三日戊辰晴

松世七初論計月之初旬可抵聖乃寔慮之懷有之
奇駭太守枚伖抷晚的啟之亥歷乃归返

二十日乙丑晴
辰高過程厚東王翁茶陳為倅覃明心坐便道择家即以辞り
地宝鏡之署禃晩歠紫一女回畢久誅一飯乃返松存槖盒
立在归心知桐之懷太守移搝蘇州名心廉被連太守鸿謨

署崇州府家持方訊案訪者郷庠使来言遂詢歷心一
福且投饋歷以到隂暘之上官姅地

二十一日丙寅晴

主明乃玉繆火神祠地行礼背伖服郷庠禱雨何早晚再舎
午前以吳翡生趙伯舍訪期伖某語別期伖朂西催
怪源先生見退對之註不心廣建先生午月勞晉归立山
覺不言能賀我千载勦絕舉維兮訪粹幺倝者福
慈麗至再某足人美死案甲師寄某姆家書一月岡示
昂兒圭西又寄止玄合州陳千菴甲翰韶子召鷗一
函再附川啊筆二十枚訪張文郷孝廉搝住去

二十四日己巳晴

辰前以暑起至若差出辟署迤剰陈若固章　餘後少名若云　二十年六月　石船居胜□
謀六時方去染此行以辞官来省名利之场迷生之所見
且世逼遗以求逐初中必以悟誅许之其信西初諳郡
廟禱雨不可得名寿名花衣朝遂命撤謡便道招遶
偕鏡之逼餉花以坐归和樂临眷一詩中夜大风習雨惜
□诉一至首不逮敢謝遂止半
二十五日庚午　雨晴陰
辰前鏡之来松偕調揆軍院见吕出拜客于好硯至沈考神
庫使面小坐後諳謡歴访陈窀論朝鮮事遂継誅及半

二十七日壬申時　二十年六月　石船居胜□
署起訪色廣行者謝神力也三年来境中無命證集非神之依
盡宴此且時去斯岂必神则朱名諳郡廟随府事及雨
縣勿礼謝求雨名名雨也既畢先諳中必至名廟日本欲諳
食朝鮮與中國諍鮮已于世间藏諳图南商輪別日擊沈
有损伤名揆江兵轮别日被揆围南商輪別日擊沈
所租之高陞商輪別日受修是大師中名辛义闹戰
明文乔迤闹愦名署局猶名摧耳发铃之许悲裁院
出又諳方伯卿小又諳未守林必义遽之又久乃归与鏡之偕

諳歴访陈必名署中已才辰刻将元和縣即送至吴署
由鏡之精為些理也半正已迤揆友返署一餞之去辭去
母吾名命妻喜辈何奉待于署金剛先赴阳湖此去
署别鄉民環跪持香攀留两靴明名諱市相酬耳
大门之外将須登與名兩靴明名諱市相酬耳
近世陋習不必圖善信之切特以名相市相酬耳
祇朝知之且渫耶名亭莫能扣其素之曰哉屑役
等有使投新村襲揆金所乘肩與東北行展邏溪
村临都狮迤青龍橋経額家巷宫卷村于将坊鐵辭

皇上萬壽先三日慶賀寅初諳萬宮侯中於以次各憲咸集
随明登廟三路九叩礼成石任天已犁旦匯卧至辰正再出
至皋祷祝遂過園与張王二孝屋継讀近午西乃遠出
萬寅朝穗王類異是中餞後覌鲁一次嗣己峰宋枢存来
小坐何逼曹言辈為吾世許謂脈静石和孝寿芳相可喜已
歲所偕陳并視達一切甚戾盧访所賞馬归後掃半
書看名讀樂名来答价之徐坡話諳之半刻筆宴
松存列入諳路久乃去
二十六日辛未　晴

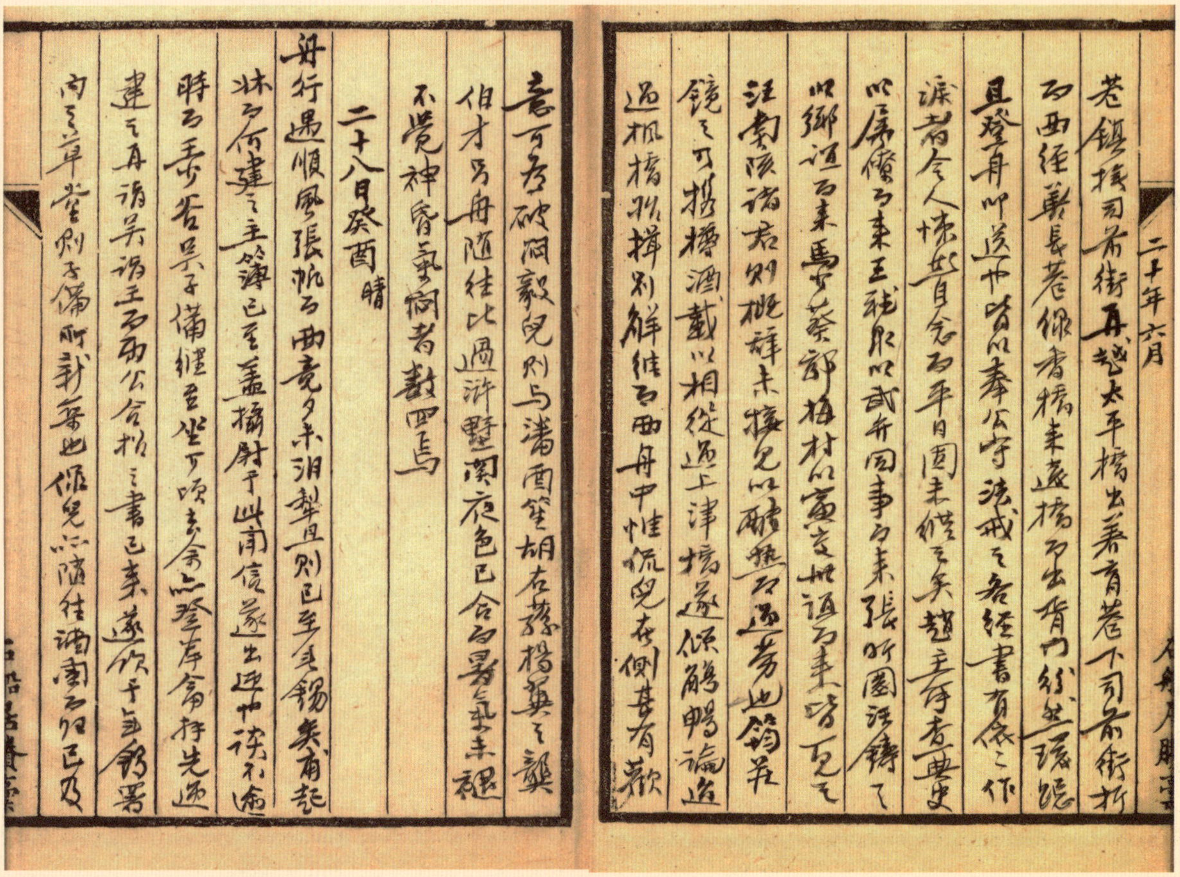

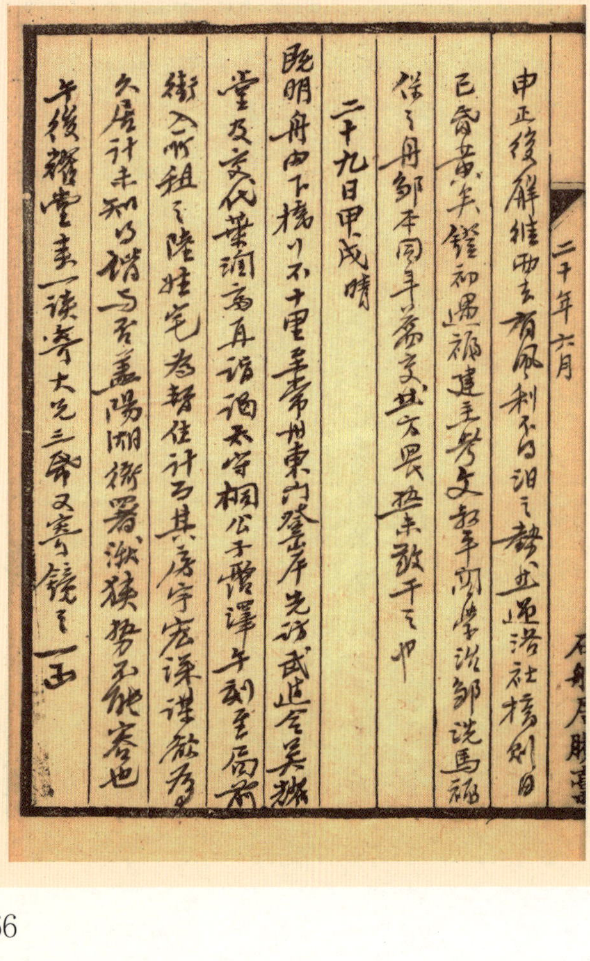

光绪二十年（1894）六月，李超琼日记（节录）。

全文:

李超琼日记（节录）

光绪二十年六月十九日至二十九日（1894年7月21日至31日）

十九日，甲子，晴。

早出，以奉檄调署阳湖，诣上台禀谒，一致谢愧，亦官场俗例也。惟中丞接见，奖勉颇至。午正乃归。饭后，得季弟自渝城五月廿九来书，内附策侄二纸，则其夫妇挈二女归，已于廿七到渝，计月之初旬可抵里门矣。悬虑之怀，为之顿慰。太守林公招晚酌，应之。亥夜乃得返。

二十日，乙丑，晴。

辰间过程序东、王筠庄、陈嵩佺处，均小坐，便道拜客，即以辞行也。至镜之署，相验瘐毙一女囚毕，久谈，一饭乃返。松存、榕盦亦在。归后，知桐子霭太守移摄苏州，而詹绂廷太守鸿谟署常州府篆。时方讯案，沈杏卿库使来言，遂诣詹公一谒，且投履历，以到阳湖之上官故也。

二十一日，丙寅，晴。

辰刻出署辞行，惟于潘济之、王仙根两同年处小坐，余历数十家皆未晤也。午间文幼峰来久谈。申酉间疏雨一过，凉云四起，而甘澍卒不可得，悯农之心殊怏怏也。晋友阎玉峰来，毅儿留共一饭，作寄策侄家书一函四纸，即交玉峰寄渝。

二十二日，丁卯，晴。

早起，诣郡庙祷雨，礼成而出。至贡院点名，以抚部亲身按临考试决科也。既毕，至便道历娄门各路拜客，于沈澂之处一谈。午后再出祷雨。王少谷来，留共一饮而去。

二十三日，戊辰，晴。

未明而出，祭火神祠也，行礼皆公服。郡庙祷雨仍早晚再至。午前、后吴粤生、赵伯含、沈期仲来话别，期仲饭于此。强惺源先生见过，对之法下，以赓廷先生于月初五日归道山也。余昨以联挽之曰："十载订神交，每见皆肃若严师，常觉不言能启我；千秋绵绝学，继今访粹然儒者，只愁所至更无人。"盖纪实也。昨寄策侄家书一。日间示昂儿京函一。又寄亡友合州陈子蕃中翰嗣子启鹍一函，并附以湖笔二十枝，托张式卿孝廉携往云。

二十四日，己巳，晴。

辰间以晏起未出。屏当凌杂，殊苦周章。饭后少谷再至，谈二时乃去。渠此行以辞官来省，名利之场淡然无所竞，且甘退让，以求遂初。中丞公以恬淡许之，其信。酉初诣郡庙祷雨，雨不可得，而来日为花衣期，遂命撤坛。便道拜客，偕镜之过筠庄小坐。归，和叶临恭一诗。中夜大风雷雨，惜滂沱一至，曾不逾数刻遂止耳。

二十五日，庚午，雨，晴，阴。

辰间镜之来招，偕谒抚军，既见而出。拜客十余所。至沈杏卿库使处小坐。复诣谒廉访陈公，论朝鲜事，遂纵谈及早岁所条陈并规划一切，甚为廉访所赏焉。归后，扫治文书有如落叶。而来客纷纷，文小坡、汪济之、文幼峰、宋松存则入谈，既久乃去。

二十六日，辛未，晴。

皇上万寿，先二日庆贺。寅初诣黄宫，俟中丞以次各宪咸集，随班望阙三跪九叩，礼成而归，天已犁旦。偃卧至辰正再出，至桌辕预祝。遂过蘧园，与张、王二孝廉纵谈，迄午正乃归。张笃实明稳，王颇异是也。饭后讯案一次。阎玉峰、宋松存来小坐。仍延曹芝莽为吾母一诊，谓脉静而和，为寿者相，可喜已。

二十七日，壬申，晴。

早起，诣邑庙行香，谢神力也。三年来境中无命、盗案，非神之佑，盍能至此？且将去斯邑，亦与神别矣。复诣郡庙，随府宪及两县行礼，谢求雨而得雨也。既毕，先诣中丞奎公，闻日本欲蚕食朝鲜，与中国寻衅，已于廿一日开战。虽北洋来电谓互有损伤，而操江兵轮则日被掳，图南商轮则日击沉，所租之高升商轮则日受伤，是大衄也。而卒无开战明文，薄海同愤，而当局犹为掩耳盗铃之计，悲哉！既出，又谒方伯邓公，又谒太守林公。又迟之又久，乃得与镜之偕谒廉访陈公，而署中已于辰刻将元和县印送至吴署，由镜之暂为兼理也。午正已过，始及返署。一饭而出，辞吾母、吾兄，命妻妾辈仍奉侍于署，余则先赴阳湖。比去署，则乡民环跪持香，攀留致舆不得行，因降而步至大门之外，将复登舆而两靴均为渠辈脱而留焉。是皆近世陋习，不必感慕。依恋之忱之切，特以为相市相酬耳。虽明知之且深耻之，而卒莫能拒，其奈之何哉。胥役等百余人复杂村农拥余所乘肩舆东北行，历濂溪坊、临顿路，过青龙桥，经颜家巷、宫巷，转干将坊、铁瓶巷、镇抚司前街，再越太平桥，出养育巷，下司前街，折而西，经善长巷、线香桥、来远桥而出胥门，纷然环跽且登舟叩送也。皆以奉公守法戒之。各经书有依依作泪者，令人悚然。自念而平日固未纵之矣。赵主簿、查典史以属僚而来，王听泉以武弁同事而来，张昕园、汪铸之以乡谊而来，马少葵、郭梅村以寅交世谊而来，皆一见之。汪南陔诸君则概辞未接见，以酷热而过劳也。筠庄、镜之乃携樽酒载以相从。过上津桥遂倾筋畅论，迨过枫桥始揖别。解维而西，舟中惟侃儿在侧，甚有欢意，可为破闷。毅儿则与潘酉笙、胡右荪、杨翼之、龚伯才另舟随往。比过浒墅关，夜色已合，而暑气未褪，不觉神昏气闷者数四焉。

二十八日，癸酉，晴。

舟行遇顺风，张帆而西，竟夕未泊。犁旦已至无锡矣。甫起床而何建之主簿已至。盖摄尉于此，闻信遂出迎也。谈不逾时，而王少谷、吴子备继至，坐少顷去。余亦登岸翕拜。先过建之，再诣吴、诣王。而两公合招之书已来，遂饮于无锡署内之草堂，则子备所新筑也。侃儿亦随往。酒阑而归，已及申正。后解维西去，有风利不得泊之势。然过洛社桥，则日已昏黄矣。灯初遇福建主考文叔平阁学治、邹洗马福保之舟，邹本同年旧交，然方畏热，未敢干之也。

二十九日，甲戌，晴。

　　既明舟由下桥行，不十里至常州东门。登岸先访武进令吴耀堂及交代叶润斋，再诣谒太守桐公子霭泽。午刻至局前街，入所租之陆姓宅，为暂住计。而其房宇宏深，谋欲为久居计，未知得谐与否。盖阳湖衙署湫狭，势不能容也。午后耀堂来一谈。寄大兄三纸。又寄镜之一函。

陆鸿仪档案

保管单位： 苏州市档案馆

内容及评价：

陆鸿仪（1880~1952），字棣威，号立盦，苏州人。清光绪二十九年（1903）进士。1907年赴日攻读法律，学成归国后曾任职于北京政府，后辞职从事法律事务，参与营救"七君子"等进步人士，解放后任最高人民法院委员兼民事审判庭庭长。陆鸿仪档案共计38卷，形成时间跨度大，基本上反映了陆鸿仪个人的成长足迹和丰富的人生阅历，尤其是其中的"七君子"案档案较完整地保留了当时的审理记录、辩护意旨书、答辩状、起诉书等资料，是研究救国会、"七君子"事件及抗日救亡运动的重要史料，对于开展爱国主义教育也有一定的价值。陆鸿仪档案于2010年入选第三批《江苏省珍贵档案文献名录》。

陆鸿仪

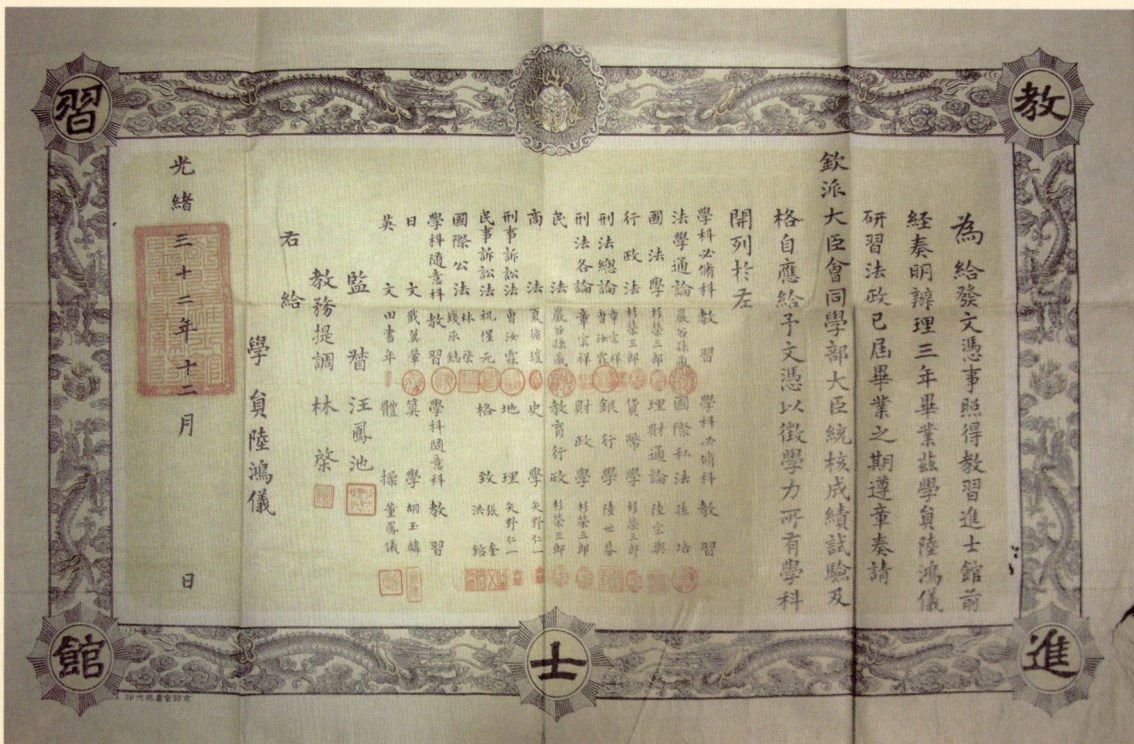

光绪三十二年十二月（1907年1月），陆鸿仪教习进士馆法政毕业文凭。

任命狀

任命陸鴻儀為法制
局參事此狀

中華民國元年八月三十一日

薦字第拾玖號

1912年8月，陆鸿仪被任命为法制局参事的任命状。

中央人民政府任命通知書

兹經中央人民政府委員會
第三次會議通過任命陸鴻儀為
中央人民政府最高人民法院委員

特此通知

主席

一九四九年十月十九日

府字第

0407

號

1949年10月，陆鸿仪被任命为最高人民法院委员的任命通知书。

1921年4月，陆鸿仪获颁勋章领取凭单。

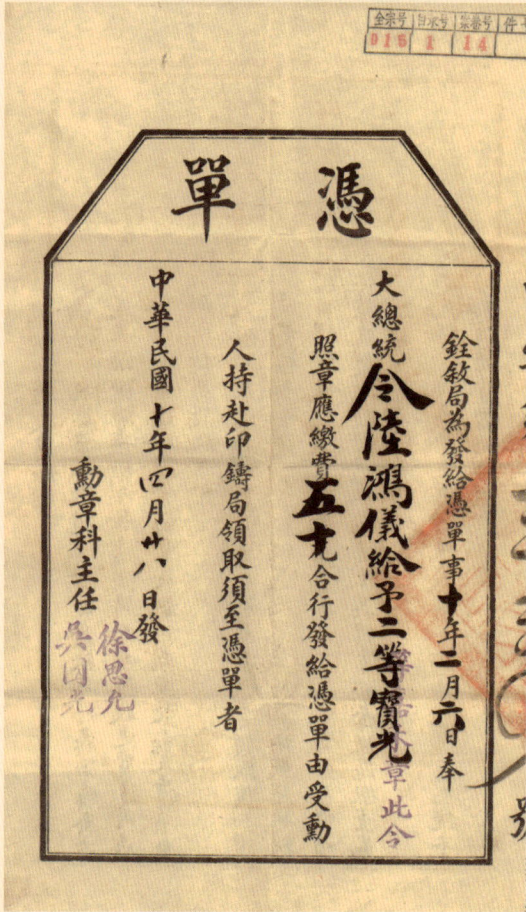

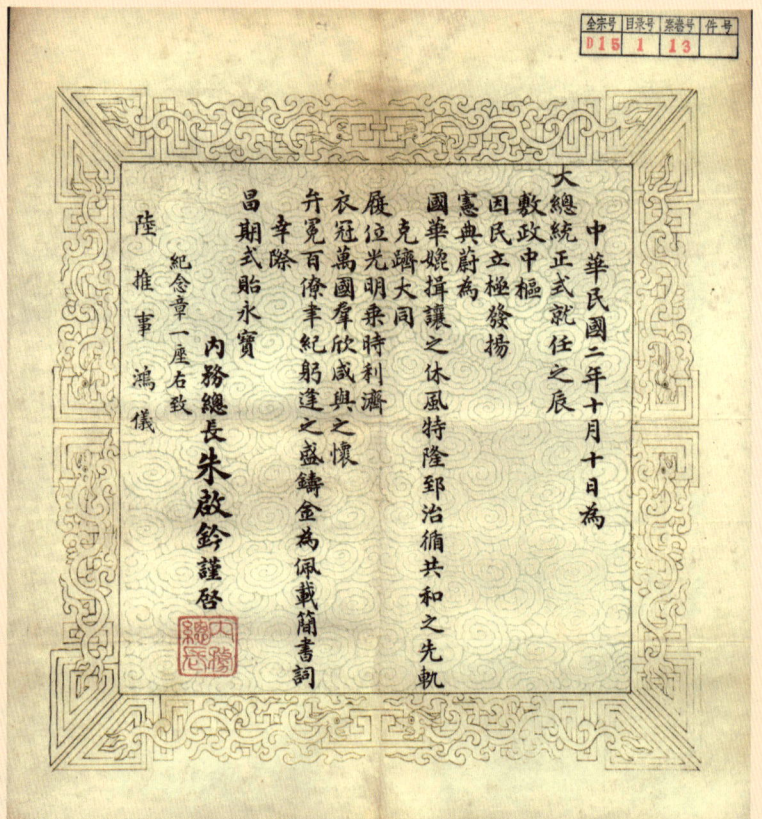

1913年10月，陆鸿仪获颁纪念章证书。

"七君子"被控危害民国案资料

1947年11月，辛酉（1921）考取司法官在南京欢迎陆鸿仪留念，前排中为陆鸿仪。

棟威老兄千古

潔己奉公

守法不渝

沈钧儒敬輓

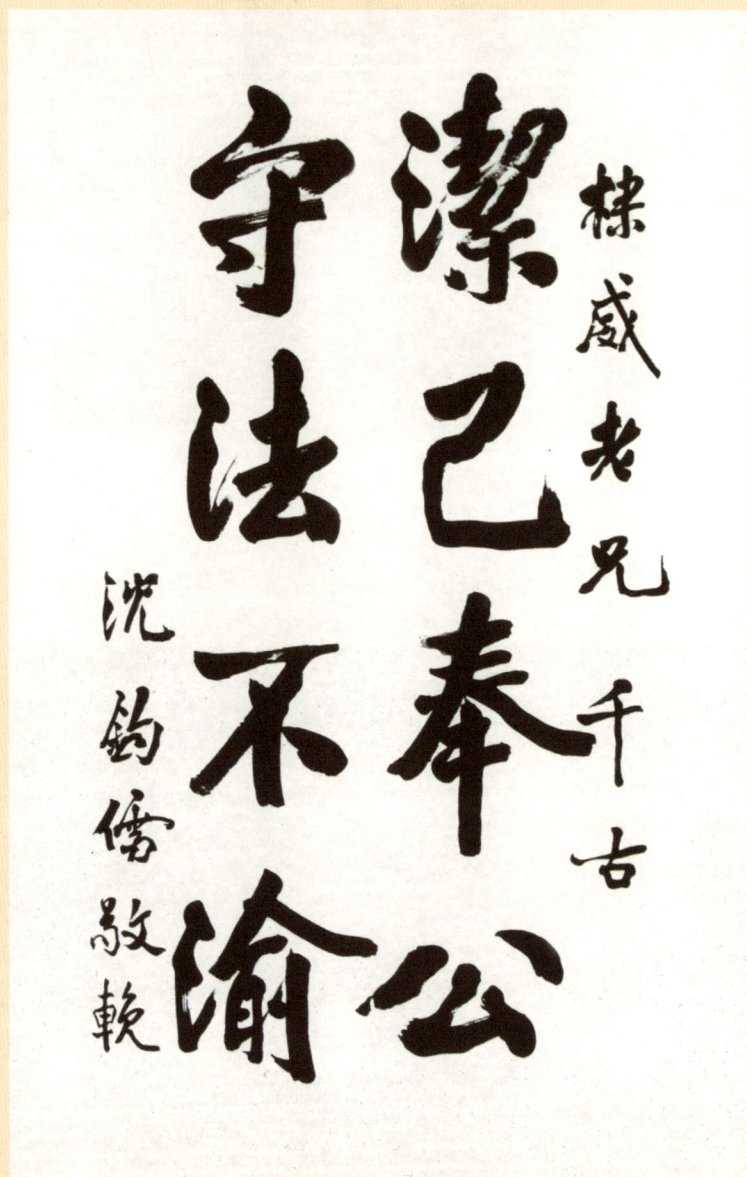

陆鸿仪去世后，最高人民法院院长沈钧儒书挽联。

全文（节选）：

沈钧儒等被诉危害民国案辩护意旨书

1937年6月

沈钧儒之辩护人：刘崇佑律师、秦联奎律师、李肇甫律师

章乃器之辩护人：陆鸿仪律师、吴曾善律师、张志让律师

王造时之辩护人：江庸律师、李国珍律师、李通骏律师

李公朴之辩护人：俞钟骆律师、鄂森律师、陈志皋律师

邹韬奋之辩护人：刘崇佑律师、陈霆锐律师、孙祖基律师

沙千里之辩护人：江一平律师、徐佐良律师、汪葆楫律师

史良之辩护人：俞钟骆律师、俞承修律师、刘祖望律师

为沈钧儒等七人被诉危害民国罪一案依法辩护事。本案检察官对于被告等所为救国联合会发表宣言并刊物，指为犯危害民国紧要治罪法第六条之罪。起诉书所列罪证，达十款之多。然被告等之行为，是救国非害国，宣言刊物所主张，皆以救国为目的，绝无丝毫危害民国之意思。该全文均经在卷，有目共睹，不能强证。起诉条款虽力加罗织，皆属断章取义、挑剔辞句（如起诉书第二、三及其他各款），甚或将无作有、添设诬指（如起诉书第一、四及其他各款），务使罹罪之辞。无论何人，苟审察本案情形之始末，读该宣言及刊物之全文，皆能明瞭被告等命意何在。起诉书种种误谬，业经被告等逐款逐段详加答辩具状在案。我严正致公之法院，自能平心细察，无俟赘诉。兹特就起诉书所援犯罪法条与本案被告所为之事实，种种不能相合各点，及被告等宣言刊物之所主张，究竟有无与三民主义不相容之主义，且与今日政府之国策是否相背，并其他对于起诉之答辩，有应补充者，统陈如下：

按危害民国紧急治罪法第六条，乃以危害民国为意思条件，而组织团体或集会或宣传与三民主义不相容之主义则为其行为条件，此两条件必须具备，不能缺一。何谓危害民国？必为卖国或叛乱，而破坏国家组织，或颠覆政府，须达于动摇国本者，始克当之。何谓宣传与三民主义不相容之主义？例如法西斯主义、共产主义，必揭其特种思想、特种信仰，一成不变，作独特之标帜，与今政府之三民主义不相容，而以为号召者，始克当之。何谓意思条件？必有其人之直接事实或明显表示，足以直接证明其确具害国之故意者，乃可。何谓行为条件？必其有此主义，且明白有宣传此主义之事实，乃可。且不相容云者，有此无彼，绝不并立。换言之，即用另一主义，以覆灭三民主义而替代之之谓。法律之规定，至为严格。此种刑法以外之特别法，尤有其特定之精神，其限界至严而肃，有一不合，即不能成为本条之犯罪，决无随意滥解滥用余地。苟为有法律之国家，自应严重遵守之。

本案检察官认被告等有危害民国之罪，依起诉书所载犯罪之事实。第一，谓救国联合会宣言并其刊物主张停止内战，释放政治犯，并与红军议和，建立一统一之抗敌政权；第二，谓救亡情报对于中央施政方针多所抨击，指为削弱民众对于政府之信仰；第三，更以推想语调，谓被告等应有毛泽东电报之函，自分所愿获偿，益图扩展，诬指其派遣罗青组织江苏各界救国联合会；第四，又诬其认日商纱厂工潮有机可乘，借后援会募款，意图使与一致行动。于是依此事实，认定被告等共犯以危害民国为目的，而组织团体并宣传与三民主义不相容之主义属实。夫仅仅主张停止内战、释放政治犯、与红军议和等，政府之尊严自在，并无颠覆或损伤，则与上述危害民国之意义何涉耶？建立统一之抗敌政权，抗敌对外

也，希望有统一之对外抗敌，不涉内政，并不破坏现政府之组织，则距离危害民国四字岂不甚远？至于抨击时政，何以即为削弱政府信仰？刑法内乱罪尚不能构成，何以指为危害民国之特别罪？他如罗青组织江苏救联会、日商纱厂罢工后援会等，无论事实全不如此，即其有之，亦非犯罪。起诉书开章明义大书特书之犯罪事实，乃与所援犯罪法条毫无相合如此，窃觉其误会之太甚矣！今试更就所列十款罪证言之。

按起诉书证据第一款，谓宣言内（一）"列强攻苏之误中国剿共亦误"、（二）"少数别具肺肝的人们依然认为苏联和共产党是中国的主要敌人"，以为共产党祸国，其宗旨与三民主义显不相容，主张不应讨伐，阻挠中央根绝赤祸之国策云云。然该宣言中，并无（一）项之语，起诉书乃承上海市公安局致检察处函之误载。且宣言是指西方列强攻苏之误，是指亲日派官僚梦想与日同盟反共之误，其意义与起诉书尤大悬殊。又（二）项之意，乃指中国之主要敌人，为志在亡我之日本。详细文义，皆以具前述之被告答辩状中。夫共党祸国，宗旨是否与三民主义不相容，是一事；际此日祸亡国，迫在眉睫之时，主张不宜讨共应并力抗日以救亡，又是一事。纵使与当日中央国策有所不同，然被告等究无宣传共产主义，以之打破政府之三民主义。且即假定为是反对国策，则非反对主义可知。既无反对三民主义，又无宣传相反之主义，如何指为危害民国？故依本款证据，起诉书所谓犯罪极为明显者，辩护人则觉其不犯罪极为明显。

…………

又起诉书证据第十款，谓罗青参加以危害民国为目的之团体，认为本案共同正犯，并谓罗青称与章乃器接洽时沈钧儒、邹韬奋在坐等语。查罗青在侦查及公判庭口供，并无称是被告令其组织江苏救联会之语。罗来访章乃器，询问救国会意见，章乃器乃以救国会宣言刊物与之，此极普通之事。沈、邹并未在坐，亦未与知。让百步言之，即有在坐，亦复何关？罗青并非救联会之人，章乃器等并无使组江苏救联会，何能别无证据，仅因与之一见，即成为罪责？起诉书凭空周纳，试阅全案供证便知。此由不成为证据者也。

依上所述，被告等绝对不犯危害国民之罪，至为明瞭。起诉书所列各证据，被告前递之答辩书指辩最详，兹避复述，应请并予援用为本辩护书之一部分。总之，危害民国紧急治罪法，乃刑法以外之特别法，惟有动摇国本，如破坏国家组织、颠覆政府等，具此直接唯一之故意者，始能构成。此乃不易之定义。遍查本案在卷各文件，所有表示皆专以抗敌救国为目的，叮咛反覆，千篇一律，语不离宗，何曾一字一句含有动摇国本（破坏国家组织或颠覆政府）之意？该宣言及刊物，乃公布文件，无论何人皆所共见。法院试加博访，亦有能指出者否乎？即以检察官起诉书言之，尽其指摘能事，亦不过如上述者而已，一经辩驳，已不能成立理由，然则何以成罪哉？且意思条件云者，非经确实证明其有此意思不可，今已不能有所证明。而所谓宣传与三民主义不相容之主义，则救国会除主张抗敌之政策外，根本上即未有任何主义，更有何宣传？是行为条件亦不具备。就法律言，既无意思，纵有行为，亦不成罪，况并无之。至于救国会之团体，其行动之目的，既如其名称，无论行动有无过分，终不得遂以救国为害国，尤不待言。起诉书虽指救联会为私立，亦仅为登记手续完成与否之问题，终非犯罪。况一切公开，且经将其宣言刊物面呈中央及地方各当局，如果有犯罪情事，何以当局者皆予以包容，不加取缔？尤足见自始本非犯罪之事，其指为犯罪者，乃以后之误会及成见所致。夫危害民国紧急治罪法，乃何等严重特别之法律，顾可因误会成见，而轻易使人陷入之乎？窃知我法院尊严独立，我政府以有法律昭信于世界，必有以慎处之也。

辩护人尤有言者。本案绝对不能有罪，已如前陈。今试让步就刑事政策言之。政治犯，乃有时间性之犯罪。时代更变，有行为已失去犯罪性者，有已无处罚之理由或必要者。在检察官，则应不起诉或撤销公诉；在法院，则应宣告无罪。平心而言，本案情形，本非犯罪，而竟至侦查起诉乃至于公判，无非因由触犯时忌，渐成误会而然。时忌者何，即主张不剿共与之议和共同对外，及刊物中所谓联合各党各派建立一个统一的抗敌政权二语是耳。不知抗敌乃对抗外侮，与治理内政无涉。抗敌政权，乃抗敌之权力或力量。政权二字，在此处如是解之。统一的抗敌政权，即联合一切未统一之党派，使成为一个统一的抗敌力量，此即廿一年国难会议宣言"深愿全国民不分党派共同抵抗"，及"九·一八"纪念中执会告国人书"愿忍一切以求国家生存"之意。惟因有误以政权为政府之统治权者，遂误会为欲联合各党派另立一个统一的政府，而遂误认为欲于现政府外更行组织政府。然其宣言刊物中，屡言需要政府领导及国民党有统治权等语，则又忽之。毫厘之差，遂成千里之失，有如是者。主张不剿共，在剿共时代固嫌其过于逆耳，然今日则三中全会通过根绝赤祸之决议案，已有最低限度容与来归之办法矣。被告之希望在于不应剿共而减削对外之国力，今政府则以宽待前之共党与一般国人无殊，国力不对内而专以对外矣。是此项主张，早已同归一辙，更无所用其误会，尤无忌讳之可触，而另设政府之疑随亦无由而生。且被告等并非共产党，皆有各各之经历可稽。所谓"抗敌救国应由政府领导"在侦查及公判中，无一不如此供述，则误会更可释然。似此情形，不惟本非犯罪，而法院尊重法律，斟酌时事，由刑事政策观之，当亦不许加罪也。吾人试思日人侵略之毒，当绥远抗战时，即以上海一隅言，人心如沸，捐款捐物纷纷于途，无异"一·二八"情景。被告等忘躯爱国，挺身呼号，恐亲日者坠入与日同盟讨共之奸计，又虑国力分与剿共无以救亡，投入救国会，屡屡进言政府，且思持散沙之民众，欲以其一滴之血，供国人以献诸国家。此种义烈之概，实为国民气节所关。政府纵认为过于激进不能了解政府苦心，加以指导可矣，乃必囚辱之，使入于罪网，何以示敌人？何以服群众？天良未泯，实曰不能。窃以为危害民国紧急治罪法，并非为此辈爱国者设也。贵院守法律、主公道、顺人情，观听所系，应请速下无罪之判决。

谨呈江苏高等法院

王淦昌档案

保管单位： 常熟市档案馆

内容及评价：

　　王淦昌（1907~1998），江苏常熟人。核物理学家，我国实验原子核物理、宇宙射线及基本粒子物理研究的主要奠基人和开拓者，中国科学院学部委员（院士）。王淦昌档案共计346卷、630件，分为作品、证书、证章、评论介绍、信函、笔记、实物、声像等八大类，内容丰富，系统完整，记录了王淦昌在科学研究、社会活动、日常生活中的情况，反映了其献身科学、报效祖国的辉煌一生，具有重要的研究价值和爱国主义教育价值。王淦昌档案于2010年入选第三批《江苏省珍贵档案文献名录》。

1951年的王淦昌

1928年，王淦昌（左）与同学在清华大学礼堂前旗杆下合影。

1944年，王淦昌一家在贵州省湄潭县。

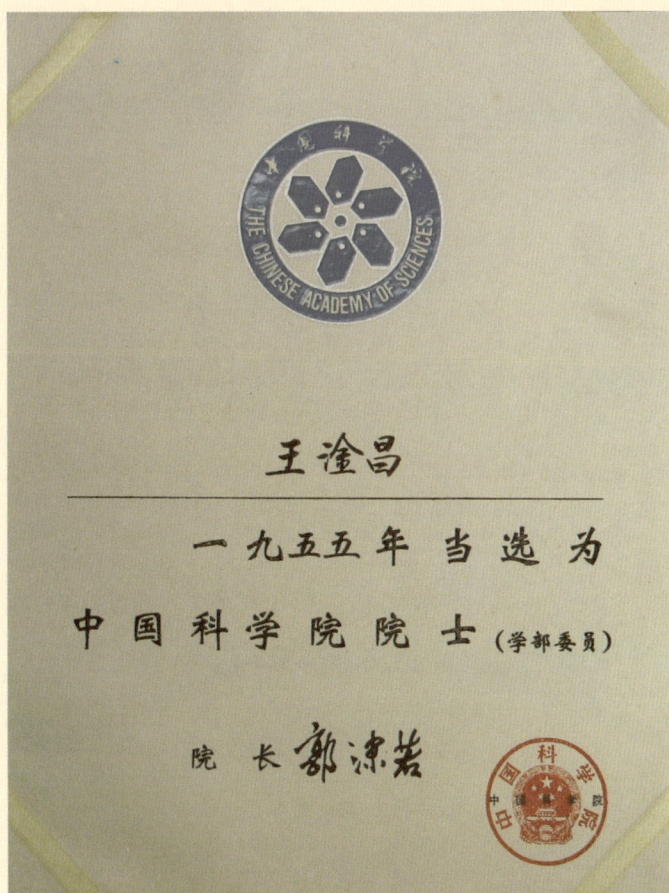

1955年，王淦昌当选为中国科学院院士（学部委员）证书。

王淦昌科研笔记

王淦昌工作日记本

王淦昌所获各类证书、聘书

王淦昌生前使用的实物

王淦昌著作

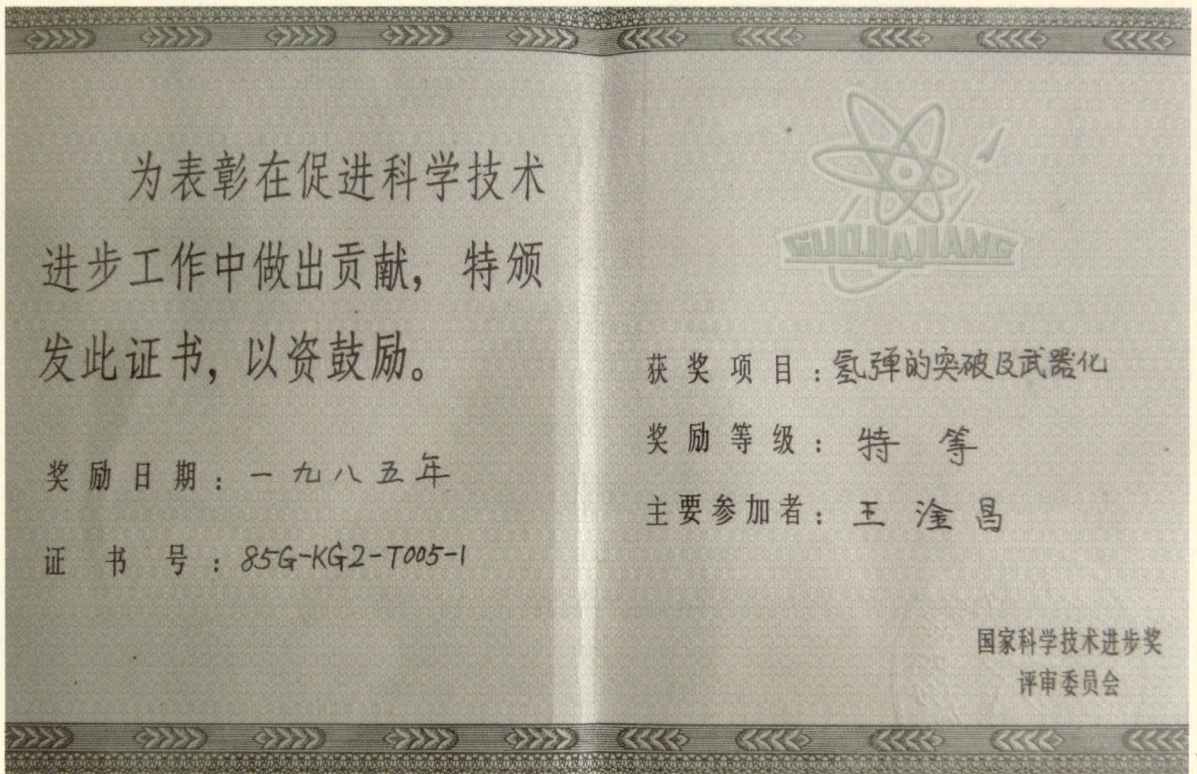

为表彰在促进科学技术进步工作中做出贡献，特颁发此证书，以资鼓励。

奖励日期：一九八五年

证　书　号：85G-KG2-T005-1

获奖项目：氢弹的突破及武器化

奖励等级：特　等

主要参加者：王淦昌

国家科学技术进步奖
评审委员会

1985年，王淦昌主持的项目"氢弹的突破及武器化"荣获国家科学技术进步奖特等奖。

1986年3月，向中央提出发展高技术建议（863计划）的四位科学家合影，左起：陈芳允、王大珩、杨嘉墀、王淦昌。

全文：

解开原子弹之谜①

王淦昌

二机部九局和第九研究所是一个单位，李觉任局长和所长。作为九所副所长，彭桓武主管理论研究，郭永怀主管设计研究和实验，我主管实验研究。

那时候，所里已经调来了一些专家和工程技术人员，有核物理学家朱光亚、邓稼先，固体物理学家程开甲，金属物理学家陈能宽等，还有从国内一些名牌大学来的高材生。

我们这些人都没有造过原子弹。我想，我们中国人并不笨，外国人能做的事，我们也能做。所以，我要求年轻人，不论职位高低，不管资历深浅，谁的意见好就采纳谁的，群策群力，尽快把原子弹这个谜解出来。

布置工作后，我总希望他们马上就做，拿出结果来。事实上不可能件件事都让人满意。遇到这种情况，我就着急，就批评人，甚至发脾气。事过之后，冷静下来，我感到自己有点过分，又马上找到被批评的同志赔礼道歉："对不起，我脾气太急了，请你原谅。"好在年轻人都摸透了我的脾气，知道我是为了工作，不生我的气。

我们知道，要使原子弹爆炸，首先要摸清楚原子弹的内爆规律，掌握爆轰实验技术。为了做好爆轰实验工作，培养和锻炼队伍，我给年轻人开了基础实验课，要求大家学会用数学概念进行推导，用物理概念进行认真分析。

爆轰实验不能在实验室做，怎么办呢？怀柔县燕山山脉的长城脚下，是一个工程兵的靶场，我们就借那块地方，开展爆轰物理实验。在一片开阔的野地上，一个碉堡，几排简易营房，十几顶帐篷，还有古代遗留下来的烽火台的废墟，这就是我们试验队的工作场地。我们称它为"17号工地"。中国的核武器研制就从这里揭开了第一页。

这个地方的气候条件十分恶劣。冬天，经常是风雪交加、飞沙走石，有时候大风能把军用帐篷掀起来，试验队员们的被子上总蒙上一层厚厚的沙土，一个个成了"土行孙"；夏天，太阳象火盆，烤得人挥汗如雨，夜里的暴雨会把帐篷冲垮，把铝盆、木棒等冲走。那时正是国家经济困难时期，吃饭有定量，生活很困难，许多人患了浮肿病。几十名试验队员，都是在炸药、爆轰、电子、光学等方面有专长的年轻人。为了国家的强盛，为了早日造出"争气弹"，他们不怕苦，不怕累，克服重重困难，忘我地工作。

我负责全面的实验领导工作，对炸药的研制、炸药成型研究、爆轰物理实验和测试工作等，都要抓。我和郭永怀等同志经常到工地上去，有时还住在那里，和试验队一起工作。我是搞实验物理的，对炸药学、爆轰学、爆炸力学不熟悉，就从头学起，自己学了，弄通了，就在工地上给大家讲课。遇到难题，大家一起讨论，出主意，想办法。我常常提出一些办法，指导试验队员们去做。

试验队员们白天紧张地工作，晚上钻研业务书和有关的文献资料。溶药炉没有到货，为了争取时

---

① 本文节选自王淦昌著作《无尽的追问》（湖南少年儿童出版社1997年12月出版）第122页。

间，他们就因陋就简，用普通锅炉、搪瓷盆和木棒，在帐篷里研制炸药和部件。搅拌炸药要快，帐篷里通风不好，雾气腾腾，充满着难闻的炸药粉尘的怪味，他们坚持轮流搅拌。有时候，我也和他们一起搅拌。他们怕影响我的健康，总是劝我离开，我要和大家一起做。经过共同努力，我们很好地解决了炸药部件的质量问题。

对于爆轰原理的实验，我和郭永怀组织大家讨论、论证，最后采用了陈能宽研究的方案。陈能宽是从美国回来的年轻科学家，他在金属物理研究方面已经做出了成绩，发表过不少学术论文。回国后，为了第一颗原子弹，他改行搞爆轰物理。他说，啃窝窝头比被人家称作二等公民好多了。他指导青年们设计了第一个特种形状的起爆原件，后来这个研究成果用到了原子弹的设计和生产上。

爆轰实验开始那天，我在现场具体指导。在离碉堡百十米远的沙丘上，放着加工好的实验元件。碉堡里的示波器、高速转镜紧紧地追踪着它。陈能宽和几个年轻人紧张地安装测试电缆。天气很冷，他们小心翼翼地把电缆接头抱在怀里，用皮大衣挡着风，一根一根仔细焊接。电缆接好了，紧接着就是插雷管。呜——呜——的警报声响起来，大家迅速撤离，两眼盯着前面沙丘上的实验元件。

"起爆！"一按下电钮，"轰"地一声响，实验元件爆炸了，示波器、高速转镜记录着爆破的结果。试验场上，硝烟滚滚，没有等硝烟散尽，第二个实验元件又被抱上去了。大家一起堆沙丘，接电缆，插雷管，"轰"——第二炮又打响了。就这样一炮一炮地实验，紧张的时候，一天要打十几炮。实验中，我们研究并采用了光学、电子学的测试技术。

我们不断研究，不断设计，不断实验，不断总结提高，在一年多时间里，研究、设计、制作了好几个不同类型的部件，大大小小打了上千炮，基本上掌握了内爆的规律和实验技术，测试工作突破了技术难关，闯过了研制原子弹的第一关。

由于爆轰实验工作取得的成绩，1982年我们获得国家自然科学奖一等奖。

王淦昌致季燮荣[①]信函（选录）

一、

季燮荣同志大鉴：

手书敬悉。你们上次托张青莲教授寄来的《东张画刊》也已收到，感谢之至。我很想回常熟家乡看看。据很多同志向我谈及家乡常熟及支塘镇很是兴旺发达，闻之很是兴奋。我曾于1990年回到常熟及支塘一次，但耽搁的时间太短，未能详细了解，稍感不足，但亦无可奈何，因为我的确非常的忙，希望见谅。郑国锠教授我曾见过，也是因大家都忙，未能详谈，引以为憾。专此敬复，即请

公安

王淦昌敬上

1994.12.2

---

① 季燮荣（1946~　）江苏常熟人，曾任常熟市东张镇成人教育中心校校长。

二、

季燮荣校长：

你好！来信及《翁同龢年谱》等都已收到，谢谢。因工作繁多，年龄又大，未能早复，乞谅。

你校升学率不知多少？有暇希予告知。一个学校，一个地方，常以该校的升学率或该地的平均人民文化程度的高低，以衡量该地的人民就学程度，希望你校注意及之。我邑以往一向以升学率高而自豪，现在生活程度既已提高，则学校的升学率，必定更高。当然，从商以发展经济也是很重要的，但我看文化与发展经济都很重要，而不能偏重某一方，不知尊意如何？听说张家港那里多方面都很发展，以后有暇希告我一、二，不胜感激。专此，敬请

春安

王淦昌谨上

1995.5.5于北京

学界泰斗故乡情
——记与王淦昌院士的一段交往①
季燮荣

1998年12月10日，中国科学院资深院士、原子之父、科技教育界泰斗王淦昌教授在北京溘然长逝，享年91岁。噩耗传来，天地为之动容，作为故乡人和忘年交的我潸然泪下，与王老交往的一件件往事又浮现在眼前。

王淦昌院士出生在常熟市支塘镇枫塘湾，像当代愚公一样，他一生拼搏在科技教育事业上，取得了举世瞩目的成就。王老始终眷恋着故乡人民，一直关注着常熟教育事业的发展。

作为一名农村普通教育工作者，我十分仰慕出自家乡的这位科学巨匠，自九十年代初以来，我便与王老书信往来，并经常互赠书刊资料。1996年4月，我应邀赴京到他家中面叙。能见上王老一面，我深感荣幸。回忆及此，泪光中仿佛看到了王老那敦厚、雍容的面孔。

1992年5月，我怀着崇敬的心情给王老寄去酝酿已久的第一封信，并寄上一本刚出版的《东张乡志》。那年6月，我高兴地收到他的复信，信中他谈及东张能出乡志很不容易，是群众智慧的结晶，是研究本地历史的一本好教材，他阅后很受益。1994年12月2日，他写给我的信说："寄来的《东张画刊》已收到，感谢之至。我很想回常熟看看……我曾于1990年回到常熟及支塘一次，但耽搁的时间太短，未能详细了解，稍感不足，但亦无可奈何，因为我的确非常的忙，希望见谅。"

王老身在北京，但心怀家乡，看到常熟教育事业在改革中发展，他由衷地高兴。1994年12月，常熟市教委编写《常熟教育志》，他欣然命笔挥毫题写了遒劲有力的颜体书名。他还十分关心家乡建设，又

① 此文曾刊发于《苏州日报》（1999年3月5日）。

为《常熟年鉴》写下了"发展经济，教育先行"的题词。这些充分体现了一个老科学家的心声。

1995年12月，王老给我寄来一本由科学普及出版社出版的《核科学开拓者——核物理学家王淦昌》。收到这本由聂荣臻元帅作序，张爱萍将军、国务委员张劲夫题诗、题词的传记，我激动不已，连夜拜读又复阅三遍后仍不忍释手。

1996年4月21日，我应王老热情邀请，与两位老友、退休老干部程长发和王锦泰一起到他北京家中作客，时间约两个半小时，当面聆听了王老的亲切教导，回忆往事，历历在目：王老宽宽的前额，银白色的头发，慈祥和蔼的面容。虽已至耄耋之年，但仍精神抖擞，思路敏捷，问及科教兴国与科技兴国的不同，他含笑答道："提科教兴国比较全面确切，因为教育是基础，科技是关键，没有教育这个基础，任何事情都难办。中央提出百年大计，教育为本，就是强调教育的基础地位……常熟有优势，科教兴市要充分发挥好啊！"

在询问了常熟的工业发展后，他谈到："当前企业发展，要努力向生产高新科技产品方面发展，但生产上，一定要注意质量第一，数量第二，宁缺勿滥。要讲究质量，要不断创新，产品才能在竞争中立于不败之地，在世界上通行无阻。"我问他有多少学生，哪位是得意门生，他兴致勃勃地回答："讲起教育培养人才，我把它看作毕生事业，我的学生很多，究竟多少，也难以说清，至于您问我哪一位最满意，我觉得是李政道，这个青年主要是肯吃苦肯钻研，人又聪明，搞物理实验劲头十足，最终获得了出色成果。"王老的五个子女在他的影响下也全部大学毕业，现在都在大学和研究单位工作。

我们越谈越热烈，不知不觉时间接近11点。这时王老的夫人吴月琴从厨房里走出来。她亲切地说："我是董浜人，淦昌是支塘人，与你们东张是乡邻，家乡人一起吃饭吧！"我们不想麻烦二老招待，虽然恋恋不舍，但仍起身与王老握别。还记得王老在阳台上不断向我们挥手，一直到见不到我们为止。

书画作品

吴伟业书法作品

保管单位：太仓市档案馆

内容及评价：

吴伟业（1609~1672），字骏公，号梅村，江苏太仓人。明崇祯四年（1631）榜眼，曾任翰林院编修、南京国子监司业等。吴伟业多才多艺，学识渊博，著有《梅村集》等。他工诗善文，其诗取法唐人，与钱谦益、龚鼎孳并称"江左三大家"；熟悉音律，书画俱佳，书法宗赵孟頫。《山水字》是由山水画和书法两页合裱而成，其中，书法为吴伟业行书真迹。吴伟业书法作品于2005年入选首批《江苏省珍贵档案文献名录》。

全文：

兴极期偏误，名山识旅愁。

桥痕穿谷口，亭影压溪头。

霞烂丹山鼎，松鸣白石楼。

居然华烛夜，先为一峰留。

书似宪章亲翁吴伟业

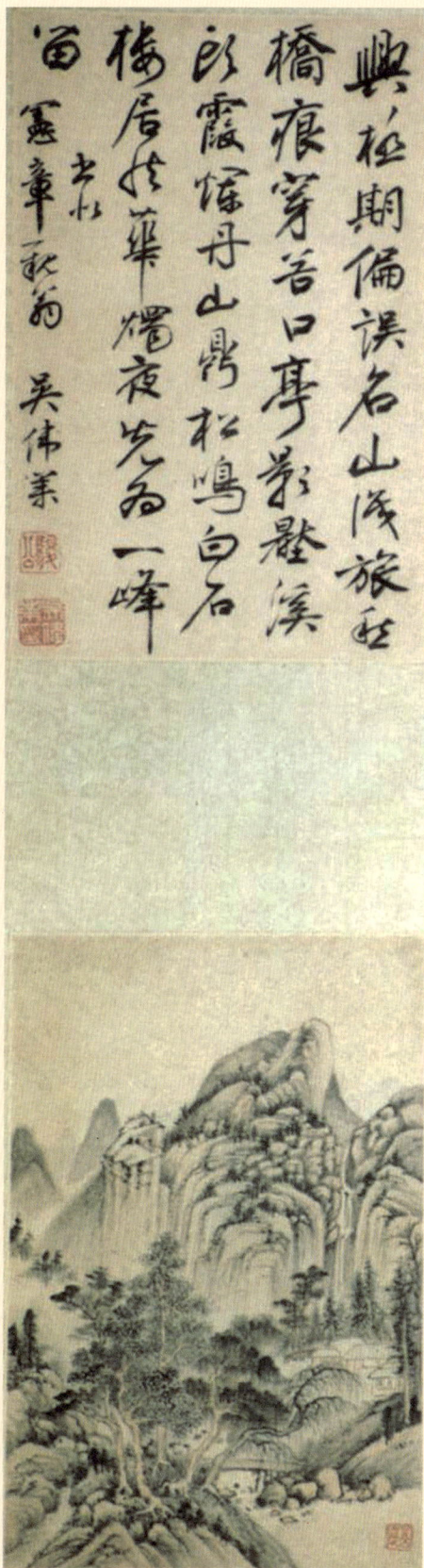

《山水字》

娄东画派绘画作品

保管单位：太仓市档案馆

内容及评价：

　　娄东，江苏太仓别称。娄东画派发端于明末清初太仓，为清代山水画正统画派，在中国美术史上占有重要地位。娄东画派的先驱为太仓人王时敏，其孙王原祁"笔法苍劲，气味高淡"，名重康熙年间，师承者甚众，遂形成独立画派——娄东画派。此后，娄东画派代代传承，师承有绪，几乎统治了整个清代山水画坛。太仓市档案馆馆藏娄东画派绘画作品21件，其中，包括王原祁、王昱、王愫、王宸、王三锡、方士庶等娄东画派代表人物的作品。娄东画派绘画作品分批于2005年、2010年入选第一、三批《江苏省珍贵档案文献名录》。据此编纂的《古娄丹青》已于2009年9月由上海美术出版社公开出版。

王原祁《山水扇面》，作于庚辰（1700）暮春（三月）。

相关知识：

　　王原祁（1642~1715），字茂京，号麓台、石师道人，江苏太仓人，王时敏孙。康熙九年（1670）进士，官至户部侍郎，曾任书画谱馆总裁，编写《佩文斋书画谱》一百卷。王原祁既承董其昌及王时敏之学，又受康熙皇帝之宠，肆力山水，弟子颇多，成为娄东画派的领袖，与王时敏、王鉴、王翚并称"四王"，与王时敏、王鉴、王翚、吴历、恽寿平并称"清初六大家"。

王原祁《山水图》，作于乙未（1715）长夏（六月）。

怪石嶙峋虎豹蹲
虬柯苍翠拂云空
村六知匠石不相顾
阅历岁华多藓痕
戊辰嘉平写为
栖筠先生清鉴
樵云山人王昱

王昱《怪石虬柯图》，作于戊辰（1748）嘉平（十二月）。

相关知识：

王昱（1662~1750），字日初，号东庄老人、樵云山人，江苏太仓人，王原祁族弟。喜画山水，笔墨于古浑中有秀润气，设色清而不薄，格局疏而有致，与王愫、王玖、王宸并称"小四王"。

王愫《兰花扇面》，作于癸亥中秋。

相关知识：

王愫，生卒年不详，清乾隆年间人，字存素，号林屋、朴庐，江苏太仓人，侨居苏州，王原祁侄。山水简淡，尤工竹石，与王昱、王玖、王宸并称"小四王"。卒年八十六岁。

王宸《临石田设色山水扇面》，作于癸丑（1793）九月。

相关知识：

　　王宸（1720~1797），字子凝，一作子冰，号蓬心、蓬樵，江苏太仓人，王原祁曾孙。乾隆二十五年（1760）举人，官至永州太守。山水承家学，气味荒古，与王昱、王愫、王玖并称"小四王"。

王宸《仿黄鹤老樵紫芝山房图》，
作于甲寅（1794）新正（一月）。

王三锡《霁云图》

相关知识：

　　王三锡（1716~？），字邦怀，号竹岭，江苏太仓人，王昱从子。擅山水，巨幅松石时称独绝，与王廷元、王廷周、王鸣韶并称"后四王"。

方士庶《山水图》

相关知识：

　　方士庶（1692~1751），字循远，一作洵远，号环山，安徽歙县人，移居江苏扬州。工山水，兼擅花卉。得意之作皆钤"偶然拾得"小墨印。

王掞书法作品

保管单位：太仓市档案馆

内容及评价：

王掞（1644~1728），字藻儒，号颛庵、西田主人，江苏太仓人。明代万历首辅王锡爵曾孙，娄东画派先驱王时敏第八子。康熙九年（1670）进士，官至文渊阁大学士，与王锡爵称"两世鼎甲"、"祖孙宰相"。工诗，著有《西田集》。由于家学渊源，书画造诣较高。《王西田相国行书》笔力遒劲，行云流水，有汉晋古风。王掞书法作品于2005年入选首批《江苏省珍贵档案文献名录》。

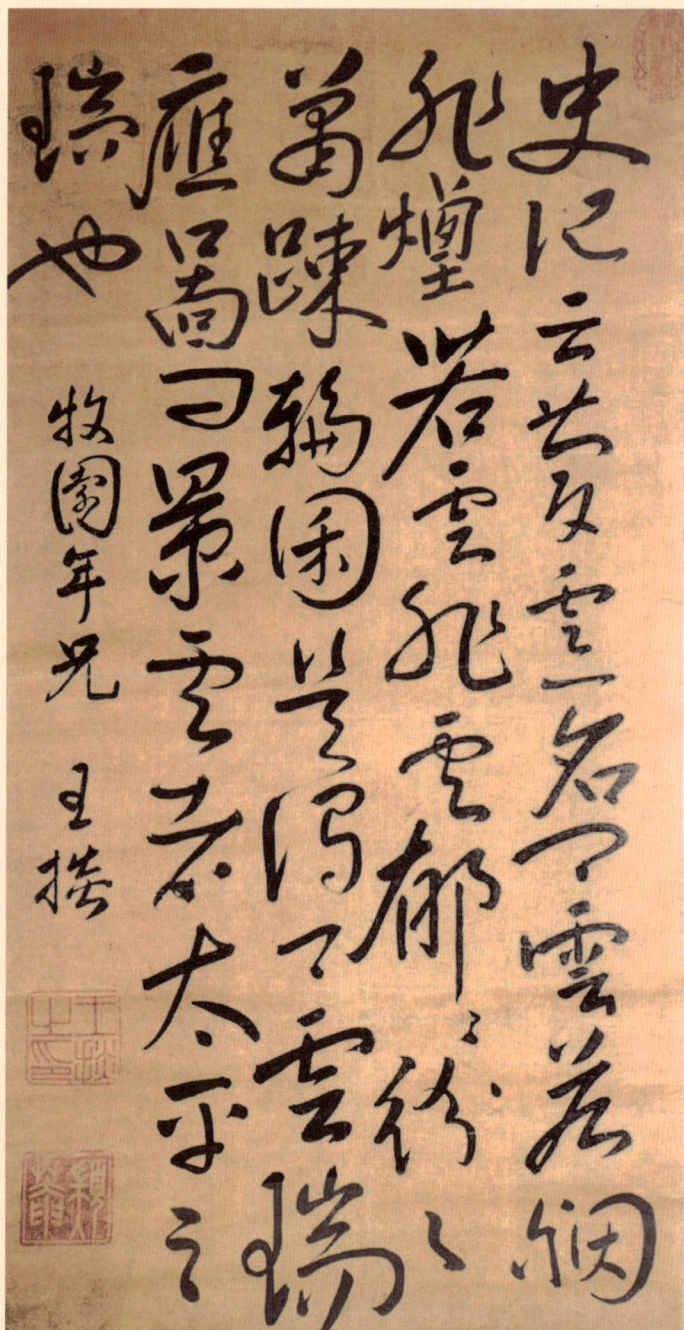

王掞书法作品

全文：

史记云：庆云一名卿云。若烟非烟，若云非云，郁郁纷纷，萧疏轮囷，是谓卿云。《瑞应图》曰：景云者，太平之瑞也。

牧园年兄 王掞。

宋文治国画《山川巨变》和《春到江南》

保管单位： 太仓市档案馆

内容及评价：

宋文治（1919~1999），江苏太仓人，著名山水画家，曾任江苏省国画院副院长，新金陵画派代表人物之一，中国现代山水画开拓者之一。《山川巨变》两幅，一幅作于1960年5月，一幅作于1960年10月，均画河南三门峡水电站全景，技法浑厚，气势宏大，有一泻千里之势，是宋文治艺术道路上里程碑式的作品。《春到江南》作于1985年夏，画太湖之滨景色，笔法细致，出新求变，给人耳目一新之感。宋文治国画《山川巨变》和《春到江南》于2005年入选首批《江苏省珍贵档案文献名录》。

1960年5月，宋文治《山川巨变》。

1960年10月，宋文治《山川巨变》。

1985年夏，宋文治《春到江南》。

20世纪60年代初，宋文治在南京熙园桐音馆作画。

朱屺瞻国画《松梅石图》和
《水仙绿石图》

保管单位：太仓市档案馆
内容及评价：

朱屺瞻（1892~1996），江苏太仓人，著名国画家，曾任上海中国画院画师、上海市文史馆馆员。早年研习油画，后转向中国画，擅长写意山水、花卉，间写人物，能将中西画法融于一体。主张"笔墨当随时代"，在耄耋之年进行"耋年变法"，进入艺术创作的黄金时期。《松梅石图》作于1978年，是为新中国成立二十九周年而作，苍松遒劲，辅以磐石、红梅，表现了对祖国的热爱和歌颂。《水仙绿石图》作于1980年，用色大胆，艺术感染力强。朱屺瞻国画《松梅石图》和《水仙绿石图》于2005年入选首批《江苏省珍贵档案文献名录》。

1978年，朱屺瞻《松梅石图》。

庚申（1908）仲冬（十一月），朱屺瞻《水仙绿石图》。

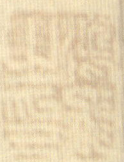

清康熙十二年《大还阁琴谱》

保管单位： 殷继山

内容及评价：

　　《大还阁琴谱》，撰辑者徐祺（？~1662），原名上瀛，号青山，江苏娄东（太仓）人。明万历年间，徐青山居娄东大还阁，与陈星源、严天池、弋庄乐等结成琴川琴社。严天池代表作《洞天春晓》《良宵引》，其风格平和清淡，徐青山在严天池的基础上增加了疾曲，如《乌夜啼》《潇湘水云》。他们分别著有《松弦馆琴谱》《青山琴谱》，以他们为核心形成了自己的流派，人称"虞山琴派"。徐青山所传《青山琴谱》，经弟子夏溥编纂为《大还阁琴谱》，于清康熙十二年（1673）刊行。全书共4册6卷，辑琴曲32首，另有《万峰阁指法秘笈》《溪山琴况》等。《溪山琴况》分为和、静、清、远等24况，发展了宋人崔遵度"清丽而静，和润而远"的学说，对后世琴学影响重大。该琴谱于2007年入选第二批《江苏省珍贵档案文献名录》。

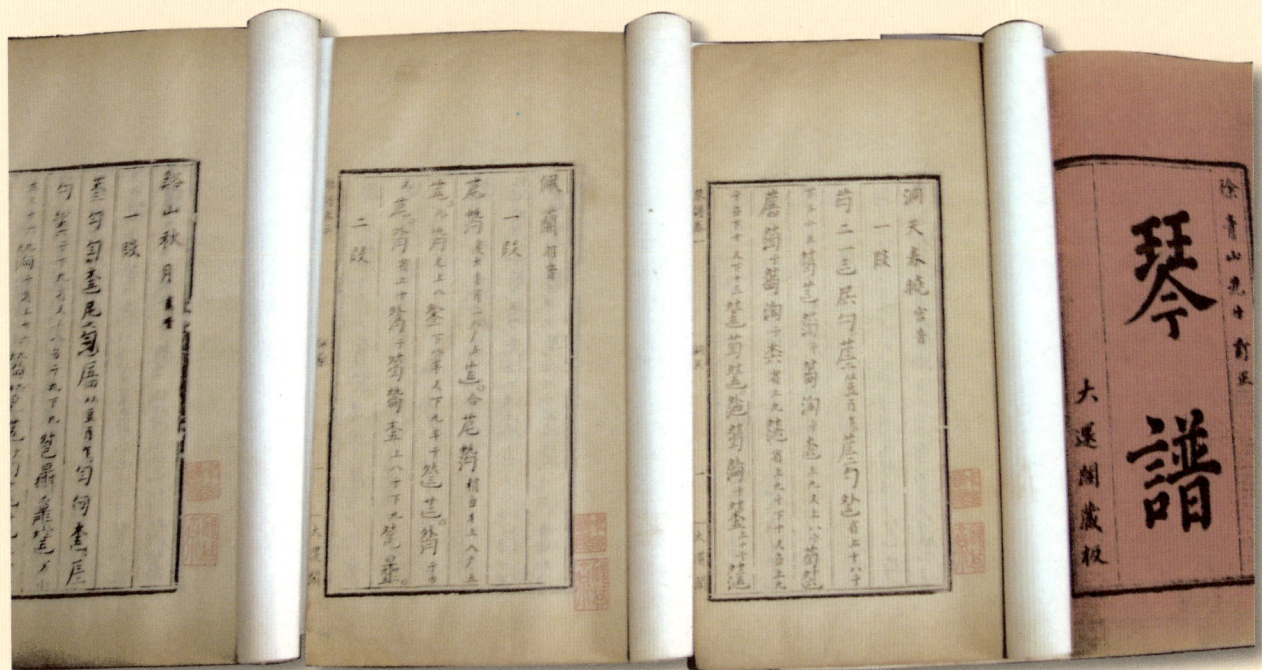

《大还阁琴谱》全书风貌图

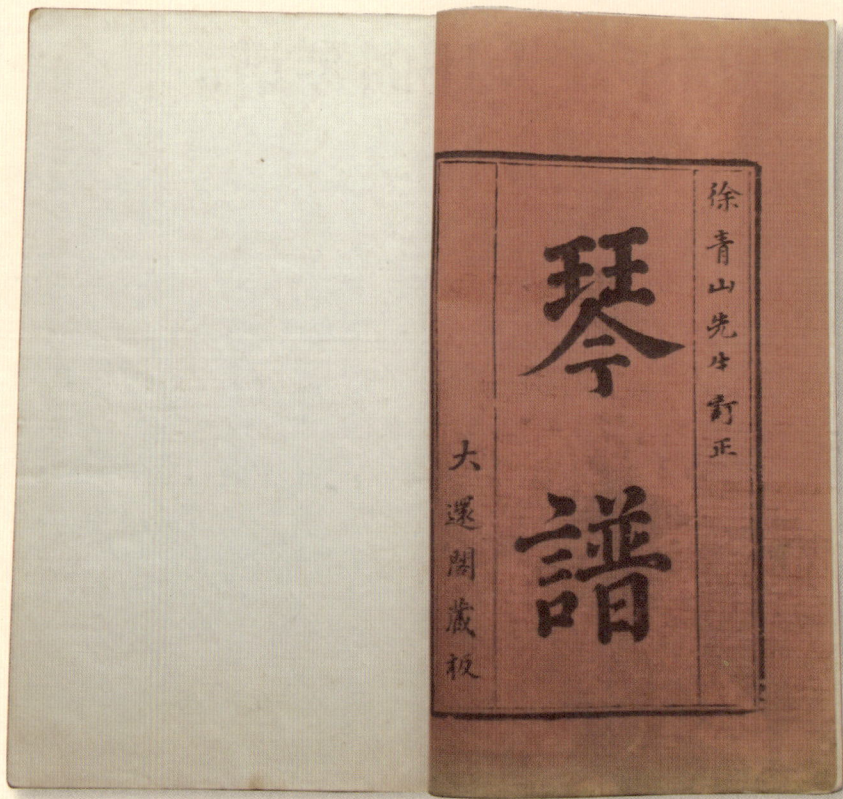

《大还阁琴谱》扉页

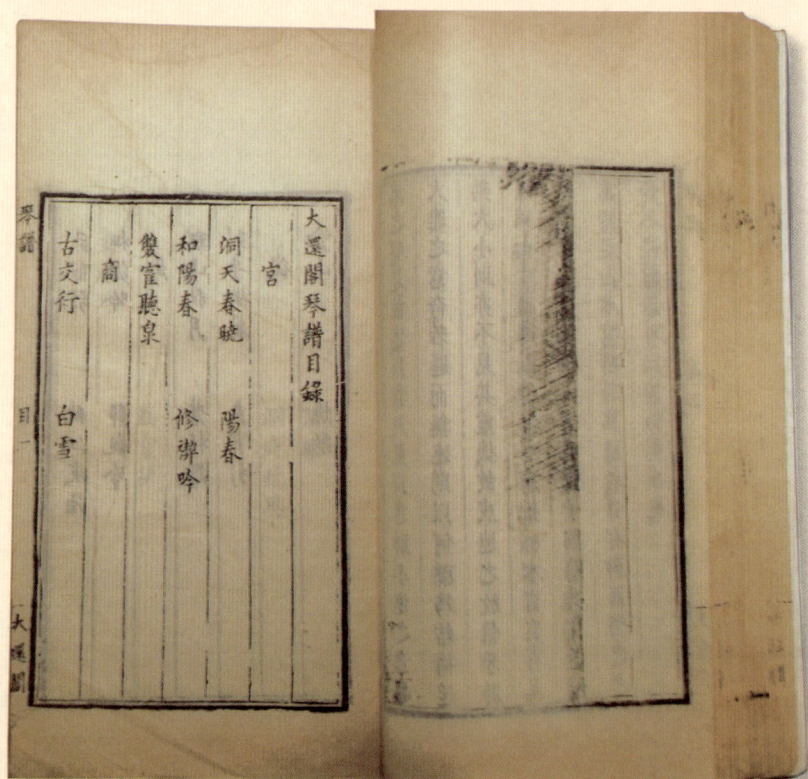

《大还阁琴谱》目录

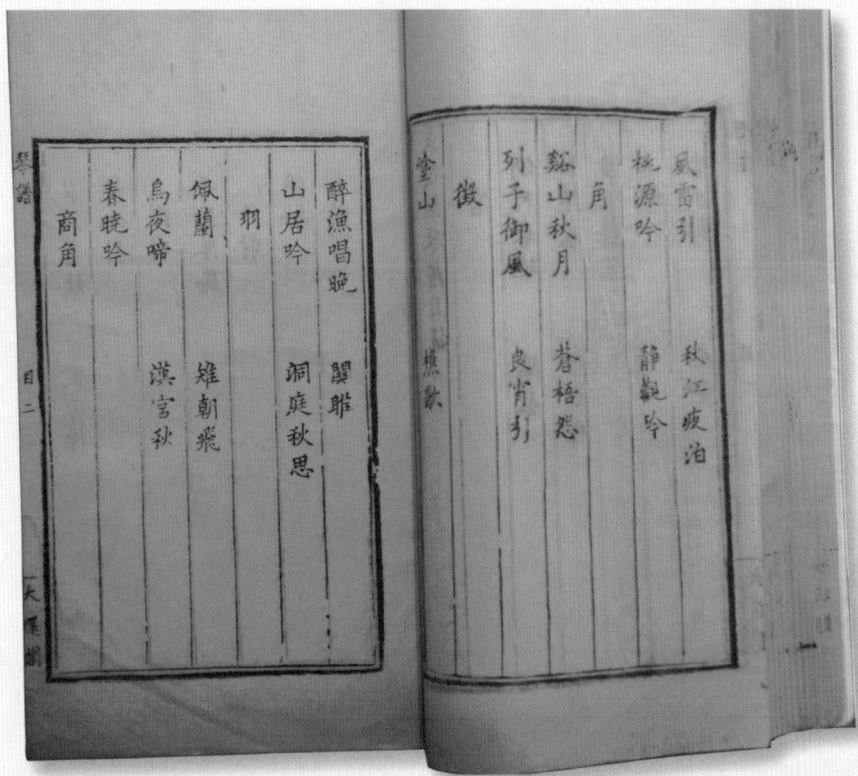

《大还阁琴谱》目录

全文：

溪山琴况

娄东徐谼青山父著　吴门夏溥于涧父校

一曰和。

　　稽古至圣，心通造化，德协神人，理一身之性情，于是制之为琴。其所首重者，和也。和之始，先以正调、品弦、循徽、协声，辨之在指，审之在听。此所谓以和感，以和应也。和也者，其众音之款会，而优柔平中之枢钥乎？论和以散和为上，按和为次。散和者，不按而调，右指控弦，迭为宾主，刚柔相济，损益相加，是谓至和。按和者，左按右抚，以九应律，以十应吕，而音乃和于徽矣。设按有不齐，徽有不准，得和之似，而非真和，必以泛音辨之。如泛尚未和，则又用按复调，一按一泛，互相参究，而弦始有真和。吾复求其所以和者三：曰弦与指和、指与音和、音与意和，而和至矣。夫弦有性，欲顺而忌逆，欲实而忌虚。若绰者注之，上者下之，则不顺；按未重，动未坚，则不实。故指下过弦，慎勿松起，弦上迎指，尤欲无迹，往来动宕，恰如胶漆，则弦与指和矣。音有律，或在徽，或不在徽，固有分数以定位。若混而不明，和于何出？篇中有度，句中有候，字中有肯，音理甚微。若紊而无序，和又何生？究心于此者，细辨其吟猱以协之，绰注以适之，轻重缓急以节之，务令宛转成韵，曲得其情，则指与音和矣。音从意转，意先乎音，音随乎意，将众妙归焉。故欲用其意，必先练其音；练其音，而后能治其意。如右之抚也，弦欲重而不虐，轻而不鄙，疾而不促，缓而不弛；左之按弦也，若吟若猱，圆而无碍（吟猱欲恰好，而中无阻滞），以绰以注，定而可伸（言绰注甫定，而或再引伸）。迂回曲折，疏而实密；抑扬起伏，断而复联。此皆以音之精义，而应乎意之深微也。其有得之弦外者，与山相映发，而巍巍影现；与水相涵濡，而洋洋徜恍。暑可变也，虚堂凝雪；寒可回也，草阁流春。其无尽藏，不可思议，则音与意和，莫知其然而然矣。要之神闲气静，蔼然醉心。太和鼓鬯，心手自知，未可一二为言也。太音希声，古道难复，不以性情中和相遇，而以为是技也，斯愈久而愈失其传矣。

一曰静。

抚琴卜静处亦何难，独难于运指之静。然指动而求声，恶乎得静。余则曰："政在声中求静耳。"声厉则知指躁，声粗则知指浊，声希则知指静。此审音之道也。盖静由中出，声自心生。苟心有杂扰，手有物挠，以之抚琴，安能得静？惟涵养之士，淡泊宁静，心无尘翳，指有余闲，与论希声之理，悠然可得矣。所谓希者，至静之极，通乎杳渺，出有入无，而游神乎羲皇之上者也。约其下指功夫，一在调气，一在练指。调气则神自静，练指则音自静。如爇妙香者，含其烟而吐雾；涤岕茗者，荡其浊而泻清。取静音者亦然。雪其躁气，释其竞心。指下扫尽炎嚣，弦上恰存贞洁。故虽急而不乱，多而不繁。渊深在中，清光发外。有道之士，当自得之。

一曰清。

语云"弹琴不清，不如弹筝"，言失雅也。故清者，大雅之原本，而为声音之主宰。地不僻则不清，琴不实则不清，弦不洁则不清，心不静则不清，气不肃则不清。皆清之至要者也，而指上之清尤为最。指求其劲，按求其实，则清音始出；手不下徽，弹不柔懦，则清音并发；而又挑必甲尖，弦必悬落，则清音益妙。两手如鸾凤和鸣，不染纤毫浊气；厝指如敲金戛石，傍弦绝无客声。此则练其清骨，以超乎诸音之上矣。究夫曲调之清，则最忌连连弹去，亟亟求完。但欲热闹娱耳，不知意趣何在，斯则流于浊矣。故欲得其清调者，必以贞、静、宏、远为度，然后按以气、候，从容宛转。候宜逗留，则将少息以俟之；候宜紧促，则用疾急以迎之。是以节奏有迟速之辨，吟猱有缓急之别，章句必欲分明，声调愈欲疏越。皆是一度一候，以全其终曲之雅趣。试一听之，则澄然秋潭，皎然寒月，湱然山涛，幽然谷应。始知弦上有此一种情况，真令人心骨俱冷，体气欲仙矣。

一曰远。

远与迟似，而实与迟异，迟以气用，远以神行。故气有候，而神无候。会远于候之中，则气为之使；达远于候之外，则神为之君。至于神游气化，而意之所之，玄之又玄。时为岑寂也，若游峨嵋之雪；时为流逝也，若在洞庭之波。候缓候速，莫不有远之微致。盖音至于远，境入希夷，非知音未易知，而中独有悠悠不已之志。吾故曰："求之弦中如不足，得之弦外则有余也。"

一曰古。

《乐志》曰："琴有正声，有间声。其声正直和雅，合于律吕，谓之正声，此雅、颂之音，古乐之作也。其声间杂繁促，不协律吕，谓之间声，此郑、卫之音，俗乐之作也。雅、颂之音理而民正，郑、卫之曲动而心淫。然则如之何而可就正乎？必也黄钟以生之，中正以平之，确乎郑、卫不能入也。"按此论，则琴固有时、古之辨矣！大都声争而媚耳者，吾知其时也；音淡而会心者，吾知其古也。而音出于声，声先败，则不可复求于音。故媚耳之声，不特为其疾速也，为其远于大雅也；会心之音，非独为其延缓也，为其沦于俗响也。俗响不入，渊乎大雅，则其声不争，而音自古矣。然粗率疑于古朴，疏慵疑于冲淡，似超于时，而实病于古。病于古与病于时者奚以异？必融其粗率，振其疏慵，而后下指不落时调，其为音也，宽裕温厐，不事小巧，而古雅自见。一室之中，宛在深山邃谷，老木寒泉，风声籁籁，令人有遗世独立之思。此能进于古者矣。

一曰淡。

弦索之行于世也，其声艳而可悦也。独琴之为器，焚香静对，不入歌舞场中；琴之为音，孤高岑寂，不杂丝竹伴内。清泉白石，皓月疏风，修修自得，使听之者游思缥缈，娱乐之心不知何去，斯之谓淡。舍艳而相遇于淡者，世之高人韵士也。而淡固未易言也，祛邪而存正，黜俗而归雅，舍媚而还淳，不着意于淡而淡之妙自臻。夫琴之元音本自淡也，制之为操，其文情冲乎淡也。吾调之以淡，合乎古人，不必谐于众也。每山居深静，林木扶苏，清风入弦，绝去炎嚣，虚徐其韵，所出皆至音，所得皆真趣，不禁怡然吟赏，喟然云："吾爱此情，不求不竟；吾爱此味，如雪如冰；吾爱此响，松之风而竹之雨，涧之滴而波之涛也。"有窥寐于淡之中而已矣。

一曰恬。

诸声淡则无味，琴声淡则益有味。味者何？恬是已。味从气出，故恬也。夫恬不易生，淡不易到，唯操至妙来则可淡，淡至妙来则生恬，恬至妙来则愈淡而不厌。故于兴到而不自纵，气到而不自豪，情到而不自扰，意到而不自浓。及晬其下指也，具见君子之质，冲然有德之养，绝无雄竞柔媚态。不味而味，则为水中之乳泉；不馥而馥，则为蕊中之兰茝。吾于此参之，恬味得矣。

一曰逸。

先正云："以无累之神，合有道之器，非有逸致者，则不能也。"第其人必具超逸之品，故自发超逸之音。本从性天流出，而亦陶冶可到。如道人弹琴，琴不清亦清。朱紫阳曰："古乐虽不可得而见，但诚实人弹琴，便雍容平淡"。故尝先养其琴度，而次养其手指，则形神并洁，逸气渐来，临缓则将舒缓而多韵，处急则犹运急而不乖，有一种安闲自如之景象，尽是潇洒不群之天趣。所为得之心，而应之手；听其音，而得其人。此逸之所征也。

一曰雅。

古人之于诗则曰风雅，于琴则曰大雅。自古音沦没，即有继空谷之响，未免郢人寡和，则且苦思求售，去故谋新，遂以弦上作琵琶声，此以雅音而翻为俗调也。惟真雅者不然。修其清净贞正，而借琴以明心见性，遇不遇，听之也，而在我足以自况，斯真大雅之归也。然琴中雅俗之辨，争在纤微。喜工柔媚则俗，落指重浊则俗，性好炎闹则俗，指拘局促则俗，取音粗砺则俗，种种俗态，未易枚举。但能体认得静、远、淡、逸四字，有正始风，斯俗情悉去，臻于大雅矣。

一曰丽。

丽者，美也。于清净中发为美音。丽从古淡出，非从妖冶出也。若音韵不雅，指法不隽，徒以繁声促调，触人之耳，而不能感人之心，此媚也。譬诸西子，天下之至美，而有冰雪之姿，岂效颦者可与同日语哉！美与媚，判若秦越，而辨在深微，审音者当自知之。

一曰亮。

音渐入调，必有次第。左右手指既造就清实，出有金石声，而后可拟一亮字。故清后取亮，亮发清中，犹夫水之至清者，得日而益明也。唯在沉细之际，而更发其光明，即游神于无声之表，其音亦悠悠而自存也，故曰亮。至于弦声断而意不断，此正无声之妙，亮又不足以尽之。

一曰采。

音得清与亮，既云妙矣，而未发其采，犹不足表其丰神也。故清以生亮，亮以生采，若越清亮而即欲求采，先后之功舛矣。盖指下之有神气，如古玩之有宝色。商彝周鼎自有黯然之光，不可掩抑，岂易致哉？经几锻炼，始融其粗迹，露其光芒。不究心音义，而求精神发现，不可得也。

一曰洁。

《贝经》云："若无妙指，不能发妙音。"而坡仙亦云："若言声在指头上，何不于君指上听。"未始是指，未始非指，不即不离，要言妙道，固在指也。修指之道，由于严静，而后进于玄微。指严静则邪滓不容留，杂乱不容间，无声不涤，无弹不磨，而只以清虚为体，素质为用。习琴学者，其初惟恐其取音之不多，渐渐陶熔，又恐其取音之过多。从有而无，因多而寡，一尘不染，一滓弗留，止于至洁之地，此为严净之究竟也。指既修洁，取音愈稀，音愈稀，则意趣愈永。吾故曰："欲修妙音者，本于指；欲修指者，必先本于洁也。"

一曰润。

凡弦上之取音，惟贵中和；而中和之妙用，全于温润呈之。若手指任其浮躁，则繁响必杂，上下往来音节，俱不成其美矣。故欲使弦上无煞声，其在指下求润乎？盖润者，纯也，泽也，所以发纯粹光泽之气也。左芟其荆棘，右熔其暴甲，两手应弦，自臻纯粹，而又务求上下往来之法，则润音渐渐而来。故其弦若滋，温兮如玉，泠泠然满弦皆生气氤氲，无毗阳毗阴偏至之失，而后知润之之为妙，所以达其中和也。古人有以名其琴者，曰"云和"、曰"冷泉"，倘亦润之意乎？

一曰圆。

五音活泼之气，半在吟猱；而吟猱之妙处，全在圆满。宛转动荡，无滞无碍，不少不多，以至恰好，谓之圆。吟猱之巨细缓急，俱在圆音。不足，则音亏缺，太过，则音支离，皆为不美。故琴之妙在取音。取音宛转，则情联；圆满，则意吐。其趣如水之兴澜，其体如珠之走盘，其声如哦咏之有韵，斯可以名其圆矣。抑又论之，不贵吟猱贵圆，而一弹一按、一转一折之间，亦自有圆音在焉。如一弹而获中和之用，一按而凑妙合之机，一转而函无痕之趣，一折而应起伏之微，于是欲轻而得其所以轻，欲重而得其所以重。天然之妙，犹若水滴荷心，不能定拟。神哉圆乎！

一曰坚。

古语云："按弦如入木"，形其坚而实也。大指坚易，名指坚难。若使中指帮名指，食指帮大指，外虽似坚，实胶而不灵。坚之本，全凭筋力。必一指卓立于弦中，重如山岳，动如风发，轻响如击金石，而始至音出焉。至音出，则坚实之功到矣。然左指用坚，右指亦必欲清劲，乃能得金石之声。否则，抚弦柔懦，声出委靡，则坚亦浑浑无取。故知坚以劲和，而后成其妙也。况不用帮，而参差其指，行合古式，既得体势之美，不爽文质之宜。是当循循练之，以至用力不觉，则其坚亦不可窥也。

一曰宏。

调无大度，则不得古，故宏音先之。盖琴为清庙明堂之器，声调宁不欲廓然旷远哉？然旷远之音，落落难听，遂流为江湖习派，因致古调渐远，琴风愈浇矣。若余所受则不然。其始作也，当拓其冲和闲雅之度，而猱绰之用，必极其宏大。盖宏大则音老，音老则入古也。至使指下宽裕纯朴，鼓荡弦中，纵指自如，而音意欣畅舒越，皆自宏大中流出。但宏大而遗细小，则其情未至；细小而失宏大，则其意不舒。理故相因，不可偏废。然必胸次磊落，而后合乎古调，彼局曲拘挛者，未易语此。

一曰细。

音有细渺处，乃在节奏间。始而起调，先应和缓，转而游衍，渐欲入微，妙在丝毫之际，意存幽邃之中，指既缜密，音若茧抽，令人可会而不可即，此指下之细也；至章句转折时，尤不可草草放过，定将一段情绪，缓缓拈出，字字摹神，方知琴音中有无限滋味，玩之不竭，此终曲之细也。昌黎诗："昵昵儿女语，恩怨相尔汝。划然变轩昂，勇士赴敌场。"其宏细互用之意欤？往往见初入手者，一理琴弦，便忙忙不定。如一声中，欲其稍停一息而不可得；一句中，欲其委婉一音亦不能。此以知节奏之妙，未易轻论也。盖运指之细，在虑周；全篇之细，在神远。斯得细之大旨者也。

一曰溜。

溜者，滑也，左指治涩之法也。音在缓急，指欲随应，苟非握其滑机，则不能成其妙。若按弦虚浮，指必柔懦，势难于滑；或着滞重，指复阻碍，尤难于滑。然则何法以得之？惟是指节炼至坚实，极其灵活，动必神速，不但急中赖其滑机，而缓中亦欲藏其滑机也。故吟猱绰注之间，当若泉之滚滚；而往来上下之际，更如风之发发。刘随州诗云："溜溜青丝上，静听松风寒。"其斯之谓乎？然指法之欲溜，全在筋力运使。筋力既到，而用之吟猱则音圆，用之绰注上下则音应，用之迟速跌宕则音活。自此精进，则能变化莫测，安往而不得其妙哉？

一曰健。

琴尚冲和大雅。操慢音者，得其似而未真。愚故提一健字，为导滞之砭。乃于从容闲雅中，刚健其指，而右则发清冽之响，左则练活泼之音，斯为善也。请以健指复明之。右指靠弦，则音钝而木，故曰"指必甲尖，弦必悬落"，非藏健于清也耶？左指不劲，则音胶而格，故曰"响如金石，动如风发"，非运健于坚也耶？要知健处，即指之灵处，而冲和之调，无疏慵之病矣，滞气在弦，不有不期去而自去者哉。

一曰轻。

不轻不重者，中和之音也。起调当以中和为主，而轻重特损益之，其趣自生也。盖音之取轻，属于幽情，归乎玄理，而体曲之意，悉曲之情，有不期轻而自轻者。第音之轻处最难，工夫未到，则浮而不实，晦而不明，虽轻亦未合。惟轻之中，不爽清实，而一丝一忽，指到音绽，更飘摇鲜朗，如落花流水，幽趣无限。乃有一节一句之轻，有间杂高下之轻，种种意趣，皆贵清实中得之耳。要知轻不浮，轻中之中和也；重不煞，重中之中和也。故轻重者，中和之变音；而所以轻重者，中和之正音也。

一曰重。

诸音之轻者，业属乎情；而诸之重者，乃由乎气。情至而轻，气至而重，性固然也。第指有重轻，则声有高下，而幽微之后，理宜发扬。倘指势太猛，则露杀伐之响；气盈胸臆，则出刚暴之声。惟练指养气之士，则抚下当求重抵轻出之法，弦上自有高朗纯粹之音。宣扬和畅，疏越神情，而后知用重之妙，非浮躁乖戾者之所比也。故古人抚琴，则曰："弹欲断弦，按如入木。"此专言用其力也，但妙在用力不觉耳。夫弹琴至于力，又至于不觉，则指下虽重于击石，而毫无刚暴杀伐之疾，所以为重欤！及其鼓宫扣角，轻重间出，则岱岳江河，吾不知其变化也！

一曰迟。

古人以琴能涵养情性者，为其有太和之气也，故名其声曰"希声"。未按弦时，当先肃其气，澄其心，缓其度，远其神，从万籁俱寂中，泠然音生，疏如寥廓，杳若太古，优游弦上，节其气、候，候至而下，以协厥律者，此希声之始作也；或章句舒徐，或缓急相间，或断而复续，或幽而致远，因候制宜，调古声淡，渐入渊源，而心志悠然不已者，此希声之引申也；复探其迟之趣，乃若山静秋鸣，月高林表，松风远沸，石涧流寒，而日不知晡，夕不觉曙者，此希声之寓境也。严天池诗："几回拈出阳春调，月满西楼下指迟。"其于迟意大有得也。若不知气、候两字，指一入弦，惟知忙忙连下，追欲放慢，则竟索然无味矣；深于气、候，则迟速俱得，不迟不速亦得。岂独一迟尽其妙耶！。

一曰速。

指法有重则有轻，如天地之有阴阳也；有迟则有速，如四时之有寒暑也。盖迟为速之纲，速为迟之纪，尝相间错而不离。故句中有迟速之节，段中有迟速之分，则皆借一速以接其迟之候也。然琴操之大体，固贵乎迟。疏疏淡淡，其音得中正和平者，是为正音，《阳春》、《佩兰》之曲是也；忽然变急，其音又系最精最妙者，是为奇音，《雉高飞》、《乌夜啼》之操是也。所谓正音备而奇音不可偏废，此之为速。拟之于似速而实非速，欲迟而不得迟者，殆相径庭也。然吾之论速有二：有小速，有大速。小速微快，要以紧紧，使指不伤速中之雅度，而恰有行云流水之趣；大速贵急，务令急而不乱，依然安闲之气象，而能泻出崩崖飞瀑之声。是故速以意用，更以意神。小速之意趣，大速之意奇。若迟而无速，则以何声为结构？速无大小，则亦不见其灵机。故成连之教伯牙于蓬莱山中，群峰互峙，海水崩折，林木窅冥，百鸟哀号，曰："先生将移我情矣。"后子期听其音，遂得其情于山水。噫！精于其道者，自有神而明之之妙，不待缕析，可以按节而求也。

《杨舍堡城志稿》

保管单位：张家港市档案馆

内容及评价：

《杨舍堡城志稿》清叶长龄等纂，光绪九年（1883）三月江阴叶氏活字本。杨舍堡城，现为张家港市杨舍镇。《杨舍堡城志稿》是张家港首部志书，记述内容上至远古，下至光绪八年（1882）冬，主要内容集中于明、清两代，卷首凡例、城图、镇图各一，分设建置、疆域、山川、民赋、艺文等14卷，12万余字，详细记载了杨舍堡城的历史沿革、城池建造、风土人情和艺文掌故，具有较高的史料价值。《杨舍堡城志稿》列入《张家港旧志汇编》于2006年由凤凰出版社公开出版，并于2011年入选第三批《苏州市珍贵档案文献名录》。

《杨舍堡城志稿》封面

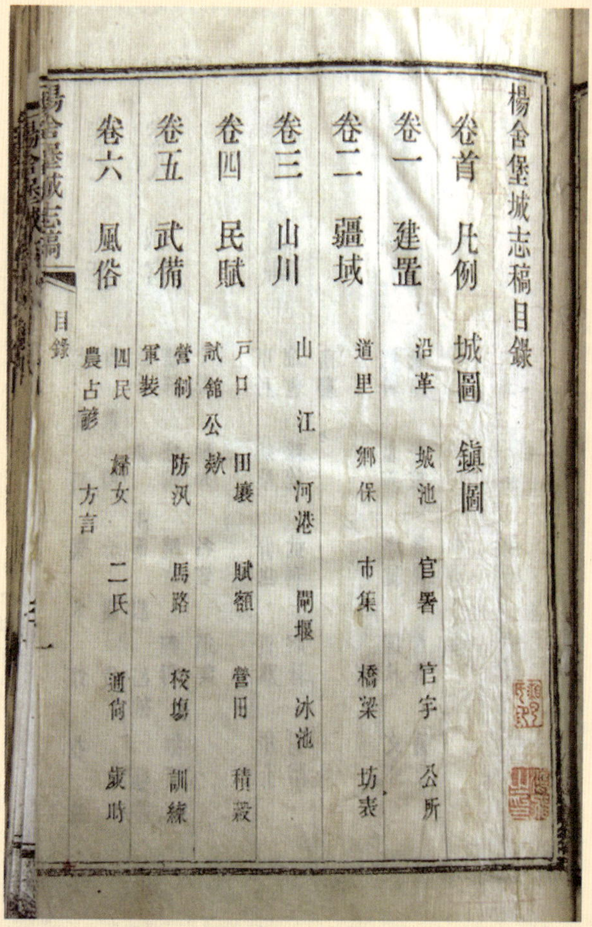

楊舍堡城志稿目錄

卷首　凡例　城圖　鎮圖

卷一　建置　沿革　城池　官署　官宇　公所

卷二　疆域　道里　鄉保　市集　橋梁　坊表

卷三　山川　山　江　河港　閘堰　冰池

卷四　民賦　戶口　田壤　賦額　營田　積穀　試館　公欵

卷五　武備　營制　防汛　馬路　校場　訓練　軍裝

卷六　風俗　四民　婦女　二氏　通尚　歲時　農占諺　方言

楊舍堡城志稿　目錄

《杨舍堡城志稿》目录

或冬至於宗祠舉行衣冠肅穆祭物惟時無祠者祭
於家祭桌亦春冬兩舉歲時及諱日亦祀於家知禮
者罔不如是祝嘏之儀則張樂設單重門洞啓賓至
泥首堂前客座設湯餅筵晚復盛饌宴飲或一日或
二三日此風兵燹前世家間行之近則閉門謝客至
親密友至但小酌啜湯餅而已至於居恒大率尚儉
凡交際衣食亦崇實黜華豈知今時之儉已敵昔日
之奢明萬歷間油百斤僅值銀一兩二錢三分

國朝康熙間米石值錢七百肉斤值錢三十今價奚啻
倍蓰後生小子罔識舊聞是誠惜於物力艱難恐無
以善其後矣若夫祀神則無常惟五通最干厲禁牲
必全牢酒必全甕樂粗祝鄙名曰茶筵雖貧不敢吝
費事同僭悖意極騃愚又有佛會三官血湖等會瘟
王謝恩平安各醮少或數千多或數十百千以有用
之財作無益之事習俗相沿積重難返固不值識者
一笑而一遇疾病輒祈神禱鬼後醫先巫囈語婆娑

楊舍堡城志稿　卷六　風俗　九

《杨舍堡城志稿》内页

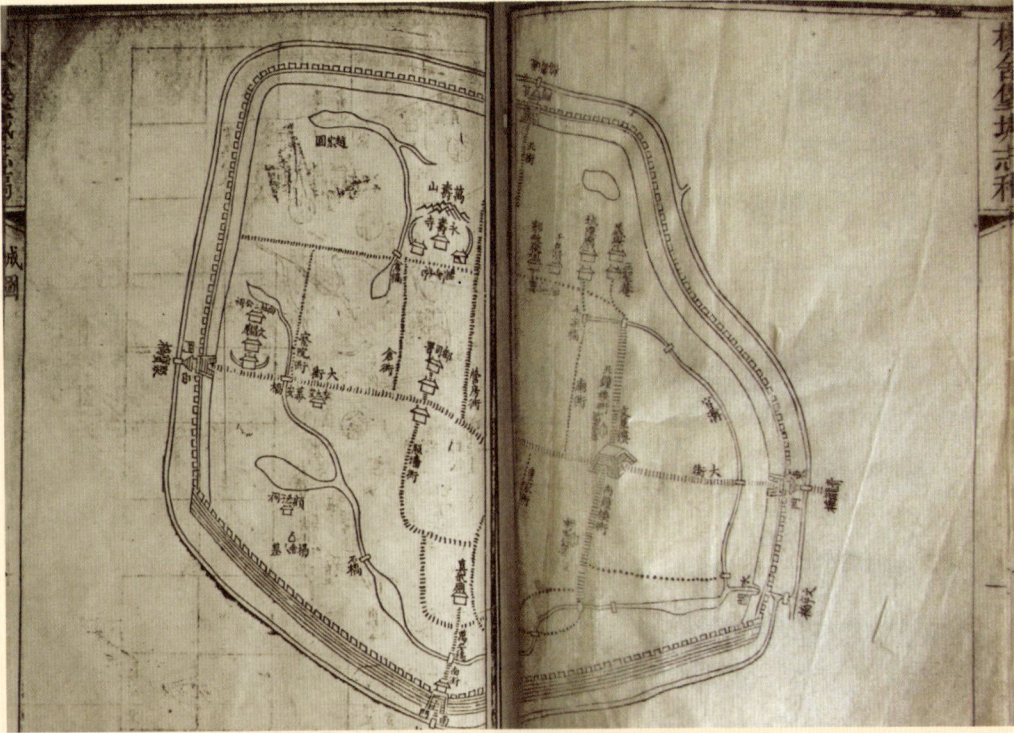

城图

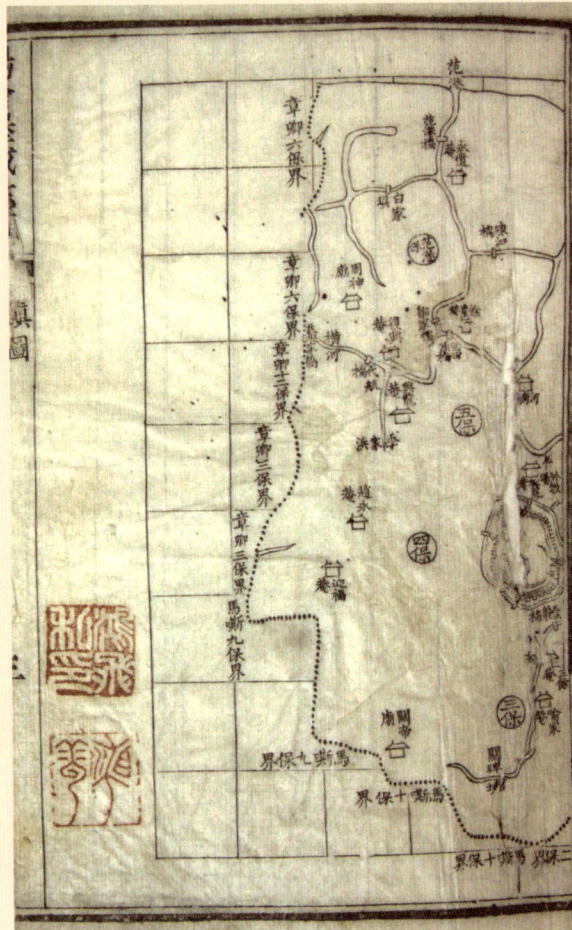

镇图

全文：

卷一《建制·新建杨舍城记》

新建杨舍城记

薛甲①

　　岛夷不靖，岁扰江南。圣天子赫然震怒，爰启睿谟，命将出师，折其渠魁。既受俘于明堂，天子曰："吁，咨尔丞黎，亦既瘁止。"既饬宪度，聿宣皇仁，相地所宜，筑五城于江海之上，万雉干云。群丑褫魄，迄公莅任不敢犯其境。而吾邑杨舍新城，则所筑之一也。其地联界三方，控辖吴会。前此当事者以其阔远声教，啸聚逋逃，每为奸宄之所窟宅，负贩之所往来，思欲题请建立县治，而群议纷然，未有成绩。嘉靖三十四年乙卯，川沙、柘林之寇盘踞逾年，习知险阻，遂分其众为三：一从吴淞趋嘉湖；一经孟渎趋杨镇；其一从兹地入，围江阴，攻无锡，大肆焚戮，民靡宁居者三年，而祸犹未弭。论者益思前议之当行，而终未有任其事者。至是，公所经略，适与议符，群情咸服。然犹私相谓曰："兹兵火之余，府库竭矣，财将安出？流移多矣，力将安庸？且有城而无兵以守，犹无城也。公意虽美，将有终之难乎。"既而公移文所属，会计赎金之余，均给诸城，而吾邑得一万四千余两，财用充矣。常镇应募之兵二千余人，公于雇值之外，人日给米二升、银二分，使供畚锸之用，徒庸具矣。参将、把总之官，奉旨添设而未有定所，公曰："以兹城居之，所以遵明旨也。"规画既周，综理有条，乃授事于吾邑杜侯华，俾遵行之。先筑参府以昭具瞻，次筑军营以处执役之士，其次为游兵把总司，又其次为巡检司，以处范港之迁入者。兵民不扰，万杵齐声。甫五阅月，而工用告成。公署之外，凡为门四，为营房三百间。城以丈计，凡六百有奇。昔之旷莽，郁为伟观。民愿数年，慰于一旦。望之者疑若天造地设，恍不知其所自来也。邑之父老感今念往，乐公之仁，图报无所。而公以期满将代，于是相率请于杜侯，愿托金石以永公德于无穷。而侯以其文委之于甲，甲惟志切者无浅图，谋远者无近虑。公秉监军之任，当羽檄纷驰之日，岂不知委任责成，听其所为，分别功罪，以逭一时之责。而顾身履艰大为此劳且费之图者，何哉？其志诚切，而其虑诚远也。且夫东南之倭，悬隔互海，乘风而来，剽掠而去，非有攻城略地之志也。待之者譬若穿窬然，但高吾垣墉，谨备之而已。承平日久，生齿益蕃，濒海膏腴，悉为村镇。高甍大栋，弥望无涯。加以勾引之人日窥月伺，而吾无城郭以保障之、无兵卒以捍卫之，此为海盗慢藏，安得而不启戎心也。司国计者，鉴其所以失而图其所以得，则当如国初汤公和故事，据险筑城，以壮其猷。岂宜列戍征兵，待若严敌，未见寇而先困吾民也哉？皇上之德，同符高皇。而所委任之臣，亦于汤公无忝用。能发独见于群议之中，树宏规于恒情之外，保障有所，捍御有人，而民得免于流离失业之患。则斯筑也，将东南之人世世子孙尸祝于公，岂一隅父老可得而私也。然吾闻之彤管之章，君子取节，则父老之情亦自有不容己者。兹贤侯之所为属，而甲虽不文，亦有所不容辞者乎。是役也，兵宪熊公勉学与有劳焉，而成公之志者，侯也。董役而佐资者，列之碑阴。既记其事，系之以诗曰：

---

① 薛甲，字应登，江阴人。明嘉靖己丑（1529）进士，曾任礼部主事、江西按察司副使。撰有《易象大旨》。

惟明受命，万方毕臣。敦勾岛夷，逐利遄民。千里海壖，其涂没胫。敦是征兵，而以力逞。以我所短，攻彼所长。疥癣不理，浸成巨疮。宪臣南来，独排群议。据险扼冲，屯堡棋置。乃筑川沙，乃营柘林。爰及兹土，连络高深。先声所加，群丑胁息。谋迨万年，匡我王国。我有蟊贼，宪臣驱之。我有疮痍，宪臣嘘之。屹屹垣墉，惟宪之猷。芃芃黍苗，惟宪之休。蕞尔江乡，宪车庋止。睹洛兴思，怀仁不已。皇有天险，海无惊涛。我诗我歌，以比嵩高。

卷三《山川·暨阳湖考附》

暨阳湖考附

叶长龄[1]

杨舍为晋迄唐初暨阳旧治，明弘治中黄公傅修志载之。黄志之本于宋旧志可知也。县之名以暨阳湖名。县在湖之北或少偏，亦可知也。乃近志引宋志云：湖在县东十五里，窃谓"十五"当作"五十"。其误倒之，或由宋志，抑由引者，均不可知。第以十五里之径距核之，东则为三官镇，东南则为云亭镇，皆在诸山间，似无地可容是湖。若易为县东五十里，则正在今杨舍之南。北漍、南漍、顾山镇及常熟界袤延二十余里间，港汊纷歧，水流平广而清深，湖之在此似无可疑。水北曰"阳"，县在湖之北，故曰"暨阳"也。如云十五里，则当时置县或分为二或析为三，安知是湖之不属他县乎？苟属他县，又何以命名乎？且水国为漍，意取水盛，"暨""漍"母声系双声，"暨""漍"转音韵为古韵，然则求之声音、文字，训诂之间旁证互证，又可知今之南、北漍，或为是湖之遗迹矣。独暨阳湖之"阳"字不可解，或以县名而讹衍未可知也。邑志又云，县东四十五里有胥湖，湖亦无迹。按其道理，今周庄北有里聚曰"沙湖"，沙胥为隔标傍双声，鱼麻古韵亦通，是又可为"暨""漍"字音转变之一证。夫立乎千数百年之下，而欲追溯千数百年之上之遗迹，苟有一知半解勿可默也。爰为讨论之，以俟来者。

---

① 叶长龄，字眉生，江阴杨舍（今属张家港）人，同治三年（1864）岁贡生。叶氏系杨舍望族，家有藏书楼静观楼。叶长龄秉承家学，据旧增新，编著成《杨舍堡城志稿》十四卷。

卷十四《艺文·补刻霞客游记序》

补刻霞客游记序

嘉庆戊辰（1808）四月

叶廷甲①

周官大司徒之职，以天下土地之图，周知九州地域广轮之数，辨其山林、川泽、丘陵、坟衍、原隰之名物。汉司马子长创为河渠书，前汉书始志地理，后汉书始志郡国。自是有史即有志，沿及唐宋，而郡县有志，寰宇有记。凡建置、沿革、疆域、田赋、户口、关塞、险要、名胜、古迹皆在所详，至于山川之原委脉络，未必能知其曲折，辨其经纬，历历如指诸掌也。四库书目地理类列《徐霞客游记》十二卷，《提要》云：明徐宏祖少好游，足迹几遍天下，尝西行数千里求河源，是编皆其纪游之文，旧本残缺失次，扬名时重为编订，以地理区分，定为此本。是书上邀乙览，盖能详人所略，为从来史志所未备。嘉庆十一年冬，筠谷徐氏以所梓游记版归余，余生平无他嗜好，见书之有益于学术治道者，每不惜重价得之，积之数万余卷，丹铅甲乙，目不暇给。前既校刻杨氏全书，今复得游记版，翻阅之朽蠹颇多，乃借杨文定公手录本暨陈君体静校本与徐本悉心雠勘，其文之不同者以万计，其字之舛误者以千计。文不同而义可通者，仍其旧字之舛误；而文义不可通者，不得不亟为改正。抑徐刻分十册，与四库本卷帙不同，此则无从更正者。且杨、陈二本于滇游日记卷首俱有提纲，杨本每记有总评，陈本每记有旁批，此又无从增补者。惟霞客有遗诗数十首，石斋黄公叹为词意高妙，忍令其秘而弗彰乎？又一切名人巨公题赠诸作，俱足以考见霞客之素履，又安可不传信于来兹乎？今年春，延梓人于家，讹者削改，朽者重镌，又增辑补编一卷附于后，庶几霞客之精神面目，更可传播于宇内也。虽然霞客记游之书岂仅此哉，前人谓霞客西逾玉门，登昆仑山，穷星宿海。今本暨杨、陈二钞本，其游览日记不过至滇南鸡足山而止。余闻郡城庄氏家藏钞本有六十卷，三月往访之。庄之后人云：先世信有之，今已散失。果尔今之所刊不过六之一尔。然一展卷，而浙而闽而江右，自豫而秦而荆襄，又自燕而雁门而云中，又自楚而粤西而黔而滇，其所经历之山川，悉辨其原委脉络，一一详记之，至士风、民俗、物产，亦随地附见，是岂独为山人逸士济胜之资！凡以民物为己任，有政教之责者，周览是书，于裁成辅相左右宜民之道，不无少补焉。邑前辈文定杨公久任滇黔，利民之事次第举行，人第知其学术之深醇，庸讵知其手录此书二过，于山林、川泽、丘陵、坟衍、原隰之名物，早已周知也哉！夹漈郑氏曰：州县之设有时而更，山川之形千古不易，霞客此书固千古不易之书也。士人束发受书在堂户之上，而四海九州之大无所不知，然后可以出而履天下之任，若仅以此书当卧游胜具，岂延甲补辑是书之志也耶？嘉庆戊辰四月。

---

① 叶廷甲（1754~1832），字保堂，号梅江，别号云樵，江阴杨舍（今属张家港）人。叶长龄祖父。家有藏书楼水心斋。曾校雠刊刻《徐霞客游记》等。

中國國民黨江蘇省常熟縣執行委員會通告　第二號

沈埭律師代表　王鈞文　通告證明解除

中國國民黨江蘇省常熟縣監察委員會　第五號

中國國民黨江蘇省常熟縣執行委員會組織部通告　第一號

師法一鵰八表

常熟縣公安局緊要啓事

常熟縣公安局啓事

常熟縣政府佈告

文藝月刊　第三期　出版
十月十五日

晚清、民国时期百种常熟地方报纸

保管单位：常熟市档案馆

内容及评价：

晚清、民国时期百种常熟地方报纸由110种7248张常熟地方报纸组成，形成时间自清宣统二年（1910）至1949年，占同期常熟地方报纸种类的70％以上。报刊内容涵盖时政新闻、商贸经济、文教医卫、民生百态等，反映了常熟深刻的社会变革和深厚的历史文化。该资料弥补了晚清、民国地方档案的不足，为编史修志、研究新闻史提供了珍贵的文字记录。晚清、民国时期百种常熟地方报纸于2010年入选第三批《中国档案文献遗产名录》。《常熟老报刊》已于2007年8月由广陵书社公开出版。

晚清、民国时期常熟地方报纸一览

《铁花月刊》，由铁花诗社创刊于1920年10月。

《常熟医学月刊》，专业医学类报刊，创刊于1928年7月1日。

《天风》，商业刊物，套红印刷。1928年9月11日刊行开幕特刊。此为1929年2月28日第一期。

《常熟画报》，周报，以刊登摄影、书画作品为主，创刊于1928年11月25日，是常熟第一份画报。

《新生报》，日报，是国民党常熟县党部、地方政府机关报，创刊于1929年9月20日。因常将某些党政文件刊于报上，注明"不另行文"，故日销量超过3000份。

常熟電訊

第一號　　另售人民幣五圓

中華民國三十八年　五月十三日　星期五

常熟軍事管制委員會出版

中國人民解放軍佈告

我軍解放南京

國民黨反動統治宣告滅亡

勝利進軍江南

十天軍事發展情況彙訊

中國人民解放軍華東軍區常熟市軍事管制委員會佈告　第壹號

中國人民解放軍華東軍區常熟市警備司令部佈告　第壹號

常熟縣人民政府佈告　第壹號

《常熟电讯》，由常熟军事管制委员会创刊于1949年5月13日，是民国时期常熟创刊的最后一份报纸。

《虞阳新闻》，周报，创刊于宣统二年二月二十九日（1910年5月8日），是常熟第一份新闻报纸。

全文：

《虞阳新闻》第十二号（节录）

宣统二年六月十八日（1910年7月24日）

一、本刊告白刊例

（每百字）第一次四角，第二次以下二角，半年另议，全年另议；一百字外类推；不满百字者亦以一百字算；二号字加倍；论前加倍；刊资预付。

二、常昭公立淑琴女校招生

编制 分师范、高等、初等三级。

程度 不拘定格，酌量浅深分别插班。

年龄 八岁以上二十五岁以下。

纳费 学费不收，膳宿者每学期念元，午膳者每学期七元半。

报名 须有的实介绍人具保。

考期 六月初八、初九，及七月初一、初二。

考所 常熟北门内白粮仓前本校。

全文:

《刍言日报》载《南海先生谒墓谈》①

1918年5月22日

临安旅馆之奇客已载昨 1918年5月22日《刍言日报》
日本报新闻栏，兹闻其中一客确系康南海。此次来常为追念故师翁协揆，特偕谊友数人间关莅止，栖息寺前街临安旅馆。于本月二十号午后，偕同人等乘藤轿至白鸽峰瞻谒翁师佳城，袖出祭文一篇，跪诵一通，继之痛哭，旋由同往友人劝止。闻二十一号晨即登轮赴昆山，未知抑将他往与否。噫！吾邑翁相平生识拔者，只康先生一人。今康先生道与时违，落落寡合，此来哭墓，既为追怀师谊，亦所以痛泻牢骚也。

___

① 南海先生即康有为。本文为康有为来常熟拜谒翁同龢墓的报道。

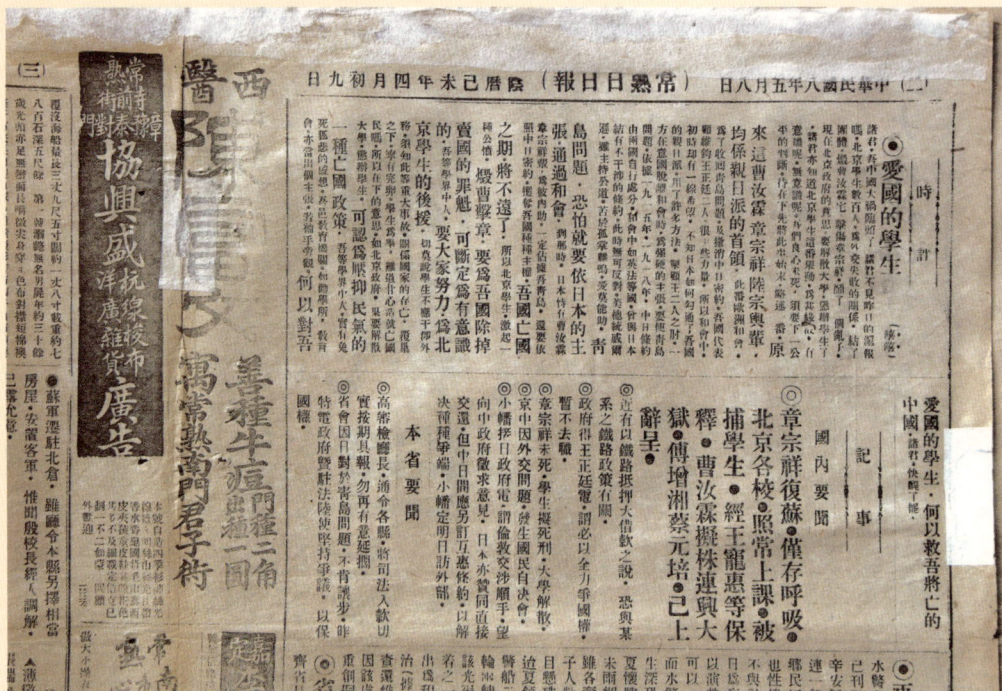

《常熟日日报》，前身为《常熟日报》，1910年10月初改刊，是常熟第一份日报，以教育新闻、言论为主要内容，有"教育报"之称。

全文：

《常熟日日报》载《爱国的学生》

1919年5月8日

嘻嘻

　　诸君，吾中国大祸临头了。诸君不见昨日的沪报吗？北京学生数百人，为外交失败的关系，结了团体，毁曹汝霖宅、击伤章宗祥，闹了一个乱子。现在北京政府的意思，要解散大学，惩办学生了。诸君亦知道北京学生这番举动为甚缘由？有意识呢？无意识呢？我们良心未死，须要下一个公平的判断，待在下先将此事始末略述一番。原来这曹汝霖、章宗祥、陆宗舆辈，均系亲日派的首领。此番欧洲和会，为了收回青岛问题及撤销中日密约。吾国代表顾维钧、王正廷二人，很有些力量，所以和会中，初时却有一线希望。不知日本人如何勾通了吾国的亲日派，用了许多方法，掣顾、王二人之肘，一方在意国脱离和会时，为强硬的主张，要使青岛问题依据一九一五年、一九一八年中日条约，由两国自行处分。和会中如英法等国，曾与日本结有不干涉的条约，此时无可反对；美总统威尔逊虽主持公道，苦于孤掌难鸣，爱莫能助。青岛问题恐怕就要依日本的主张通过和会，到那时，日本恃有曹汝霖、章宗祥辈，为彼内助，一定占据吾青岛，还要依照中日密约掠夺吾国种种主权，吾国亡国之期将不远了。所以北京学生激起一种公愤，毁曹击章，要为吾国除掉卖国的罪魁，可断定为有意识的。吾等学界中人，要大家努力为北京学生的后援，切莫说学生不应干涉外务，须知此等重大事故，关系国家的存亡。覆巢之下，宁有完卵？学生为学，难道甘心造就亡国民吗？所以在下的意思，如果北京政府果要解散大学，惩办学生，可认为压抑民气的一种亡国政策，吾等学界中人，实有兔死狐悲的感想，吾邑教育机关，如劝学所、教育会，亦当出个主张，若袖手旁观，何以对吾爱国的学生？何以救吾将亡的中国？诸君，快醒了吧！

《体育光》，半月报，由常熟体育研究会创办，是常熟第一份体育类报纸。

全文：

《体育光》第一期载《宣言》

1922年9月15日

一科学之发明也，必赖文字传播之；一学术之研究也，必赖文学联络之。言论为事实之母，文字尤为言论之代表。凡有一种科学，必有一种著述。所以发表一种科学之理论及实际，以供同志者之研究，法之良也。然则吾辈讲求体育，又安可缄默无言一无表现哉！东西各国，皆知体育之必要，故学校体育、社会体育，莫不根据于教育的生理的而一一研究之，故能蒸蒸日上，精益求精，人人能牺牲其精神而不知倦，劳苦其躯体而不知病。是以教育也、实业也，以及种种关于强国利民之政策，无不努力精进，互相竞胜。噫！此岂无因而能致此哉？国民强而已矣。民何以强国？不外其人人能深明体育之必要，人人能提倡之、鼓舞之而已矣。

夫提倡鼓舞之法奈何？惟有集多数人之研究，图谋发达。则《体育光》之组织，万不容稍缓者也。故同人等组织斯刊，一为提倡体育，一为联络教育界同志。各以己所经验有心得者，或理论，或实际，一一载之于篇。全国同志，亦可藉此以通声气，共谋发达。俾由学校体育，推而广之，普及于社会，健康幸福，庶有望乎。第同人等才力薄弱，学识粗陋，管窥所见，井底蛙耳。他日体育界，若能逐渐扩张，放一线光明者，是全赖我国同志之赞助，广为传播，共策进行。今日斯刊特萌芽耳。

1935年10月7日《琴报》

全文（节选）：

《琴报》载《一代文宗万流景仰　曾孟朴①先生哀荣》

1935年10月7日

追悼大会昨日举行，来宾达五百余人，蒋志范演说动人，曾虚白谢词颇沉痛，徐蔚南等将为曾公铸铜像。

曾孟朴先生追悼大会，昨日在消摇游四面厅举行。上午八时起，各方来宾陆续乘车来常，当由大会招待处派员在车站招待，换乘人力车入成〔城〕，直抵会场，秩序井然，本报特为曾公发行追悼特刊，分赠来宾。十时半开会，仪式隆重，历二时许始毕。散会后，来宾分往挹辛庐、枕石轩午餐，赴虚廓园瞻仰者甚多。至晚，来宾始纷纷搭车分道而返。兹将详情志之如下：

来宾题名　昨日到会来宾，以文艺界、报界及各地名儒硕彦多数，有上海市市长吴铁城代表洪达，市公用局长徐佩璜，市教育局长潘公展（姚苏凤代），严独鹤，包天笑，李浩然，周瘦鹃，范烟桥，徐蔚南，潘公弼，张若谷，邵洵美，林徽音，江小鹣，吴县张一麐、张一鹏，及本邑张隐南、蒋志范、瞿良士、俞九思、曹师柳，及苏、沪各报记者达五百余人。

会场气氛　会场布置庄严肃穆，于入口设签名处，四面厅内外墙壁及东首船厅并走廊一带，遍悬挽对、挽诗，几无空隙。一片素色，不胜凄哀。场内搭主席台，上置总理遗像、党国旗，中置曾公遗影，栩栩如生，台前置各界献送花圈。电炬照耀，气象肃然。

开会礼节　十时半由司仪宣告开会。主祭团当推定张一麐、张隐南、瞿桓，尚有陈陶遗、沈恩孚二人未到，经另推代表。时全体来宾均告入席，先举行公祭，由张一麐主祭。1. 全体肃立；2. 主祭者就位；3. 奏哀乐；4. 行祭礼（三鞠躬）；5. 献花；6. 默哀，读祭文，行三鞠躬礼；7. 奏哀乐；8. 礼成。继行追悼仪式，主席张一麐。1. 开会；2. 全体肃立；3. 奏哀乐；4. 向党国旗及总理遗像行三鞠躬礼；5. 主席恭读总理遗嘱；6. 主席报告开会意义及受追悼者之事略；7. 各界代表致词；8. 曾氏家属答词；9. 奏哀乐；10. 散会。时已一时余矣。

各界致词　大会中蒋志范演说，以"富贵寿考，五子登科"八字为曾公盖棺论定，其阐说字义，系用另外典据，加以剖述，谓曾公家产，并不富有，而其文才则极富，至"五子登科"一语，谓曾公有五子，现在民国时代，科举已废，固不能登科，此登科者，实望五子共研科学而又各专一科也云云，妙语联〔联〕珠，博得四座掌声；旋由严独鹤、包天笑、徐蔚南、陈颖孙等相继致词，对曾公道德文章，倍致钦仰；末由曾公哲嗣虚白先生致谢词，有"先父死的时候，说了一句'完了'，我也感到先父果然完了，不想见到今天这样哀荣，便知先父的精神却没有死"，语殊沉痛。

范铸铜像　文学家徐蔚南致词中谓，曾公系新旧递嬗时代文艺界之一条巨梁，其文学造就，随时代而俱进。少年时致力于金石考古、骈文诗赋，中年致力章回说部，晚年努力于创造及介绍法国文学，实为过渡时代中之代表作家，云云。为表哀悼及纪念起见，徐业已联合朱应鹏、蔡振华、赵景深、张若谷等，援据国外文豪如托斯泰、罢俄、歌德、莎士比亚等身后之先例，要求曾公家属，将曾公平日起居动用之房屋、家具、书籍等，保留其在世时原状，作为纪念室，任人凭吊，并拟组织委员会，为曾公刊行全集，并请艺术家江小鹣为曾公范铸铜像于虚廓园中，以资后人瞻仰。

---

① 曾孟朴（1872~1935），即曾朴，笔名东亚病夫。江苏常熟人。近代小说家、出版家，著有《孽海花》等。

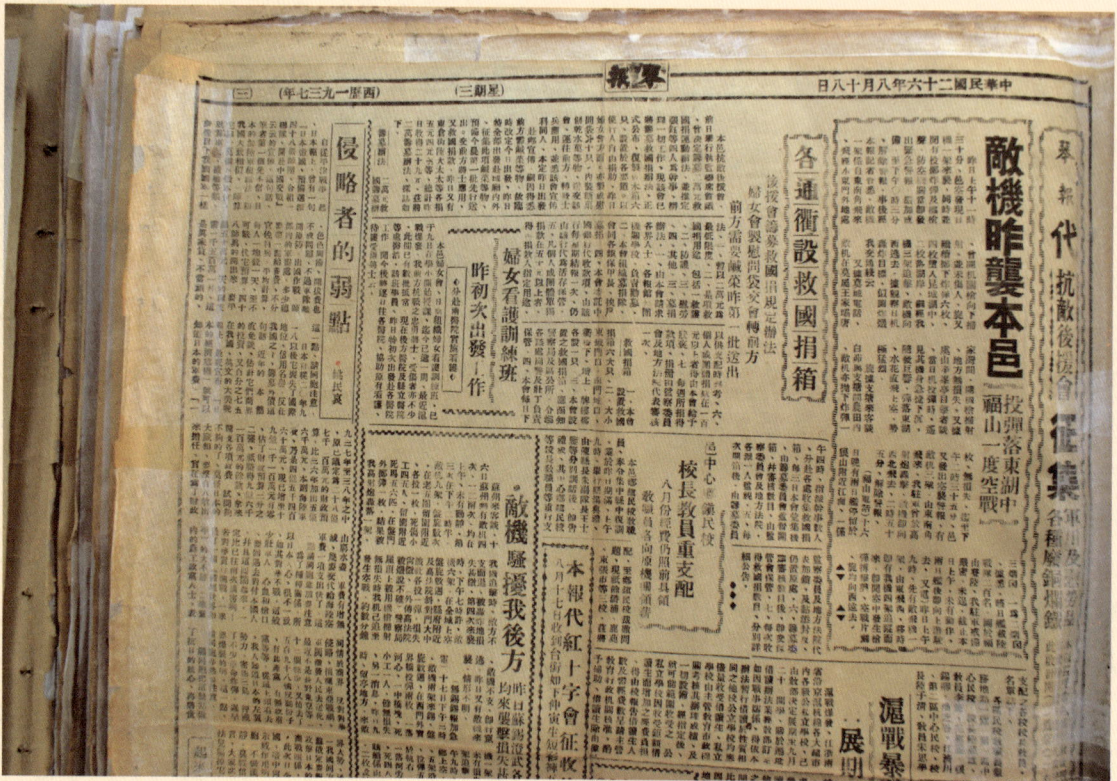

1937年8月18日《琴报》

全文：

《琴报》载《敌机昨袭本邑——投弹落东湖中　福山一度空战》

1937年8月18日

昨天上午十一时三十分，邑空发现日机一架来袭，同时并闻有投掷炸弹及机枪声，防空机关当即发出紧急警报，严加戒备，至下午零时三分，解除警报。事后，经本报记者得悉，敌机一架系自东南角飞来，飞经小东南门外地处，曾开机关枪向下扫射，并未伤人，旋又继续掷下炸弹六枚，四枚坠入昆城〔承〕湖中，二枚落湖岸，嗣经我机三架追击，敌机向西逃去。据观察日机轰炸目标，似图炸毁我交通线云。

又据莫城电话，敌机在莫属王家坝、唐家湾间，开机关枪扫射，地方无损失；又据虞山辛峰亭目击者谈，当日机投弹时，遥见其机身急捷下沉，随发巨响，弹落东湖，水花直飞上空，势极猛烈。

旋据支塘来客谈，白茆与支塘间农田内，敌机亦抛下炸弹一枚，无损失。迄至下午二时三十五分，邑又发出空袭警报，有敌机三架，由东南角飞来，我驻军曾放高射炮轰击，敌机即向西北飞去，二时五十五分，解除警报。

（福山电话）十六日晚，有两日舰停留于狼山附近江面，一系三烟囱，一为二烟囱。据悉，该日舰载陆战队二百名，图于福山登陆，我驻军戒备严密，未逞。截止〔至〕本日上午，未有动作，两日舰后即向上游驶去。

（又电）昨日上午九时，先有敌飞机一架，由东飞西，移时即有我机四架追踪而来，即闻空中发生枪弹搏击声，空战片刻，旋均向西远去。

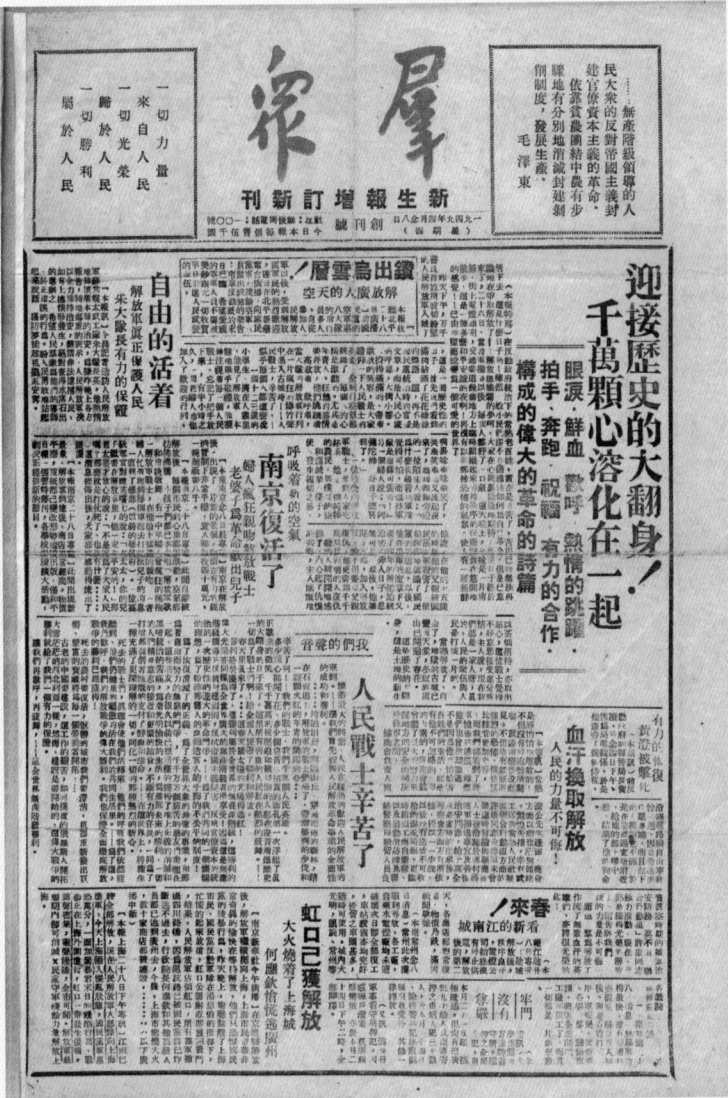

1949年4月28日《群众》（《新生报》增订新刊）创刊号。1949年4月27日，常熟解放。《群众》即为常熟解放后第二天为庆祝常熟解放特别创刊。

全文：

《群众》创刊号载《迎接历史的大翻身！千万颗心溶化在一起
——眼泪、鲜血、欢呼，热情的跳跃，拍手、奔跑、祝福，有力的合作，构成伟大的革命的诗篇》

1949年4月28日

（本报特写）在反动政府统治下的常熟老百姓，实在是受苦了，苦得已经无法再活下去，这是什么日子啊！虽然一般小民们还不知道应该如何为自己革命，但是已意识地在争取解放了。解放这灿烂的梦呵，大家在心底里偷偷地期待，而这日子终于来了。二十六日，当蒋军撤退以后，每个人都舒了一口气。这天晚上，全城是一片宁静，街上电灯通明，交通要道几个地方临时组织起来维持秩序的保卫队员在悠闲地散步。这是一个多么和平安谧的夜啊！再没有以前那种恐怖的气氛，使人有一种新鲜的感觉——已由地狱而蜕变为一个可爱的世界了。

昨天下午，万千善良百姓所殷切期望的人民解放军进城了。这是一个历史性的日子。首先我们看到满街贴满了花花绿绿的标语。这再不是国民党统治时的官样文章，而是人民心底的呼声。大街小巷，挤得满满的，带着欢欣的笑语，是大家瞻仰一下人民战士的英姿。全城的空气都被舞了，每个人的心情是激动的，尤其是年青人，狂热的感情要奔放，他们跳跟着、高歌着、欢呼着。当大队的解放军行列在一片疯狂的爆竹声中进入古城时——人民战士，辛苦了！似乎每个人都这么说。

一个十二三岁的小学生，挤在人群里，他见了解放军，本能地举手敬礼，他凝神注视着每一个人民战士，忘记了把手放下来，有半小时之久。一个老妇人也加入了欢迎的行列，嘴里唸着唸着笑了，笑着笑着又流起泪来了，她回头和旁边的一位陌生人说："为什么从前看到军队觉得可怕，而这些军队是这样可爱呀！"另一个妇人说："阿弥陀佛，好日子总算到了。"

一位姓余的解放军战士，他到人家吃杯茶，他是一个纯粹的农民，那朴实的脸，和蔼诚挚的样子，使人发生亲切之感。他说，在他十五岁的时候他的父亲被国民党国军杀害了，使他深深地认识了国民党的暴虐〔残〕忍，以后，他在黑暗的魔掌下又过了四年的被压迫、被迫害的非人日子，忍无可忍，最后，他离开了家乡，加入解放军，他不但要为父亲复仇，他更要为千千万万被剥削的人复仇。听的人被深深地感动了，内心起了仇恨的共鸣。主人慷慨地以茶烟招待，亦取出点心。这位战士觉得不好意思接受这份感情。主人说，现在我们都是一家人呀。真的，人民的队伍与人民是打成一片的。

常熟解放了！自由了！地狱的古城已变成天堂，冬眠的虞山已开遍了春花。这是历史的翻身，这是土地的新生。

全文：

《新常熟》发刊词

1912年7月28日

龙尾①

谋国家之政治发达，于是有政党之组织。欲于一党之政见有所发挥，于是有机关报之发行。故为政党之机关报者，必着眼于时政之得失，而直抒意见。何者宜兴，何者宜革，其所建白要皆奉循党旨，无或乖谬，此欧美诸先进国政党新闻之通例也。民国建元以前，报纸之刊行无虑百种，然毫无宗旨。同一报章，同一事件，昨论以为是，今论以为非。甲说主其正，乙说主其负，彼此矛盾，先后纠缪。此其故由于少数私人经营报务，本无所谓政党，安有确定之政纲？其所主张往往偏于感情的作用，绝少政见之商榷，既乏系统，宁论价值？近自民国建设，政党林立，各党援欧美之成例，有机关报之发行，宜有伟人之政论，表示其一党之特色矣。然纵览报林，抑又不然。能濡染椽笔发为黄钟大吕之音者，不过一二。谬妄之徒误认政党机关报为代表党人之机关报，而非发挥党见之机关报。甲党新闻，对于乙党有偶然发生之言论事实亦不问是非，唯以攻击为事；对于本党有发生类似之言论事实不问是非，唯以偏袒为能。乃至乙党、丙党，对内、对外种种作为，如一丘之貉。常因各党分子私见之倾轧，而新闻纸上遂发现许多异言怪象。连篇累牍，暴人之丑，实不啻自暴其丑。相沿成风，靡有底止。长此不革，促进政治之政党，反足阻碍政治之进行；发表政见之新闻，乃成攻讦私人之秽史。襄闻东儒言欧化东渐，皆如

---

① 孙景贤（1880~1919），字希孟，号龙尾。江苏常熟人。清末民初小说家、诗人。1912年受同盟会本部委托，筹组常熟支部。本文即孙景贤为同盟会常熟支部机关报《新常熟》所撰发刊词。

踰淮之枳。呜呼！是岂其一例也欤！夫鹰瞵虎视，外患方殷，睡狮甫醒，岂容狐鼠凭藉作蜗角之争？故司一党喉舌之新闻，一言不慎，煽动全局。宜何如修词陈义一出于正，舞文弄墨悬为戒律。目我同盟会者，固以孙中山先生之三民主义揭橥为天下倡者也。未光复之前，海内先烈欲实行民族、民权二主义，殉于毒弹者有之，毙于非刑者有之，目击艰危自杀以警策国人者有之，鞠躬尽瘁赍志而终者有之。要皆具大慈悲，发大愿力，牺牲一己，而谋全国之福利，卒能造成亚洲第一之共和国，乃甫具雏形。吾辈后进，顾忍忘先烈民胞物与之心，利用其力抵三千毛瑟之论锋为攻击异己之具，在他党容有然者，吾党同志决不愿为同声之应也。为同盟会之机关报者，当于未巩固之中华民国，力求维持未成熟之民生主义，勤为鼓吹，阐先进之遗绪，培后日之新机。本报发行，即遵此旨。唯同人力棉见小，局于一隅，未敢放言高论，聊以斗大山城为励行党旨之试验场、模范地。谚云：行千里者，自百步始。同人服膺斯言，以为科律。故颜本报曰"新常熟"云。

《商情午报》第一号载《开场白》

1930年5月26日

　　本邑有十几种报纸，吾们还来出这张《商情午报》，这未免有些叠床架屋，不怕人看得麻烦吗？这话虽然不差，但是吾邑的报纸，大都是机关报，有人拟他为机关炮，向着社会上乱开乱放的。所以吾们商人，从生产方面看来，实在没有什么益处。所以我们敢代商界说一声，吾们商人，最需要的是商情，军队作战，最紧要的是军情，吾们商人，最紧要的是商情。明了敌军情形，可以操必胜之权；明了各地营业情形，可以获巨大之利。那么，我们这张《商情午报》报告的消息，是准确而明晰。我们根据以上两个原则，创办这张《商情午报》。不事攻击，不尚虚浮，实事求是，专载每日上午钱米纱花面粉等市情。所以新闻只有简报数则，纸张较各报为小。"商余"一栏，有小调儿可以唱唱，兼有卫生医学常识及人生必需要的几种法令。定阅了，既可以略知邑中时事，又可以得到常识，舒展胸襟。且最大目的，可以高坐店堂之内，决胜商场之上。举手之劳，坐获厚利，面团团作一个富家翁。诸君不信，请每月破费铜元廿四枚定一份看看，包管你一而十、十而百、百而千、千而万的生涯茂盛。

《凯风》（常熟专科以上学校毕业同学会庆祝抗战胜利特辑）载《刊辞》

1945年9月

臣朔

　　在昔丁丑，厄运初遘。黍稷未登，横厉入寇。火燎神州，蹂躏华胄。哀我黎元，痛心疾首。桓桓蒋公，统领士卒。盱食寝兴，椎心泣血。跋涉山川，奋身驰突。出入锋刃，誓与国活。展转荆楚，磐石瞿塘。卧薪尝胆，文武宪章。弦歌不辍，慷慨激昂。养精蓄锐，时日害丧。蕞尔倭苗，多行不义。勾结豺狼，四海为祟。凡有人心，忾愤同气。地崩山摧，作法自毙。荏苒乙酉，于兹八年。嗟我遗子，复睹青天。忍辱未死，顾影生怜。喁望元帅，奏凯还旋。日月重光，年岁有息。弘济艰难，蒋公是力。率我三军，复我邦国。赫赫威仪，瞻仰暍极。载欣载奔，日归故乡。貔貅十万，劳苦戎行。与民休止，来日方长。炎蒸已逝，秋好新凉。咏言布刊，敢代壶浆。

《常熟青年日报》载《"常熟之狼"即将执行》

1947年5月5日

"常熟之狼"米寸春喜①于敌伪时期内，凭借其恶势力，在本县地方上恣意侵扰人民，而我爱国份〔分〕子之受其损伤杀害者，尤属不可胜数。凡我常熟民众，无不深痛恶嫉之。故于数月前，一俟米寸春喜在上海经军事法庭判处死刑后，本县各公团即行联名电请军事法庭，准将米寸春喜解送本县就地执行，以泄余愤。兹悉，本县各公团之请求未获允许，而该犯之执行日期，可能于日内，在上海提篮桥刑场执行云。

《常熟青年日报》载《蒋夫人莅常游览——湖山生色》

1947年10月20日

"青山隐隐水迢迢，秋尽江南草未凋"。秋的江南是冷毓又美丽的，而江南的常熟，常熟的北门外，青山横黛、枫叶凝丹，更使游人神往。每逢星期、休假之日，各地慕名胜而来的，更是众多。红男绿女活跃在密林细草之间，顺便在驰名京沪的"王四酒家"进餐，消磨假期。孙宋庆龄女士暨蒋宋美龄女士也慕名了本县的风景，特于昨天上午，由上海偕同淞沪警备司令部司令宣铁吾、孔令侃、侍卫官张永良及卫士等三十人，分坐小汽车六辆来常。孙、蒋夫人共乘第三辆淡青灰流线型小汽车，于十二时整抵县，经驶北门外"王四酒家"。下车时，孙夫人头戴宽边草帽，身穿白色衬衫、黑色绒线马甲，外罩浅灰外套及深灰西装裤、黑色革履；蒋夫人亦穿同样服装，惟绒线马甲为红色；宣司令衣黄色戎装；孔令侃穿西服。孔令侃因和"王四酒家"主人王化民有一面之交，就首先向王商谈说有贵宾同来，要三桌

---

① 米寸春喜，即米村春喜，侵华日军驻常熟宪兵队队长，曾在常熟、太仓等地制造惨案，仅在常熟北门外荒地就活埋百人以上，被称为"常熟之狼"。1947年1月，被上海军事法庭判处死刑，同年6月被执行枪决。

上等酒菜，但当时适游客满堂，座无虚席，无以应客，王即婉言请他们在附近散步一会再来。孙、蒋两夫人等就在兴福寺山门一带密林之间畅游。一过二十分钟后，回至"王四"，讵料桌子还没有空，一行贵宾又往各地游览。凡往返三次，仍无隙座，最后乃由蒋夫人决定，命"王四"抬出桌子一张及酒菜，送到鸢背脊的草坪上，举行野餐。同桌者除孙、蒋两夫人外，尚有二位男宾同坐，边饮边眺赏秋林山色，情景极为悠闲，而宣司令、孔令侃等则在"王四"楼上分二桌共进午饭，至二时五十五分，餐毕。三时整，孙、蒋两夫人等上车离常，直驶无锡。事前无锡方面已预知蒋夫人要到，所以各机关首长及民众数万人已在车站欢迎，于三时十分车至无锡一号桥。蒋夫人等一行因见欢迎者人头挤挤，而时已傍晚，临时决定就原路转车安返上海，未在锡城停留。

《新生报》载《本报十九周年纪念》

1948年9月20日

本报系产生在革命时代，自民十八年九月二十日创刊迄今，已十九周年。回忆这十九年来的历史，实可歌可泣。当十八年到廿六年之间，本报在常熟可称辉煌一时。因本报产生在革命时代，所以本报的态度，也始终是革命的。我们是"爱人如己，嫉恶如仇"，我们是"主持正义、为大众服务"。在那一阶段，我们是代表了党，发挥着三民主义的理论与精神，阐述党义，宣扬文化，经常发行各种特刊、画刊，并为提倡体育，曾举办全县运动会。回忆当时的镜头，轰动一时的情形，颇觉自慰。在这一阶段，尤其值得一提的，是民国二十一年"一·二八"之役，第五军军长张治中将军驻节常熟之时，当时国势岌岌可危，本报蹈厉奋发，著为论说，唤醒民众，一纸风行，日销五千份以上，张军长大为赞许，有信称道不置。此乃同人等颇引以自豪者。

本报同人为珍视我们的历史，所以在抗战胜利以后，即于万分艰困下筹备复刊。查本报自民国二十六年十一月十四日在常熟沦陷时，才被迫停刊，所以一切机件未及抢救后方。迨胜利复员，一字一机，荡然无存。竭同人之力，重行购置，才器材略备。原希望聚精会神，在安定的环境中，渐求发展，乃经济浪潮，数年来始终汹涌澎湃，立脚初定的本报，正如老树复苏，嫩芽初放，经此恶劣环境，遂觉欲振无力。然本报同人，均能深体当前环境，团结苦干。盖我们的口号是："有常熟即有《新生报》"。当抗战胜利时，在艰困环境中筹备复刊，今在不利于文化事业的社会环境中努力撑持，这都是为了要实践这句口号。今天，本报十九周年纪念的当儿，回忆过去可歌可泣的历史，缅怀未来事业之艰巨，我们只有一本过去革命精神，与不利于文化事业的恶劣环境奋斗到底。最后，我们要高呼："有常熟即有《新生报》。"

《新黎里报》

保管单位：苏州市吴江区档案馆

内容及评价：

　　《新黎里报》半月刊，1923年4月由吴江黎里区教育会、县立第四高等小学等9个团体、64位进步知识分子发起创办，南社发起人之一柳亚子任总编辑，毛啸岑任副总编辑，1926年2月停刊，共刊发82期（含特刊、增刊20期）。《新黎里报》对当时吴江各地的政治、教育、文化、经济、社会生活等情况均有报道和反映，尤其是柳亚子、毛啸岑等爱国人士宣传新思想、新文化的文章，成为研究南社和柳亚子等人的革命活动及其思想发展的重要史料。《新黎里报》于2010年入选第三批《江苏省珍贵档案文献名录》。

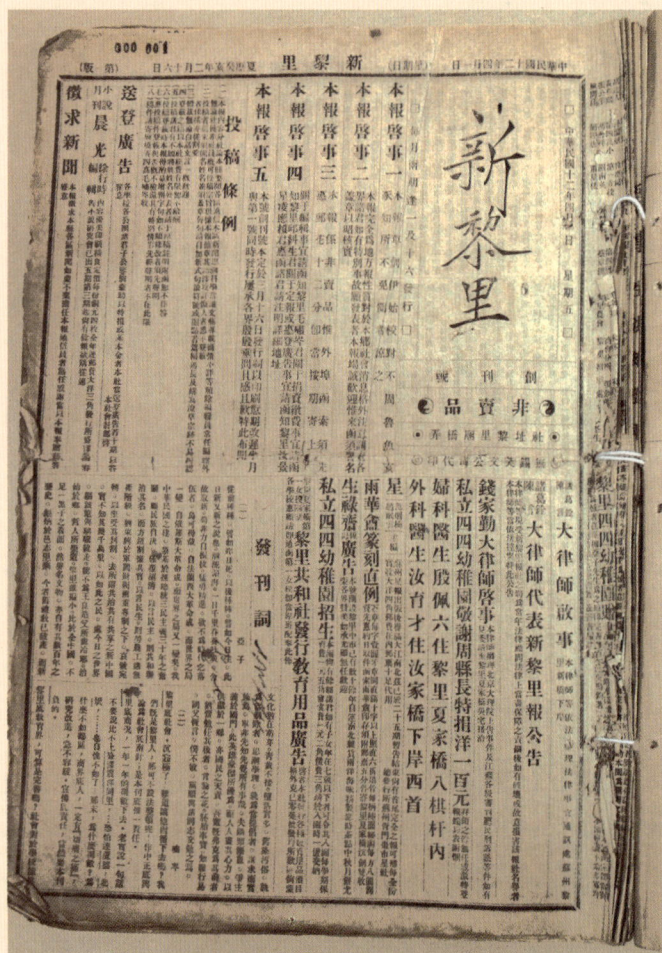

1923年4月1日《新黎里报》创刊号

全文：

《新黎里报》创刊号载《发刊词》节录

1923年4月1日

（一）

亚子①

　　从前种种，譬如昨日死；以后种种，譬如今日生。此日新又新之说也。潮流澎湃，一日千里，吞养吐炭，舍故取新。苟非力自振拔、猛勇精进，欲不为时代之落伍者，乌可得哉？自法兰西大革命成，而世界之局一变；自俄罗斯大革命成，而世界之局又一变矣。我中华民国之建，肇基于孙总统三民主义三十年之奋斗。顾民族自决，仅复胡清；以言民主，则共和联治其名，而方镇割据其

---

① 柳亚子（1887~1958），原名慰高，字安如。吴江黎里人。诗人，进步民主人士。清宣统元年(1909)，与陈去病、高旭等在苏州虎丘山麓组织反清文学团体南社。1923年4月，与毛啸岑等创办《新黎里报》，宣传新文化、新思想。同年10月，与叶楚伧、邵力子等发起成立新南社。

实；以言民生，则劳农工诸无产阶级，犹束缚于军阀、财阀两重专制之下，哀号宛转，以坐受其刲割。去所谓共治、共有、共享之新中国，实不知其几千万里。以如此之民，处今日之世界，驱跋鳖与骐骥竞走，能不为王良造父所齿冷耶？治始于乡，哲人所乐道。黎里虽褊小，比于全中国，不足一黑子之着面。然声名文物，亦自有其数百年之历史，彪炳于邑志里乘。今者旧礼教已破产，而新文化犹在萌芽。青黄不接，堕落实多。旧染污俗，孰为当划除者；思潮学理，孰为当提倡者，讲求而实施焉，宁非先知先觉所有事哉？夫断头沥血，争主义于国门，此英雄豪杰所优为。而人人尽其心力，以供献于一乡，亦国民之天责。吾辈既弗克为其前者，犹当勉任其后者。言论之花，胚胎事实。知难行易，国父恒言。仆不敏，窃愿与诸同志交勉之焉。

（二）

啸岑①

黎里底社会，沉寂极了！难道让他因循下去吗？我们既是黎里人，那可不设法整顿呢！作中正底舆论、社会底南针，是本刊底唯一责任。

黎里底商况，一年一年的凋敝下去。老实说一名话，不要说比不上盛泽、震泽、同里，恐怕连芦墟、北坼也自愧不如了！那末，为什么凋敝？为什么不如邻区？商界底人，一定有"切肤之痛"。研究改进，急不容缓。宣传底责任，当然要本刊负的。

黎里底教育界，可算是完善吗？社会对于学校能真诚信仰吗？义务教育要施行吗？新学制要准备吗？这几许多问题，都是要请大众注意的！

黎里各机关底经济状况，各界往往不能十分明了。本刊产生以后，不是有了公开底机会吗？

黎里市民公社，自成立以来，对于自治事业，确能尽力发展。但是议决以后，不能实行的也很多，中间一定有什么困难的地方。本刊应当代为披露，请大众设法，祛除这种障碍。

黎里各界，缺乏联络的精神，不免有隔膜底地方。休说旅外的人，不明了本乡状况，就是本镇底人，也未必融为一气。那末，怎可以不想法联络呢！

文艺是陶冶个性的学科，供大众底欣赏，引起读者底兴趣，所以应当加以提倡。市民底常识缺乏，无容讳言，本刊应当搜集普通常识，以补不足。

里中没有正当底娱乐场所，本刊应当鼓吹市民组织高尚的消遣组合，增高人格。

大凡一种有益的事情，没有人去提倡，一定不能通行；一种堕落的事情，没有人去警醒，一定不能觉悟。那提倡和警醒底责任，本刊也是义不容辞的。

有了以上底十种原因。本刊于是经各同志、各机关协作而产生。命名"新黎里"，就是说，以前底黎里已经过去，未来底黎里正向光明路上，努力进行。本刊就是引到新黎里路上底一颗明星。

---

① 毛啸岑（1900~1976），字兆荣。吴江黎里人。早年任吴江县立第四高等小学教师、校长。1923年4月，协助柳亚子创办《新黎里报》。后加入新南社。

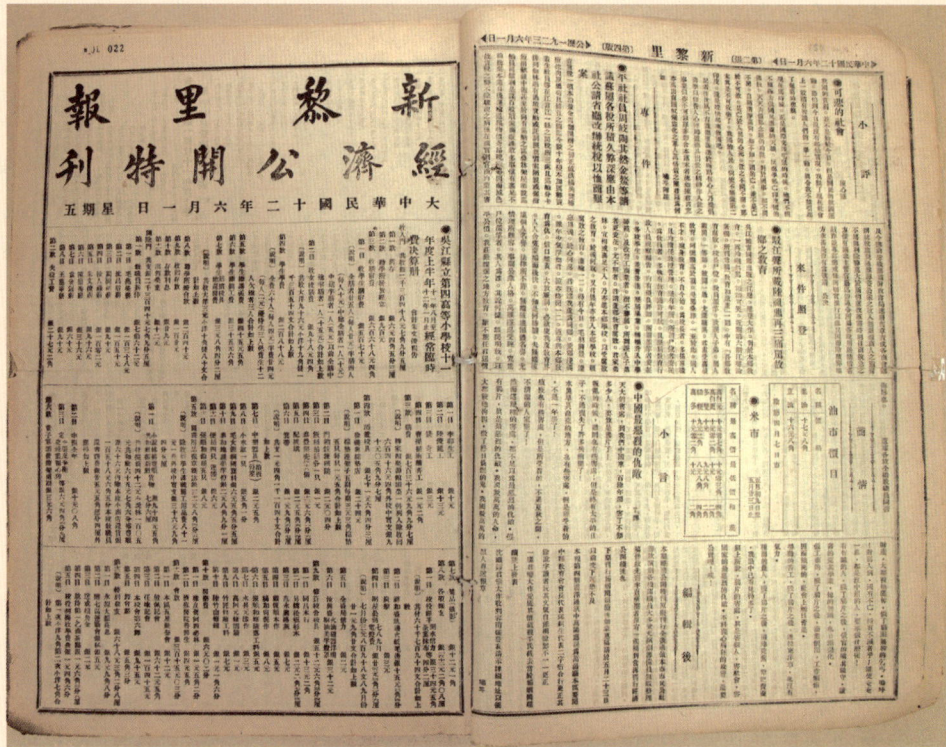

1923年6月1日《新黎里报》经济公开特刊

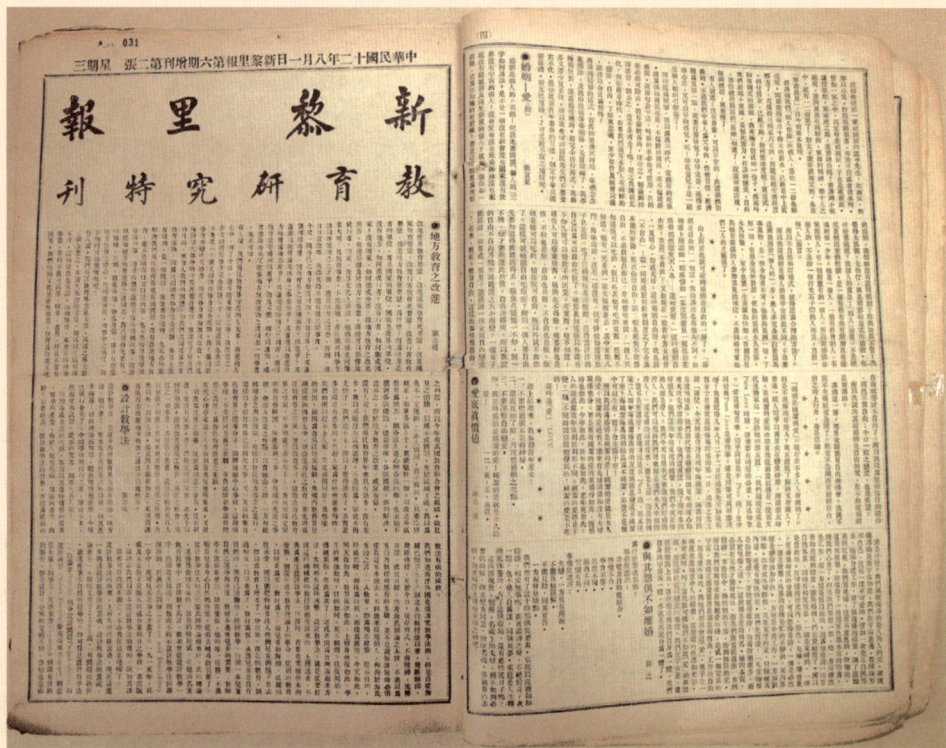

1923年8月1日《新黎里报》教育研究特刊

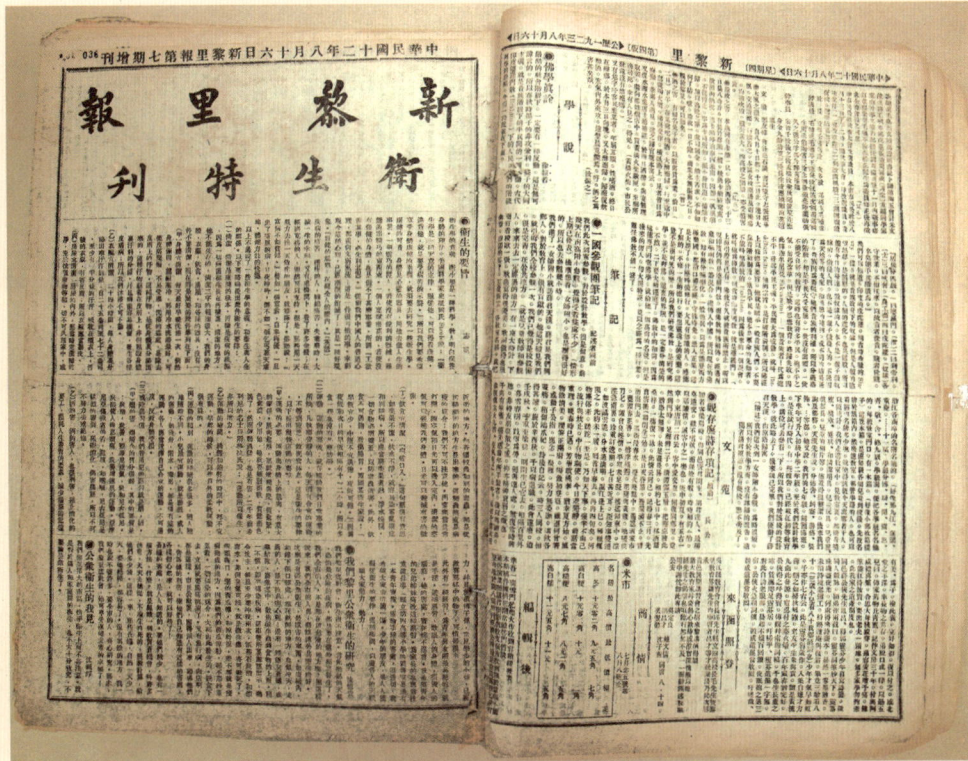

1923年8月16日《新黎里报》卫生特刊

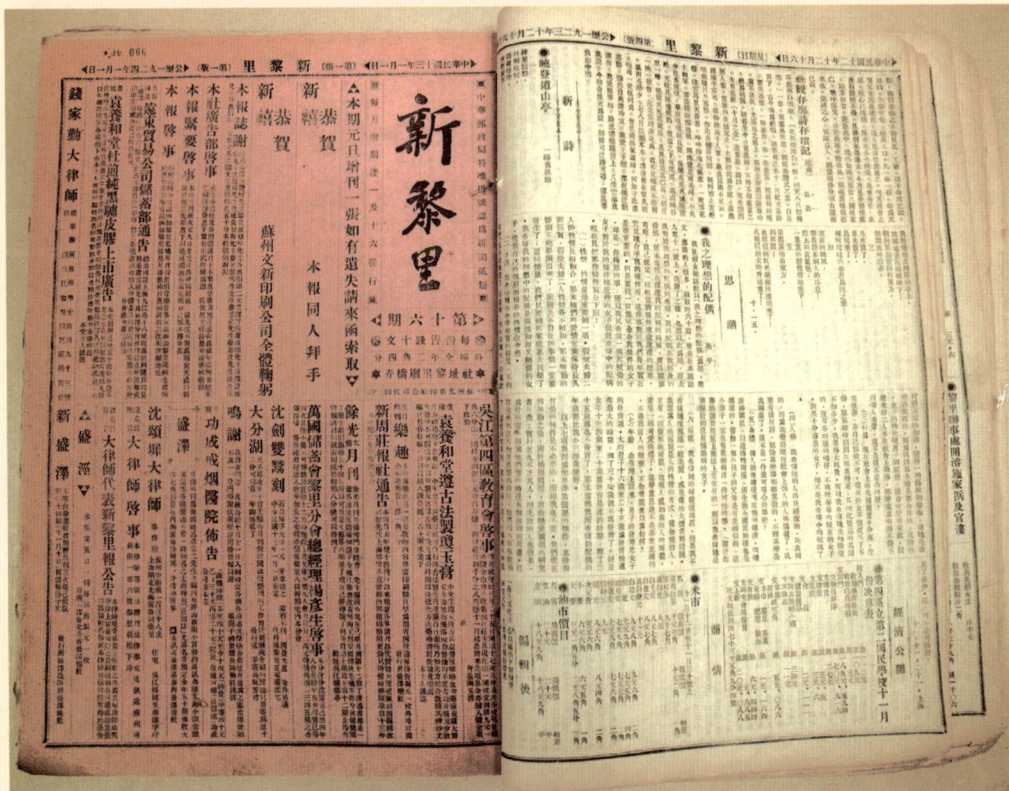

1924年1月1日《新黎里报》元旦增刊

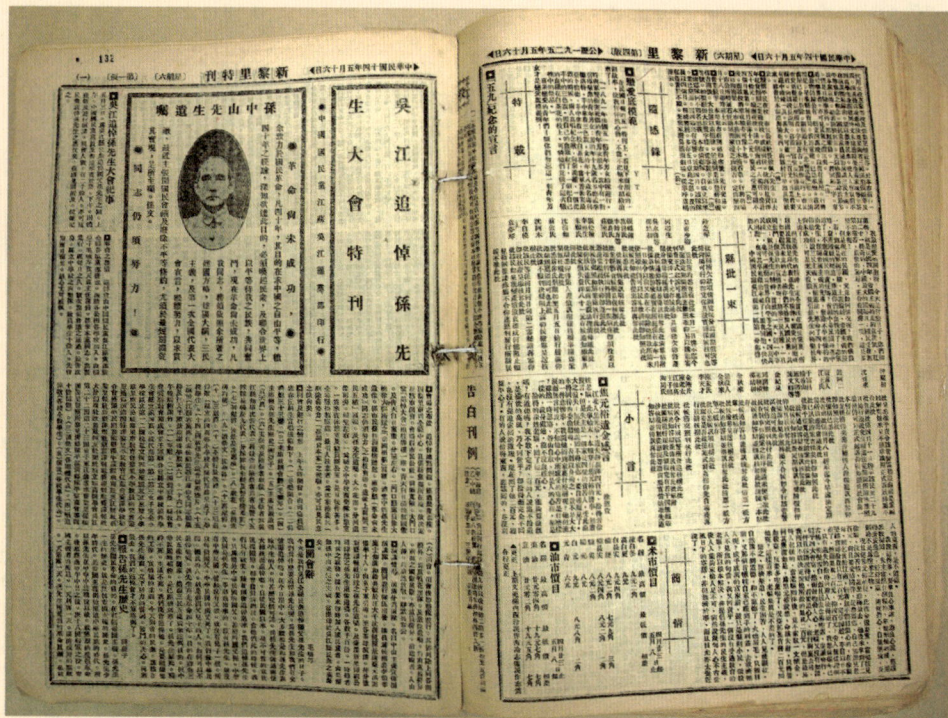

1925年5月16日《新黎里报》吴江追悼孙先生大会特刊

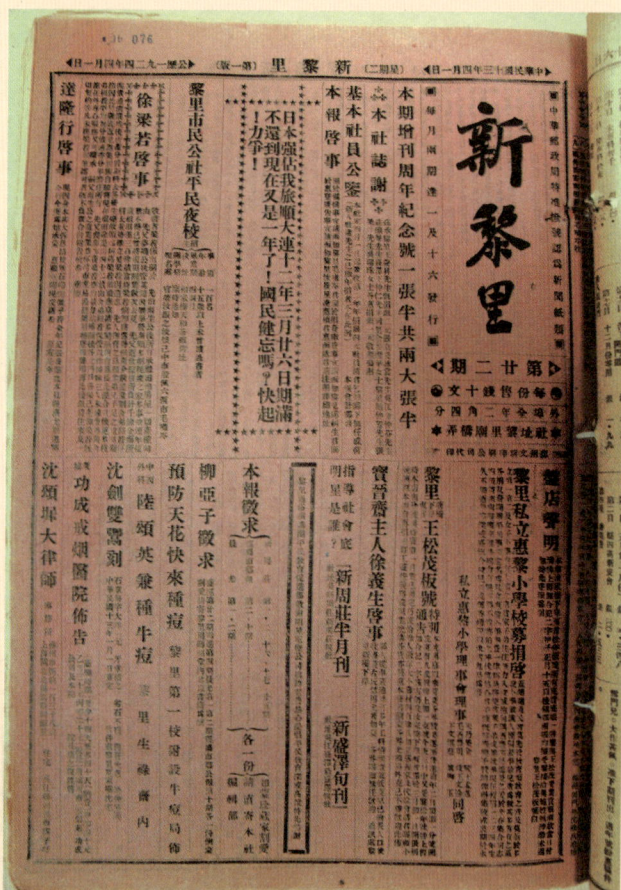

1924年4月1日《新黎里报》周年纪念号

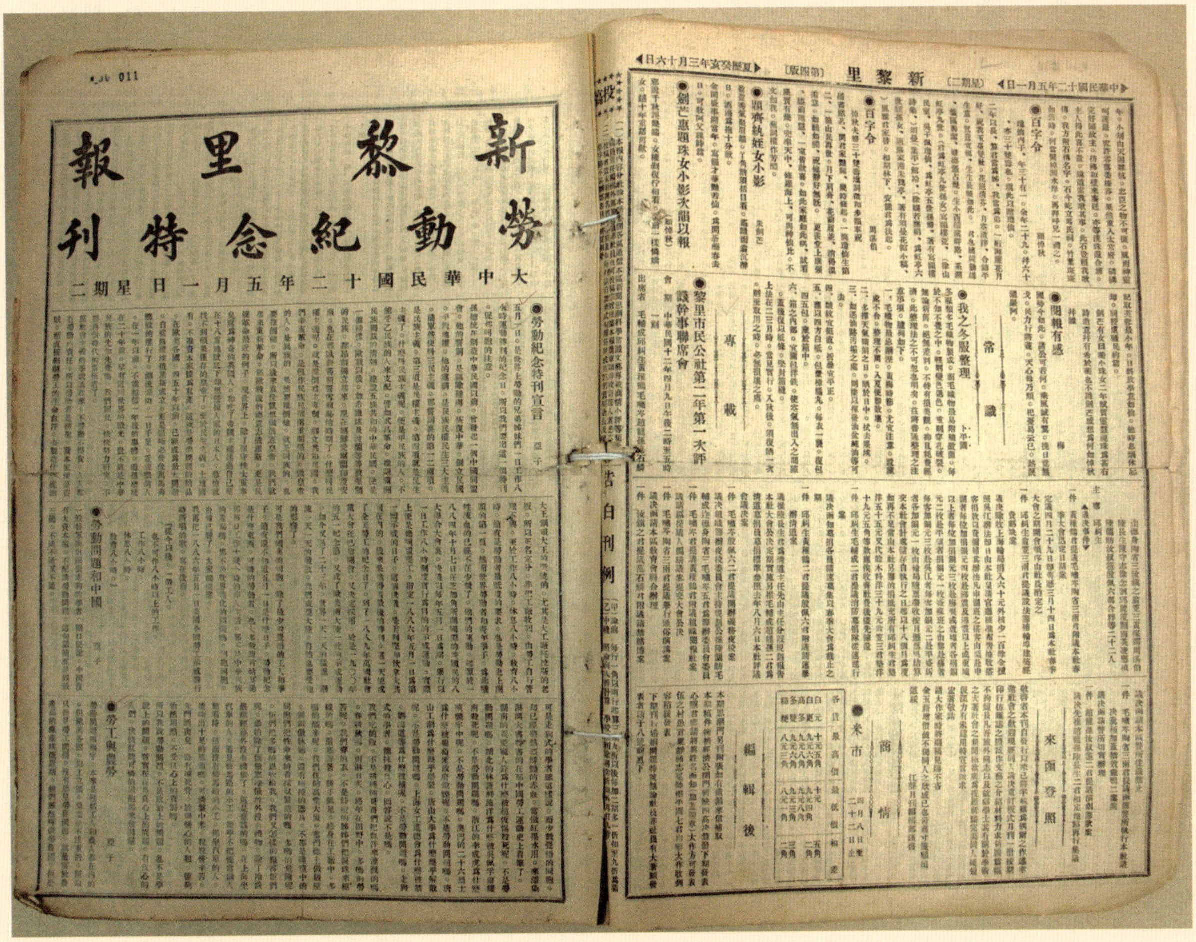

1923年5月1日《新黎里报》劳动纪念特刊

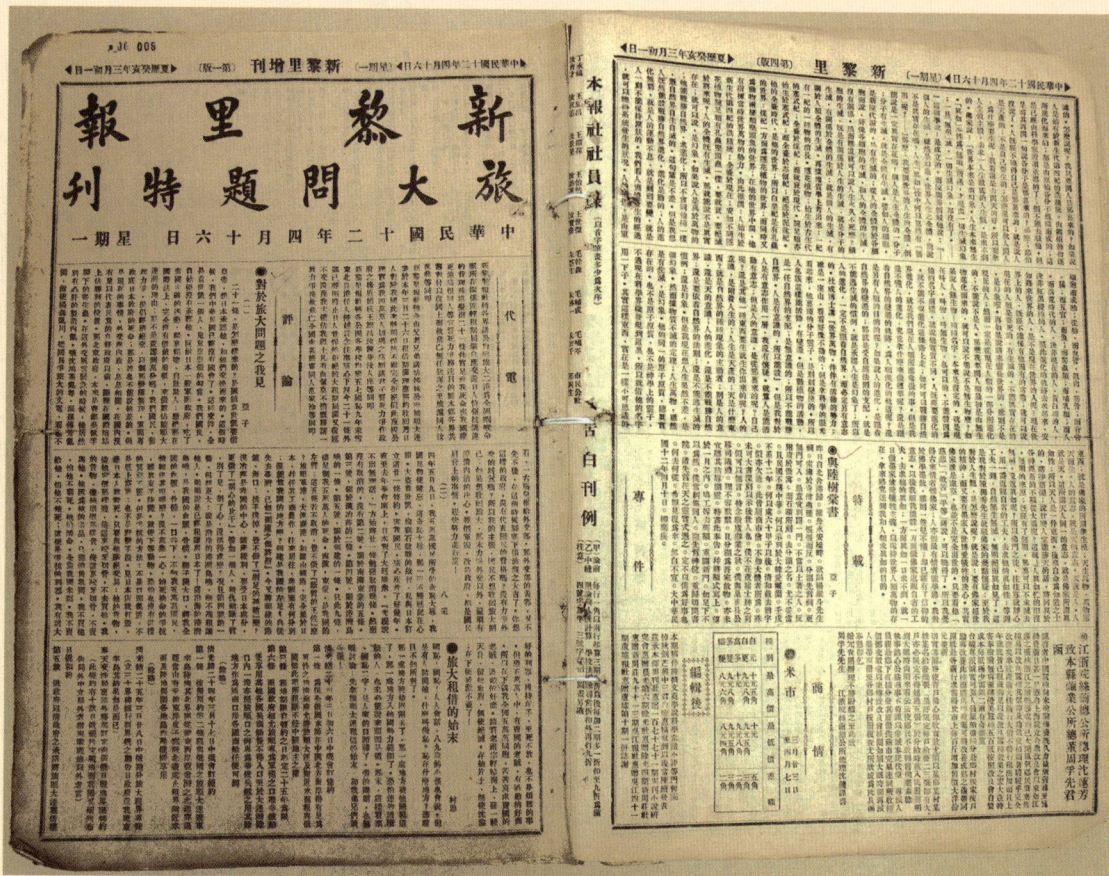

1923年4月16日《新黎里报》旅大问题特刊

全文:

《新黎里报》载《对于旅大问题之我见》（节录）

1923年4月16日

（一）

亚子

二十一条是怎么样来的？是国贼袁世凯要做皇帝，想日本承认他，和他们交换而来的。这个时候，我们中华民国已经没有国会了。这种交涉，全是袁世凯一个人鬼鬼祟祟做的勾当。我们国民自始便没有承认他。叵耐日本一般军阀政府，吃了帝国主义的迷药，糊里糊涂，自欺欺人，想把那在国际法上完全没有价值的废纸，来做霸占旅顺大连湾的理由。那不是荒谬到万分吗？我们国民奋起力争，提倡经济绝交，以制那蛮横无理、军阀专政底日本政府的死命。那是谁也不能说他差的。但是现在的事情，外交与内政息息相关，在国内没有足以代表民意的良好政府以前，断难在国际坛坫上占胜利的位置。那北京政府本来是曹锟、吴佩孚脚下的寄生虫，在这外交风云紧急的时候，他居然别有心肝的制造内乱，唆沈鸿英乱粤，派孙传芳乱闽，指使杨森乱川，把国民争旅大的文电，看也不看，一古脑儿推给外交部。那外交部的黄郭，又不先不后，在这个时候脚底下揩油，溜之大吉了。你想这样的政府，还有代表国民的资格吗？还有力争外交的诚意吗？所以我的主张，国民不想收回旅大则已，如果想收回旅大，那末，力争外交以外，还须有澄清内治的决心。推倒军阀，改造政府，都是国民肩背上的事情。赶快努力进行罢！

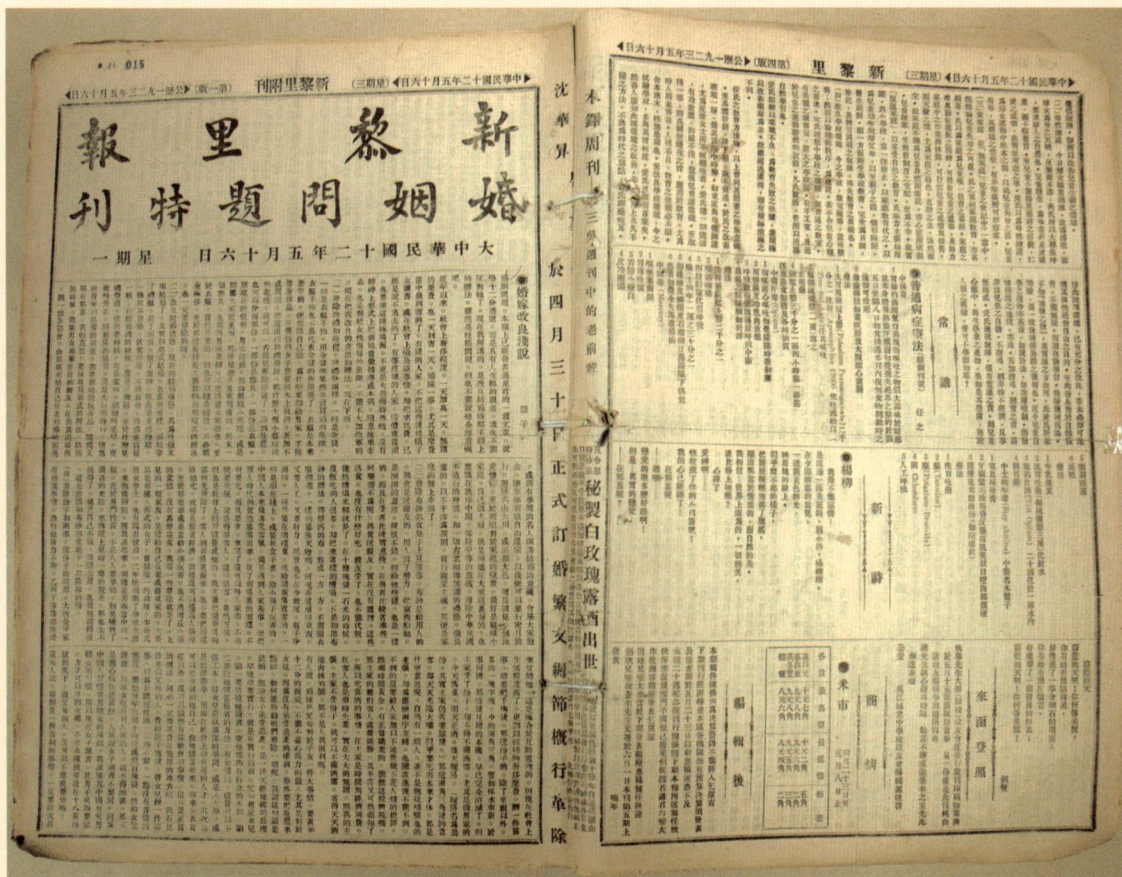

1923年5月16日《新黎里报》婚姻问题特刊

全文：

《新黎里报》载《婚嫁改良浅说》

1923年5月16日

亚子

　　婚姻问题，本报上已经发表过星君的一篇文章，说得十二分透澈，要是具有人生观的读者，谁也不能反对他了。现在我所讲的，是改良结婚时期手续上的办法。虽然是枝节问题，但也不能说他全无意义吧。

　　近年以来，社会上奢侈程度一天加高一天，无谓的浪费也一天利〔厉〕害一天。婚嫁一事，尤其是糜费当中最利〔厉〕害的了。有钱的人家不把这些钱培植子女读书，或在社会上做公益事情，却把来耗费，已经是说不过去了。有等没钱的人家，借债当头，也要绷这种极场面，不更是大愚而特愚吗？还有精神上、形式上把新娘当作捕房或木偶，随意拖来牵去，也是对于女性污侮的象征，不能不大加改革的。现在把我改良的意思和办法，写在下面：

　　（一）废除聘礼和妆奁。聘礼分两种：一种是金钱，一种是衣服手饰。用金钱的果然是卖买婚的象征，衣服手饰也不过代表金钱的作用罢了。衣服是本来要穿的，便应该自己做，为什么要仰给男家？手饰等奢侈品在觉悟的女子应从根本上取消，更加不成问题。把这两种聘礼废掉，那什么大盘小盘种种的花样就可以一古脑儿革除净尽了。讲到妆奁，也可以分两部分：一部分是器具，一部分是衣服。照现在的情形，男女结婚，无论组织小家庭，或是附属大家庭里面，那房屋总是男家预备的。那末，一切器具也应该男家置办，不应该要女家带来。至于衣服，当然是要的，但也可以随着随做，不必穷奢极侈。至于那送妆、接妆大张旗帜、鼓乐喧天的办法，也一定要废除掉的呀！

（二）改良结婚仪节。现在的结婚仪节，名为叫做文明结婚了，其实和老式结婚也没甚么两样。新娘穿了礼服，戴了头面，披了面纱，依旧是束缚驰骤，一动都不能动，饮食起居，不得自由，仿佛是囚犯一般。行结婚礼的时候，算是三鞠躬。至于什么见礼祭祖，依旧要拜跪。有长辈的，朝朝叫毛早，夜夜叫安止。闹新房的恶习，还是大行而特行。堕落的青年和恶劣的顽童，都拿新娘做玩弄品。试问文明在哪里？我的意思，要采取最新式的办法：结婚的时候，邀集男女两家至好的亲友，在公共的场所开一个茶话会，由新郎、新娘自己发表结婚的经过，或请有学问的名人演讲结婚的意义。会毕大家散去，让新郎、新娘自由还家。以后便可以举行密〔蜜〕月旅行，游历名山大川或通都大邑，增长识见，涵泳爱情了。至于新娘对于家庭的位置，最好是组织小家庭，自己做主妇，就是附属在大家庭里面的，也应该在秩序中间，保持平等的意义，废除中华民国不通行的拜跪和一切古老相传无谓的礼节。做长辈的以不干涉为原则，实行亲爱主义。那便是家庭的无上幸福了。

（三）废除布钞、熟食、果子、上见等等。布钞是给佣人的，熟食是送亲友的。佣人出了劳力，把东西给他，是酬谢的意思，原很不错。但给他些钱，也是一样的，而且在受者比较实惠些，在与〔予〕者比较省事些，何乐而不为呢？熟食送亲友，实在没有道理。这些熟食也没有什么好吃，亲友受了，也不能代饭，徒然糟塌〔蹋〕米类就是了。在十几块钱一石米的时候，没饭吃的人很多，却把来这样的糟塌〔蹋〕，不是和用布钞的办法，将整匹的布剪成一方一方不能做衣服御寒一样的暴殄天物吗？何况弄这两种东西，又要人工，又要财力，耗费也不在少数呢？果子分两种：一种是装在围碟里，供给闹新房宾客的；一种是串在线上，或装在盒子里，给小孩玩弄的。中国人本来最讲究客气，独是遇到人家善事，便把原人时代的食欲暴露出来，见了新房里的围碟，不但要吃，而且要拿，拿完了还可以叫人家添，不添便要生气，说是得罪客人。这种恶客果然可恨，但也是社会上的习惯养成他的。我主张把闹新房的恶例先废除了，客人到新房里面来，也不要把围碟给他吃，直接是节省经济，间接还可以抬高人格哩！至于那果串或果盒给小孩玩弄，也不过增长小孩的食欲，没有甚么益处，我看一概废除就是了。上见的一类东西，是送给自己长辈或亲戚家的，主要品是刺绣。旧式的女子当作唯一的功课，半新式的女学生也有临出嫁前一二年便抛弃了学校生活，来抱佛脚的。照我讲起来，刺绣是美术当中的一类，近于专门性质，不是人人要学的，如果牺牲了读书的光阴，来博送上见时一声的赞美，那也太不值得了，就是自己不做，出钱去买，也觉无谓得很。这是应该和布钞、熟食、果子一起除掉的呀！

（四）废除份子和酒席。送份子的起源，大概是甲家有婚丧事情，恐怕他财力不够，乙、丙、丁等等都醵钱来帮助他，这是极合于互助道理的。但现在社会上生活程度高了，更加以种种的奢侈糜费，办一件喜事总要几千块钱。那送份子的，除了至亲以外，多的一块半块，少的两角三角，譬如杯水车薪，于事何济？那醵钱互助的本意，早已完全消灭了。但主家受了份子，却不得不备酒席。尤其是做男家的，今天落桌，明天正酒，后天暖房（暖房名为公份，其实主家仍旧要贴钱）。那送两角三角钱的贵客却天天光临大嚼，似乎要吃出本来才休，那是什么意思呢？自然有一般人并不是抱"徒哺啜也"的主张，却为应酬两字束缚，也随波逐流不能不到。不到的还要给人家加以不通世故、不近人情的批评。然而时间黄金，有正当职业的能禁这般消耗吗？那主家的敷衍客人处置杂务，其辛苦又可想而知了。所以吃喜酒的事情，在主家是时间与经济两费，在客人也是废时失业，实在大大的无谓。照我的主张，主家不受份子，就可以不备酒席，省得天天酒池肉林的闹，那不是人我两利吗？

有人说，婚嫁是父母对于子女一件大事情，要表示十二分的亲爱，不能不尽心竭力的做。尤其是对于女儿，因为没有承受遗产的权利，格外要把妆奁来点缀。如何能够劝他们废除一切呢？我说这句话是错的。无论女子承受遗产，是一种天经地义的公理，早晚总要实行，就是在实行以前，父母亲爱女儿，第一要培植他读书，使他能够有自立的本领；第二要教他储蓄节省的方法。有金钱的尽管可以不惜工本，替女儿造就高深的学问，或是入大学，或是出洋游学，预备在社会上做有用的人才。其次，也可以把金钱给他自己，教他储蓄起来，将来在衣食住以外，还可以做些有益社会的事情。这都是正当的办法。何必一定要耗费在无用的地方呢？我看见许多做父母的人，费掉几千块钱，替女儿办一件嫁事，以为是体面攸关，不得不尔，一点没有吝惜的态度，要他每年出几十块钱或几百块钱，供给女儿读书，却说女儿是别人家的人，值不得浇裹。那不是丧心病狂是甚么？人家说女子读书不要紧，因为中国人习惯重男轻女的缘故。我说，唯其中国有重男轻女的习惯，所以现在女子读书，比男子更加要紧，方才可以争回女权，不至永远被压迫在十八重地狱的底下。做父母的人还可以不澈底觉悟吗？

还有人说，婚姻是一件吉利的事情，一定要欢天喜地，热闹非凡，所以，受盘、送妆、闹房、请酒、做朝、满月都是不可以少的，倘然照你的办法，把种种废除了，鬼冷冰清成什么样子呢？我说，这句话尤其不对。结婚的意义，是把两个志同道合的异性集合在一起，把恋爱做本位组织新家庭，本来不干第三者的事，何必要贪图热闹？那贪图热闹和保持体面，都是无意识人的谬见，又何必去盲从他呢！

又有人说，你的议论是不差的了，但办婚嫁的事情，要两方同意的，倘然男家赞成了，女家不赞成，或者女家赞成了，男家不赞成，又怎么样办法呢？况且改革的事情，最难是起头，又谁肯不怕唾骂去做先锋队呢？我说，这也是过虑的话。婚姻问题，本来要两方面智识程度差不多的，才有结合的可能性。那赞成婚姻改良与否，便可以做一个试验程度的先决问题了。至于难在起头，虽然是实情，然而潮流所趋，也有不期然而然的。一人创议，万夫景从。你看辫发缠足，不都是中国数百年来的国粹吗？旧习惯的势力，而今安在？那主张剪发放足的人们，终究得到最后的胜利。我只希望，负改良社会责任的青年努力奋斗罢了。

后记

 本书精选了苏州市档案系统保管的档案精品24项，其中：涉及中国档案文献遗产3项，江苏省珍贵档案文献19项，苏州市珍贵档案文献2项，其他档案精品2项[①]。这些档案精品在一定程度上反映了苏州市档案资源建设的历史深度和地方特色。

 作为《江苏省明清以来档案精品选》的分卷之一，本书的编纂是在江苏省档案局、江苏档案精品选编纂委员会的关心和指导下，在分卷编纂委员会的直接领导下，由苏州市档案局相关部门统筹，张家港市档案局、常熟市档案局、太仓市档案局、昆山市档案局、苏州市吴江区档案局、苏州工业园区档案管理中心、苏州市房地产档案馆、苏州市工商档案管理中心等单位参与完成的。省档案局高光林对本书进行了审读。

 因时间关系和体量所限，尚有很多档案精品未能收录，如2012年新入选《江苏省珍贵档案文献名录》的中国科学院院士李强档案、唐人写经《度世品经》残卷、陈云致吴江县三封信等。即使收录在内的档案精品，有的也未能反映全貌，美中不足。书中也存在一些不足或错误之处，欢迎方家指正。

编 者

2013年7月

---

① 苏州商会档案晚清、民国部分分别入选首批《中国档案文献遗产名录》和首批《江苏省珍贵档案文献名录》，娄东画派绘画作品分批入选第一、三批《江苏省珍贵档案文献名录》，本书均合并为一项，故计为24项。

图书在版编目（CIP）数据

江苏省明清以来档案精品选·苏州卷/江苏档案精
品选编纂委员会编.--南京：江苏人民出版社，2013.10
　　ISBN 978-7-214-10840-1

　　Ⅰ.①江… Ⅱ.①江… Ⅲ.①档案资料—汇编—苏州
市 Ⅳ.①K295.3

　　中国版本图书馆CIP数据核字（2013）第240121号

书　　　名	江苏省明清以来档案精品选·苏州卷
编　　　者	江苏档案精品选编纂委员会
责 任 编 辑	韩鑫　朱超　石路
责 任 监 制	王列丹
出 版 发 行	凤凰出版传媒股份有限公司
	江苏人民出版社
出版社地址	南京市湖南路1号A楼，邮编：210009
出版社网址	http://www.jspph.com
	http://jspph.taobao.com
经　　　销	凤凰出版传媒股份有限公司
照　　　排	江苏凤凰制版有限公司
印　　　刷	江苏凤凰新华印务有限公司
开　　　本	880毫米 × 1230毫米　1/16
总 印 张	227.5　插页56
总 字 数	1800千字
版　　　次	2013年10月第1版　2013年10月第1次印刷
标 准 书 号	ISBN 978-7-214-10840-1
总 定 价	1500.00元（全14卷）

（江苏人民出版社图书凡印装错误可向承印厂调换）